公認心理師の基礎と実践 14

野島一彦・繁桝算男 監修

心理的アセスメント

津川律子　遠藤裕乃 編

遠見書房

巻頭言

心理学・臨床心理学を学ぶすべての方へ

　公認心理師法が2015年9月に公布され，2017年9月に施行されました。そして，本年度より経過措置による国家資格試験が始まります。同時に，公認心理師の養成カリキュラムが新大学1年生から始まります。

　現代日本には，3万人を割ったとは言えまだまだ高止まりの自殺，過労死，うつ病の増加，メンタルヘルス不調，ひきこもり，虐待，家庭内暴力，犯罪被害者・加害者への対応，認知症，学校における不登校，いじめ，発達障害，学級崩壊などの諸問題の複雑化，被災者への対応，人間関係の希薄化など，さまざまな問題が存在しております。それらの問題の解決のために，私たち心理学・臨床心理学に携わる者に対する社会的な期待と要請はますます強まっています。また，心理学・臨床心理学はそのような負の状況を改善するだけではなく，より健康な心と体を作るため，よりよい家庭や職場を作るため，あるいは，より公正な社会を作るため，ますます必要とされる時代になっています。

　こうした社会状況に鑑み，心理学・臨床心理学に関する専門的知識および技術をもって，国民の心の健康の保持増進に寄与する心理専門職の国家資格化がスタートします。この公認心理師の養成は喫緊の非常に大きな課題です。

　そこで，私たち監修者は，ここに『公認心理師の基礎と実践』という名を冠したテキストのシリーズを刊行し，公認心理師を育てる一助にしたいと念願しました。

　このシリーズは，大学（学部）における公認心理師養成に必要な25科目のうち，「心理演習」，「心理実習」を除く23科目に対応した23巻からなります。私たち心理学者・心理臨床家たちが長年にわたり蓄えた知識と経験を，新しい時代を作るであろう人々に伝えることは使命であると考えます。そのエッセンスがこのシリーズに凝縮しています。

　このシリーズを通して，読者の皆さんが，公認心理師に必要な知識と技術を学び，国民の心の健康の保持増進に貢献していかれるよう強く願っています。

2018年3月吉日

　　　　　　　　　　　　　　　　　監修者　野島一彦・繁桝算男

はじめに

はじめに

　「公認心理師の基礎と実践」シリーズの第14巻「心理的アセスメント」を手に取っていただき，ありがとうございます。公認心理師の定義は法によって次のようになっています。

第2条　この法律において「公認心理師」とは，第28条の登録を受け，公認心理師の名称を用いて，保健医療，福祉，教育その他の分野において，心理学に関する専門的知識及び技術をもって，次に掲げる行為を行うことを業とする者をいう。
　一　心理に関する支援を要する者の心理状態を観察し，その結果を分析すること。
　二　心理に関する支援を要する者に対し，その心理に関する相談に応じ，助言，指導その他の援助を行うこと。
　三　心理に関する支援を要する者の関係者に対し，その相談に応じ，助言，指導その他の援助を行うこと。
　四　心の健康に関する知識の普及を図るための教育及び情報の提供を行うこと。

　上記のように，公認心理師は心理支援を行う心理専門職であり，適切な心理支援のためには，その根拠となる心理的アセスメントが必須です。心理的アセスメントなしに心理支援を行うことは出来ないのです。たとえるならば，心理的アセスメントの実施は，登山において地図とコンパス（方位磁石）を準備し，使いこなすこと，と言えるでしょう。安全に登山するためには，正確な地図とコンパスが必要です。そして，その使い方をマスターしていなければ，現在位置を確認することや進行方向を定めることができません。クライエントの問題を見立て，必要とされる心理支援を計画するためには，信頼性，妥当性のあるアセスメントツールの手法に習熟する必要があります。
　ブループリント（公認心理師試験設計表）によれば「心理状態の観察及び結果

はじめに

の分析」は約8％の出題とされ，最も多い9％の出題に次いでいます。ブループリントにおいても心理的アセスメントは重視されているといえるでしょう。本書は公認心理師になるためにどうしても必要な心理的アセスメントを大学（学部）で学ぶ際の教科書としてつくりました。

もちろん，公認心理師になるためには試験に合格しなければならないので，公認心理師を目指す人の多くが試験を意識して教科書を選ぶでしょう。しかし，試験だけのためのノウハウ本を本書は目指していません。心理支援を受ける方々やそのご家族が，本当にその公認心理師と出会ってよかった，心理支援を受けてよかったと思えるような存在になるために学びがあります。周囲の関連職種からみても，その公認心理師が自分の職場にいてよかった，信頼できるチームの仲間であると認識されるようになるために学びがあります。そのために，大学（学部）で必要な内容を本書にまとめました。

なお，本書執筆時は，初の公認心理師資格試験の2カ月前であり，名称独占資格の公認心理師は誕生していません。そのため，本書においては，現在，臨床心理実践を行っている専門職を指す一般的な用語として「心理士」を用いることとしました。

執筆者は全員が担当章や担当節のスペシャリストであり，編者2名も全力を挙げて執筆しました。お気づきの点やリクエストがありましたら，遠見書房にお寄せ下さされば幸いです。

2018年7月12日

津川律子・遠藤裕乃

目　　次

巻頭言　3
はじめに　4

第1部　心理的アセスメントの基本

第1章　心理的アセスメントとは ………………………………………………… 11
津川律子

　Ⅰ　心理的アセスメントの定義　11／Ⅱ　臨床面接とは　15／Ⅲ　行動観察に関する訓練　17／Ⅳ　心理的アセスメントの学習　18／Ⅴ　心理的アセスメントに関係する倫理の基本　21／Ⅵ　おわりに　23

第2章　心理的アセスメントをめぐる諸概念 ………………………………………… 25
酒井佳永

　Ⅰ　生物心理社会モデル（biopsychosocial model）　26／Ⅱ　操作的診断基準　29／Ⅲ　国際生活機能分類（ICF；International Classification of Functioning, Disability and Health）　34／Ⅳ　意識障害　39

第3章　行動観察 ……………………………………………………………………… 47
遠矢浩一

　Ⅰ　行動観察　47／Ⅱ　行動観察の実際　52

第4章　アセスメント面接 ……………………………………………………………… 58
遠藤裕乃

　Ⅰ　クライエントと面接者の最初の接触　58／Ⅱ　非言語的要素の観察　59／Ⅲ　客観的事実と主観的事実を明確化する　61／Ⅳ　問題歴・生育歴・家族歴の聴取　62／Ⅴ　関与しながらの観察　63／Ⅵ　不安の種類と不安への対処法を見立てる　65／Ⅶ　行動連鎖の明確化と機能分析　66／Ⅷ　心理面接の侵襲性について注意する　67／Ⅸ　司法面接　67

第5章　心理検査の基礎 ………………………………………………………………… 70
津川律子

　Ⅰ　心理検査の背景と名称　70／Ⅱ　心理検査の定義と種類，その特徴　71／Ⅲ　診療報酬点数と心理検査の利用頻度　74／Ⅳ　実施に際して留意すること　74

第2部　代表的な心理検査の種類と内容

第6章　質問紙法1 …………………………………………………… 83
小山充道

Ⅰ　感情障害尺度　83／Ⅱ　情緒および気分　87／Ⅲ　正常不安と病的不安　87／Ⅳ　メンタルヘルス関係の尺度　90／Ⅴ　認知症関係の心理検査　92

第7章　質問紙法2と作業検査法 …………………………………… 99
武山雅志

Ⅰ　MMPI　99／Ⅱ　その他のパーソナリティ関係の質問紙法　101／Ⅲ　作業検査法（内田クレペリン精神検査）　105

第8章　知能検査 …………………………………………………… 109
大六一志

Ⅰ　ビネー式知能検査　109／Ⅱ　ウェクスラー式知能検査　110／Ⅲ　その他の検査　113／Ⅳ　知能検査の使用における留意点　115

第9章　発達検査 …………………………………………………… 121
明翫光宜

Ⅰ　発達のアセスメントとは　121／Ⅱ　質問紙による発達検査　122／Ⅲ　個別式発達検査　126／Ⅳ　子どもの適応行動のアセスメント　128／Ⅴ　情緒・行動の問題および発達障害特性に関するアセスメントツール　129／Ⅵ　発達アセスメントを支援に活用するために　132

第10章　投映法 ……………………………………………………… 134
高橋依子

Ⅰ　投映法の意義　134／Ⅱ　ロールシャッハ・テスト　135／Ⅲ　描画テスト　137／Ⅳ　TAT　141／Ⅴ　P-Fスタディ®　143／Ⅵ　SCT（文章完成法）　146

第3部　心理的アセスメントの実際

第11章　検査バッテリー …………………………………………… 151
森田美弥子

Ⅰ　検査バッテリーの考え方　151／Ⅱ　なぜ検査バッテリーか　153／Ⅲ　心理検査の実施にあたって　155／Ⅳ　検査所見の解釈と報告に向けて　157

第12章　包括的解釈と報告 …………………………………………… 159

田形修一

Ⅰ　行動観察・アセスメント面接・心理検査等の結果を統合させ，包括的解釈を行なう　159／Ⅱ　報告書を書くときの留意点　161／Ⅲ　報告書のあり方（フィードバック面接を含む）……改めて心理支援につなげることの重要性　163／Ⅳ　チームの中でアセスメント結果を活かす（多職種連携）　166

第13章　各分野における心理的アセスメントの実際（架空事例）……… 169

福田由利・渡邉　直・佐藤由佳利・吉村雅世・松浦真澄

Ⅰ　保健医療分野における心理的アセスメント（福田由利）　169／Ⅱ　福祉分野（渡邉直）　173／Ⅲ　教育分野（佐藤由佳利）　180／Ⅳ　司法・犯罪分野（吉村雅世）　184／Ⅴ　産業・労働分野（松浦真澄）　189

第14章　心理的アセスメントの展開 …………………………………… 195

大山泰宏

Ⅰ　心理的アセスメントのパラドクス　195／Ⅱ　心理測定を可能にする前提　197／Ⅲ　心理測定の前提に反する前提の必要性　201／Ⅳ　心理的アセスメントの展望　203

索引　208
付録1：公認心理師法概要　211
付録2：大学及び大学院における必要な科目　212

第1部
心理的アセスメントの基本

第1章

心理的アセスメントとは

津川律子

Keywords　心理的アセスメント，臨床面接，行動観察，心理検査，生物心理社会モデル，エビデンスベイスト・アプローチ

I　心理的アセスメントの定義

1．定義について

「Psychological Assessment」は，これまで「心理アセスメント」と邦訳されることが一般的であったが，本書では公認心理師法施行規則で定められた科目名に従って「心理的アセスメント」と表記する。一例として，米国心理学会（American Psychological Association；以下，APA）の定義をみてみよう。Psychological Assessment は，「心理学的な評価（evaluation）や判定（decision），提案（recommendation）を行うために，データを集め（gathering），統合する（integration）こと。心理士（psychologists）はさまざまな精神医学的問題（たとえば不安，物質乱用など）や，非精神医学的問題（たとえば知能や職業的関心など）といったさまざまな事柄を査定（assess）する。査定は個人的に行うこともできるし，1対1でも，家族全体に対しても，集団に対しても，組織全体に対しても行うことができる。査定のデータは，臨床面接（clinical interviews）や，行動観察（behavior observation methods），心理検査（psychological tests），生理学的あるいは心理生理的測定（physiological or psychophysiological measurement devices），さらにはその他の特別な検査道具など，多様な方法で収集される」と定義されている（VandenBos, 2006）。

2．APA における定義の解説と公認心理師法

心理的アセスメントの定義は，専門家個人により，さまざまな定義がなされている（津川，2009）が，APA の定義をもとに解説すると次のようになる。

第1部　心理的アセスメントの基本

表1　公認心理師カリキュラム等検討会における
「心理状態の観察及び結果の分析」の〈到達目標〉

14. 心理状態の観察及び結果の分析
14-1. 心理的アセスメントに有用な情報（生育歴や家族の状況等）及びその把握の手法等について概説できる。
14-2. 心理に関する支援を要する者等に対して，関与しながらの観察について，その内容を概説することができ，行うことができる。
14-3. 心理検査の種類，成り立ち，特徴，意義及び限界について概説できる。
14-4. 心理検査の適応及び実施方法について説明でき，正しく実施し，検査結果を解釈することができる。
14-5. 生育歴等の情報，行動観察及び心理検査の結果等を統合させ，包括的に解釈を行うことができる。
14-6. 適切に記録，報告，振り返り等を行うことができる。

　心理的アセスメントの目的は，心理学的な評価・判定・提案のために行うということである。評価・判定・提案のために行うということは，その先に心理支援がつながっていることを意味する。心理的アセスメントの結果が心理支援計画に直接的に活かされる場合も多いが，心理的アセスメントの結果を対象者にフィードバックすることによって自己理解が深まり，それが内的成熟につながることも少なくない。公認心理師にとって心理的アセスメントは，常に心理支援と連動しあいながら，車の両輪のように機能するものといえるかもしれない。

　次に，心理的アセスメントでは何を行うかというと，データを集め，統合することを実践することになる。単にデータをばらばらと集めて羅列するのではなく，後半にあるように"統合する"ことが肝要である。このことは，公認心理師法第2条で定められた業務のうち，「1　心理に関する支援を要する者の心理状態を観察し，その結果を分析すること」に関して，公認心理師カリキュラム等検討会がカリキュラムの「到達目標」として挙げている6つの点（表1）のうち，「14-5. 生育歴等の情報，行動観察及び心理検査の結果等を統合させ，包括的に解釈を行うことができる」でも，"統合"や"包括的"という言葉が使われていることから，その重要性が伝わってくるであろう。

　3番目として，データを集める範囲は，必ずしも精神医学的な問題に限らず，非精神医学的な問題も含めて幅広いというのが心理的アセスメントの特徴である。何かの障害や疾病でなくても，何かの症状を持っていなくても，自分自身の特徴を理解して成熟していくために心理的アセスメントは役立つ。また，たとえばAPAの定義にあるように，職業的関心や，進路選択・職業選択の際にも役立つ。

　4番目として，心理的アセスメントは，個人に対してだけでなく，家族・集団・

第1章 心理的アセスメントとは

表2　APAによる心理的アセスメントの定義

1．目的：心理学的な評価，判定，提案のため
2．実践：データを集め，統合する
3．範囲：精神医学的問題＋非精神医学的問題
4．対象：個人，家族，集団，組織
5．方法：①臨床面接，②行動観察，③心理検査，④生理学的あるいは心理生理的測定，⑤その他

組織に対しても行われるものであるという特徴である。個人に対する心理的アセスメントに限らず，家族全体を見立てる。スクールカウンセラーであれば学校全体を見立てる。産業・労働分野であれば組織全体を見立てる。何より，どの公認心理師もどこかで働いているので，そのコミュニティ全体を見立てる，といった心理的アセスメントの根幹を示している。

最後に，心理的アセスメントの方法は，①臨床面接，②行動観察，③心理検査，④生理学的あるいは心理生理的測定，⑤その他と多様であること，という括りで成立している。

以上の定義を表2で整理しておく。

3．心理的アセスメントの方法

表2の「5．方法：①臨床面接，②行動観察，③心理検査，④生理学的あるいは心理生理的測定，⑤その他」をみると，①②③は日本の公認心理師であれば多くが頷く方法と思われるが，④生理学的あるいは心理生理的測定は意外に思われるかもしれない。米国の大学生向けの心理学入門テキストでは④が入っていることが少なくないが，日本で④は医学領域のイメージが強いか，生理心理学領域のものとして捉えられているのではないかと推測される。しかし，生物（bio）・心理（psycho）・社会（social）モデル（以下，生物心理社会モデルと表記する）からすると，生物（bio）が入っていることは自然なことである。

生物心理社会モデルとは，生物学的な視点，心理学的な視点，社会学的な視点といったように，多元的な視点をもってバランスよく見るモデルのことである。心理的アセスメントは主としてpsychoに含まれるものになろうが，対象を理解しようとするとき，bioやsocialな視点は必要である（図1参照）。個人に対する心理的アセスメントを例にとれば，その対象者に身体疾患を含む何らかの課題があれば，当然そのことは心理面でも影響する。また，対象者が経済的な課題をもっていれば，当然そのことも心理面に影響する。人はトータルな存在であり，生物心理社会モデルによる視点は常に必要となってくる。ここで留意すべきなのは，

第1部　心理的アセスメントの基本

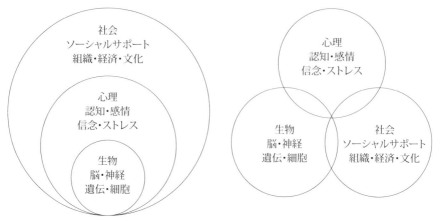

図1　同心円状の生物心理社会モデル（一般財団法人日本心理研修センター，2018, p.178より）

図2　連携や協働を意識した生物心理社会モデル（一般財団法人日本心理研修センター，2018，p.179 より）

　医師が生物（bio）を担当し，公認心理師が心理（psycho）を担当し，ソーシャルワーカーが社会（social）を担当するという視点の分断を起こさず，チームの全員が生物心理社会モデルによる視点をもつことである（津川・岩満，2018）。それぞれの専門職が得意分野のアセスメントの視点をもつということは自然なことであるが，公認心理師も，心理（psycho）の視点だけでなく，生物（bio）や社会（social）の視点をもっておく必要がある（図2参照）。そのためにも，④生理学的あるいは心理生理的測定は大切な方法である。しかし，本シリーズでは第10巻『神経・生理心理学』で詳しくふれられるため，本書では④についてこれ以上ふれない。また，生物心理社会モデルに関しては本書の第2章でさらに詳しく学ぶ。

　④を除くと，①臨床面接，②行動観察，③心理検査になるが，ここでは心理的アセスメント＝心理検査でなく，心理検査は心理的アセスメントの一部であることを理解してほしい。①「臨床面接」に関係して本書では第4章に「心理面接におけるアセスメント」の章を設けている。また，②行動観察に関しては本書の第3章「行動観察」で，③心理検査に関しては本書の第5章「心理検査の基礎」で解説する。ここでは①②に関して対応する章への導入部分として紹介する。

第1章　心理的アセスメントとは

▌II　臨床面接とは

「心理学を実践の場でさまざまなかたちで活用するにあたって，臨床面接はその
いちばん基礎になる。面接こそは，心理的なサービスを系統だて，実用に供する
際の最も根本的なメカニズムなのである」(Hersen & Van Hasselt, 1998)。この
言葉に示されるように，心理的アセスメントにおいても，面接は基本的なものと
して存在する。なお，心理学の研究法としての面接法は本シリーズ第4巻『心理
学研究法』で詳しく解説されるので，ここでは心理支援のための面接を取り上げ
る。

　面接に関する用語は，①臨床面接，心理面接，臨床心理面接，②アセスメント
面接，査定面接などさまざまな表現があるが，基本的には，①と②の別がある。
①は心理支援における面接そのものを指し，②は心理的アセスメントを目的とし
た面接のことを指す。もちろん，②を行っている最中にも①としての関係が深ま
るといったことはあるが，概念上，別に定義しておくことで，心理支援の流れを
創出することができる。ここでは全体を分かりやすく概観するために，公認心理
師が，ある心理支援を求めている対象者と会うシーンを想定しよう。

1．来所経路（来談経路）

　不安な気持ちを誰かに相談しようと本人が発想する場合だけではない。家族や
友人・同僚など，本人のことを案じた周囲の誰かが心理支援を発想する場合もあ
る。心理支援に関係する公認心理師以外の専門家が，公認心理師による心理支援
を発想する場合もある。本人が発想した場合以外は，発想者がいわゆる紹介元と
いわれる存在になり，発想者＝紹介元→公認心理師となろう。一方，発想者が誰
かに紹介を依頼して，発想者→仲介者（紹介元）→公認心理師へとつながる場合
もある。誰が心理支援を発想したのか，紹介元は誰か，なぜ，公認心理師に紹介
してきたのかといった来談までの経緯は，心理支援に際して意味をもつので，「来
所経路」や「来談経路」といった表現もよくされる。

　むろん，公認心理師個人ではなく，公認心理師が所属する機関へ紹介され，そこ
で出会う場合の方が多いが，その場合でも，なぜその機関に紹介されたのか等々，
来所経路は意味をもつ。

15

第1部　心理的アセスメントの基本

2．初回面接を含むアセスメント面接

　初回面接の定義としては「心理カウンセリングや心理療法において，文字どおり最初の面接のことを指す。どのような相談場面かによって初回面接のあり方は変わってくるが，一般的には，クライエント（対象者）が何に困っていて，どうなることを望んでいるのかといった主訴を共有するだけでなく，来談経路，身体・経済・社会的状況などを総合的に捉える必要があり，自傷他害や暴力等の危険性に関する見立ても必要となってくる」（津川，2019）。加えて，守秘義務などの倫理的な約束をする場でもあり，単発が前提の場合でなければ，今後の継続面接に関するやり方を話し合う場でもある。「インテーク面接」や「受理面接」と呼ぶことも多い。

　なお，初回面接等で，自分以外の他の心理専門職者や関連職者に対象者を紹介した方が適切であると判断される場合，「リファーする」こともある。リファー（refer）とは，相談に訪れた対象者に，自分の機関だけでは十分な対応ができない場合，適切な専門家に紹介する行為を指す。たとえば，A療法が対象者の心理支援に適切であると判断されるが，A療法が自分の機関では提供できない場合，A療法が提供できる機関に紹介するといったケースである。また，心理支援を求めてきた対象者が医療で加療を受けた方がいいと判断されるので医療機関につなぐ場合や，ソーシャルワーカーによる支援が必要と判断されてつなぐ場合など，専門家間での紹介や連携・協働することも意味する。公認心理師が心理支援を続けることを前提として，それに加えて関係職者にリファーを行うことも多い。信頼されるリファーを行うためには，関係する専門家や機関と平素から関係を保つことが必要であり，地域連携（コミュニティの中での連携）を基盤としてもつことが重要である。

3．初回面接（インテーク面接）の目的とその基盤

　初回面接（インテーク面接）の主たる目的は一般的には次のようなものである。①ラポールの形成，②心理的アセスメント，③心理支援の基盤となる仮説の生成と面接目標の設定，④守秘義務や外的構造枠を含む説明と約束，⑤面接契約の締結やリファーである。

　①のラポール（rapport）とは，関係という意味のフランス語に由来する用語であり（高砂，2015），心理支援において，対象者と公認心理師とが信頼関係を基盤として双方向に交流できる状態のことを指す。①～⑤を達成する基盤として，

第1章 心理的アセスメントとは

受容（acceptance），傾聴（listening），共感（empathy）が心理支援者の基本的な態度として前提されている。

　面接の基本は「きく」ことであり，「きく」には，「聞く」や「訊く」などの漢字があるが，心理支援に際しては，「聴く」という漢字が当てられる。「『聴く』という行為は一見受け身的な印象を与えるが，すぐれて能動的・積極的な行為であるがゆえに，積極的傾聴（active listening）と呼ばれることもある。傾聴は，相手に耳を傾けてきく，耳できいたことを心で受けとめる，相手に心を寄せて理解する，相手の言わんとするところを相手の準拠枠に添ってきちんとうけとめる，相手の話を無構えで評価しないできく等とさまざまに説明されるが，その要点は，相手の話に熱心に耳を傾け，表面的な事実にとわられることなく，その背後にある気持ちに焦点を当て，相手の立場に立ってその心情を理解しようと努めるといったことである。また，このような姿勢で相手の話を聴こうとすることは，相手をありのままに受け入れようとすることにもつながる。すなわち，相手を受容することに通じる」（沢崎，2005）。加えて，共感とは「相手が体験したことと，そのときに抱いた感情，そしてそれを引き起こしている要因について，あたかも自分自身の体験であるかのようにそのまま感じとろうとすること。そのためには，相手の立場に立ってその人が体験している世界を想像し，理解しようとする必要がある。共感は，相手と自分は別の人間であるということを前提としており，相手の感情と自分の感情を混同したり，憐れんで同情することとは区別される」（松村，2012）。

　このように，受容・傾聴・共感は，重なり合う部分をもつ概念であり，アプローチの違いにかかわらず，心理支援の基盤であり，さまざまな知識や技術はこれらの上に乗っていると考えられよう。

III　行動観察に関する訓練

　心理学において"行動"（behavior）の概念は広く，生体が起こす活動全般を指す（津川，2019）。行動観察とは，行動を観察することを意味する。心理学研究の基本的な方法であり，心理的アセスメントの基本的な方法でもある。たとえば乳幼児の心理的アセスメントにおいては，①臨床面接，②行動観察，③心理検査のうち，本人に対しては行動観察が基本となる。また，重篤な精神病をもつ対象者や，重度の知的障害をもつ対象者にとって，行動観察は心理的アセスメントの重要な部分となってくる。臨床面接や心理検査ができる対象者であっても，行動

観察は欠くことができない。

　しかし，意外なことに行動観察に関する訓練は必ずしも十分に行われているとはいえない。訓練に際して最も確実なのは，心理支援の対象者に関して，ケース報告をする際に，ある行動に関してどう言葉で表現して報告するかに関する鍛錬である。

　たとえば，ある対象者が相談室の入口でおそるおそるドアを開けて入ってくるのを数人の公認心理師志望者が目撃したとしよう。同じ行動（＝おそるおそるドアを開けて入ってくる）に関して，報告者によって表現が違ってくるだろう。とくに，「おそるおそる」の表現は人によって違うだろう。「おそるおそる」以外に，「おじおじ」「おずおず」「おどおど」「おっかなびっくり」「こわごわ」など日本語としての類語はたくさんあるが，目撃した数人で話し合うと，その対象者にピッタリくる表現が浮かび上がってくる。日本語に関する課題もあろうが，行動観察した結果をどうアウトプットするかに関する訓練課題と思われる。コンピューターに例えると，入力と出力の間にある媒介過程（recognition ／認知）が大切で，的確な行動観察は心理的アセスメントの大切な部分である。したがって，見れば分かると安易に考えて，行動観察に関する鍛錬を実習等で怠ってはいけない。行動観察に関しては本書の第3章「行動観察」で詳しく解説される。

IV　心理的アセスメントの学習

1．心理的アセスメントの上達

　心理的アセスメントが上達するということは，公認心理師として熟達者になることと同じことである。理由は，どのような心理支援も，根拠があって行われるものであり，その根拠になるものが心理的アセスメントからもたらされるからである。つまり，「心理的アセスメントは心理的実践を根幹から支える重要な役割を果たしている」（一般財団法人日本心理研修センター，2018）。

　たとえば，身体疾患の治療で入院しているある患者が頻回にナースステーションを訪れ，不眠を訴えているとしよう。不眠に対応するために，担当医が睡眠薬を処方すればそれで終わりであろうか。対処療法的にはそうかもしれない。しかし，心理的アセスメントを行うと，たくさんの仮説が浮上する。身体疾患による痛みや痒みといった症状による不眠の可能性，内服している複数の薬剤による影響，周囲の患者のイビキといった要因，自宅から病院へと環境が変わったことによる反応，病気に関しての経済的な心配，病気や治療に関する心配，医療スタッ

第1章 心理的アセスメントとは

フへの思い（不安・不信・恋愛感情等），精神障害としての不眠，現病とは別の心配ごと（家族や仕事等），など枚挙にいとまがない。睡眠薬を服用することで結果として不眠が解消したとしても，こういった心理的アセスメントを行わなければ，本質的な問題解決に至らないことは明白である。実践経験の浅い公認心理師は，まず仮説をたくさん挙げられることを心がけてほしい。たった1つの仮説では，それ以上の多角的多層的な心理的アセスメントが展開されない。現実に，何か1つだけの要因ということはむしろ少なく，いくつかの要因が複合して不眠が起こっていることの方が日常的である。生物心理社会的モデルを基盤に，たった1つの仮説をもつのではなく，初学者はたくさんの仮説を生成できるように，指導を受け続けることが必要である。不眠＝何か心理面での心配事，と最初から決めつけてしまうと，心理支援の方向性を誤ることになりかねない。

2．緊急性（優先順位）

心理的アセスメントにおいては，緊急性が高いものがある。暴力にさらされていたり，自殺念慮が高かったり，急性の錯乱状態であるような場合などである。こういった対象者にはすぐに対応しなければならず，その際，トリアージという概念を知っておくことが必要である。トリアージ（triage）とは，「もともと仏語で『選別・仕分け・分類』を意味し，医療現場では『治療優先順位の選別』を意味する用語である。災害などで，大量の傷病者が病院に運ばれてきたような場合，人命第一の観点から，どの患者を優先的に処置するかを医療者が判断する，といった身体医療現場でよく使われる用語である」（津川, 2009）。これを心理支援に当てはめると，緊急性の筆頭に挙げられるのは，前述にあるような自傷他害であろう。

精神保健福祉法第29条で「都道府県知事は，第27条の規定による診察の結果，その診察を受けた者が精神障害者であり，かつ，医療及び保護のために入院させなければその精神障害のために自身を傷つけ又は他人に害を及ぼすおそれがあると認めたときは，その者を国等の設置した精神科病院又は指定病院に入院させることができる」とあるが，「自身を傷つけ又は他人に害を及ぼす」という部分が自傷他害にあたる。

なお，トリアージを含む心理的アセスメントの視点を整理したものとして，表3が参考になろう。

第1部　心理的アセスメントの基本

表3　精神科臨床における心理アセスメントの6つの視点（津川，2009）

I　トリアージ
　A．自傷他害の程度
　B．急性ストレス（悪化しているか）なのか慢性ストレスなのか
　C．トラウマの有無（含む complex PTSD）
　D．援助への動機や期待の程度
　E．いま自分が提供できる援助リソース

II　病態水準
　A．病態水準と防衛機制
　B．適応水準
　C．水準の変化
　D．知的水準と知的な特徴（とくに，動作性能力）
　E．言葉と感情のつながり具合

III　疾患にまつわる要素
　A．器質性障害・身体疾患の再検討
　B．身体状況の再検討
　C．薬物や環境因（大気など）による影響の可能性
　D．精神障害概念の再検討
　E．症状をどのように体験しているのか

IV　パーソナリティ
　A．パーソナリティ特徴（とくによい資質）
　B．自己概念・他者認知を含む認知の特徴
　C．ストレス・コーピング
　D．内省力の程度
　E．感情状態

V　発達
　A．平均的な発達
　B．思春期や青年期の特徴をはじめとする年代ごとの心理的な悩み
　C．年代に特有の症状の現われ方
　D．発達障害傾向の有無とその程度（発達の偏り）
　E．ライフ・プラン

VI　生活の実際
　A．地域的な特徴
　B．経済的な面
　C．物理的な面（地理，家屋など）
　D．生活リズム
　E．家族関係を含む対人関係

3．修了後教育の重要性

　公認心理師は国家資格であるので，一度，資格を取得すれば原則として生涯保

持することができることになる。しかし，資格をもっていることと，実力のある公認心理師になることは別次元のことである。大学や大学院で学んだことで終わりではなく，継続訓練（continuing education）が必要である。心理支援に関して，研修会で学んだり，スーパーヴィジョンを受けたりすることと同様に，心理的アセスメントに関しても指導を受けることが必要である。ベテランであっても，新しい概念，心理支援法，心理検査などは次々に開発されるので，継続訓練が必要となってくる。

V 心理的アセスメントに関係する倫理の基本

1．インフォームド・コンセントとアカウンタビリティ

　心理支援においては，さまざまな倫理があるが，心理的アセスメントにおいても，インフォームド・コンセント（informed consent ／ IC と略されることも多い）の重要性がまず挙げられる。インフォームド・コンセントは「説明と同意」と訳されることが少なくないが，公認心理師が対象者に十分説明を行ったうえで，対象者が納得するという意味であり（津川，2016），単に同意書をとればいいということではない。ここでいう"十分な説明"が，アカウンタビリティ（accountability）という用語と関係しており，「説明責任」と訳されることが多い。「特に，我が国ではアカウンタビリティが説明責任に置き換わる過程で日本的文脈に変質し，英語圏以外の国と比較して独自の発展を遂げている」（山本，2013）というプロセスは専門書に譲るとして，心理臨床の文脈ではアカウンタビリティは次のようになる。「つまり，『心理臨床のアカウンタビリティ』とは，心理臨床の仕事が援助を求めている人にとってどこまであてにできるか，その人にどのような意味を持つのか，援助を受ける側になって考え，その人々のために働いているかを認識する責任ということができます」（平木，1998）。

2．秘密保持

　本シリーズ第1巻『公認心理師の職責』で取り上げられているように，公認心理師は，公認心理師法第41条「公認心理師は，正当な理由なく，その業務に関して知り得た人の秘密を漏らしてはならない。公認心理師でなくなった後においても，同様とする」によって，法律で秘密保持が義務づけられている。「第41条の規定に違反した者は，一年以下の懲役又は三十万円以下の罰金に処する」（第46条1項）と罰則規定も設けられている。

第1部　心理的アセスメントの基本

表4　日本家族心理学会の倫理綱領における「多重関係における境界の管理」
　　　（日本家族心理学会，2010 より引用）

（危害をもたらす多重関係の回避・禁止）
第 10 条　会員は専門的業務においては相手に危害をもたらすリスクの高い多重関係を，でき
　　　得る限り避ける。多重関係とは，専門的業務のための契約に基づく関係と専門的業務以外の
　　　関係とが重なる場合，例えばカウンセラー―クライエント関係を持ちつつクライエントとの
　　　恋愛関係になる場合，また，二種の専門的業務関係を持つ機会がある場合などである。

（回避困難な多重関係における境界の管理）
第 11 条　専門的業務における多重関係の中には，その関係が不可避な場合，または，場合に
　　　よっては福利をもたらす可能性が高いと判断する場合がありうる。そのような場合，会員は，
　　　適切な配慮の手続きを積極的に講じる。多重関係が不可避あるいは避けることが困難な場合
　　　とは，例えば，専門的業務のための契約に基づく関係と専門的業務以外の地域コミュニティ
　　　での避けられない関係の両方がある場合や，二種の専門的業務関係，たとえば，教員―学生
　　　関係でありつつ，スーパーヴァイザー―スーパーヴァイジー関係を持つ場合などである。
　　　1．多重関係が不可避あるいは避けることが困難な場合，会員は，その起こりうるリスク，
　　　　起こりうると見なした利益と，意図しない危害のリスクを見立て，リスク低減の配慮と適
　　　　切な手続きなどについて，事前に慎重に吟味して記録する。そして，これらの点について
　　　　相手からのインフォームド・コンセントを得る。
　　　2　会員は，その専門的業務での関係において，例えば，セラピストから研究者へなど，役
　　　　割の変化・移行や往復がある場合には，原則として，その必要性と起こりうる利益と不利
　　　　益などを説明して，改めて相手からインフォームド・コンセントを得る。また，そのこと
　　　　によりリスクを最小限に留めるように努める。

　有名な刑法第 134 条第 1 項の「医師，薬剤師，医薬品販売業者，助産師，弁護
士，弁護人，公証人又はこれらの職にあった者が，正当な理由がないのに，その
業務上取り扱ったことについて知り得た人の秘密を漏らしたときは，6 カ月以下
の懲役又は 10 万円以下の罰金に処する」でも罰則規定があり，それと比較して
罰則が重くなっているが，これは精神保健福祉士法第 44 条で「一年以下の懲役
又は三十万円以下の罰金に処する」とあるのと同等になっている。ちなみに，救
急救命士法では「五十万円以下の罰金」（第 54 条），理学療法士法及び作業療法
士法でも「五十万円以下の罰金」（第 21 条）となっている。なお，これらはすべ
て親告罪[注1] として位置づけられている。

注1）検察官が公訴を起こす時に被害者（被害者側の，法定の範囲の者）の告訴があることを
　　　必要とする種類の犯罪。

22

3．対象者との関係

多重関係（multiple relationships）とは「援助者－被援助者という関係があるときに，それ以外の関係が入り，そのことが援助に影響を与える関係のことをいう」（津川，2016）。多重関係は入らないように予防することが大切であり，やむを得ない理由で多重関係に入る場合は，そのリスクを見立てることが肝要である。たとえば，日本家族心理学会では倫理綱領において表4にあるような内容を会員に呼びかけている。

VI おわりに

適切な心理的アセスメントは，適切な心理支援に直結する。また，心理的アセスメントは1回で終わるものではなく，心理支援が行われている間，絶えず検証され続けるものであり，仮説とその検証の繰り返しは心理支援が終わるまで行われる。それが基盤となって，エビデンスベイスト・アプローチ（Evidence-Based Approach；EBA と略されることが多い）――単に数値に基づくという意味ではない――を形成し，対象者やその家族，関係者に益する心理支援を根幹から支えることになる。

EBA は，心理支援を受ける要支援者や家族にとって心理支援の内容が理解しやすく安心になるだけでなく，多職種協働に際して，関係職者が公認心理師とは何を提供できる職種なのかに関して標準的に理解できることにつながる。ひいては，心理学を基盤とした実証的なデータに基づいて社会制度や行政の動向に提言でき，日本に暮らす人々が生活しやすい日常へ近づくことにつながっていく。したがって，心理的アセスメント能力の向上は公認心理師にとって欠かせないものである。

◆学習チェック表
- □ 心理的アセスメントの定義について理解した。
- □ 心理的アセスメントの方法について理解した。
- □ 心理的アセスメントの学習方法を理解した。
- □ 心理的アセスメントに関係する倫理の基本を十分に理解した。

より深めるための推薦図書
津川律子（2009）精神科臨床における心理アセスメント入門．金剛出版．

第1部　心理的アセスメントの基本

文　献

Hersen, M. & Van Hasselt, V. B (1998) Basic Interviewing — A Practical Guide for Counselors and Clinicians. Lawrence Erlbaum Associates.（深澤道子監訳（2001）臨床面接のすすめ方―初心者のための13章．日本評論社，p.1.）

平木典子（1998）こころに優しい男と女の関係―心理臨床のアカウンタビリティの視点から．こころの健康，13(1); 3-11.

一般財団法人日本心理研修センター監修（2018）公認心理師現任者講習会テキスト［2018年版］．金剛出版．

公認心理師カリキュラム等検討会（2017）「公認心理師カリキュラム等検討会」報告書．http://www.mhlw.go.jp/stf/shingi2/0000167172.html（2018年1月11日取得）

松村麻衣子（2012）共感．In：風祭元監修：精神医学・心理学・精神看護学辞典．照林社，p.86.

日本家族心理学会（2010）倫理綱領．http://www.jafp-web.org/（2017年9月5日取得）

沢崎達夫（2005）傾聴と受容．In：岡堂哲雄監修：臨床心理学入門事典．至文堂，p.154.

白波瀬丈一郎（2011）関与しながらの観察．In：加藤敏・神庭重信・中谷陽二・武田雅俊・鹿島晴雄・狩野力八郎・市川宏伸編：現代精神医学事典．弘文堂，p.186.

高砂美樹（2015）面接法．In：日本心理学諸学会連合心理学検定局編：心理学検定―基本キーワード［改定版］．実務教育出版，p.15.

津川律子（2009）精神科臨床における心理アセスメント入門．金剛出版．

津川律子（2016）心の専門家における倫理．In：金子和夫監修，津川律子・元永拓郎編：心の専門家が出会う法律―臨床実践のために［新版］．誠信書房，pp.190-198.

津川律子・岩満優美（2018）医療領域．In：鶴光代・津川律子編：シナリオで学ぶ心理専門職の連携・協働―領域別にみる多職種との業務の実際．誠信書房，pp.14-42.

津川律子（2019 刊行予定）行動観察法．In：子安増生・丹野義彦・箱田裕司監修：有斐閣　現代心理学辞典．有斐閣．

津川律子（2019 刊行予定）初回面接．In：子安増生・丹野義彦・箱田裕司監修：有斐閣　現代心理学辞典．有斐閣．

VandenBos, G. R.（2006）APA Dictionary of Psychology. American Psychological Association. In：繁桝算男・四本裕子監訳（2013）APA 心理学大辞典．培風館．

山本清（2013）アカウンタビリティを考える―どうして「説明責任」になったのか．NTT出版，はじめに ii.

第2章
心理的アセスメントをめぐる諸概念

酒井佳永

> **Keywords**　ICF，生物心理社会モデル，操作的診断，意識障害，
> ICD-10，DSM-IV，DSM-5

　この章では心理的アセスメントを行う上で理解しておくべきいくつかの概念について概説する。「生物心理社会モデル」「国際生活機能分類」「操作的診断基準」，そして「意識障害」である。

　要支援者に適切な支援を行うためには，一側面のみからアセスメントするのではなく，全人的に，つまり身体，心理，社会などを含めた多角的かつ包括的な観点から理解する必要がある。また要支援者は医療，教育，福祉，産業などさまざまな領域に関わりながら生活している。各領域で要支援者と出会う専門家は互いに連携をしながら，効果的で矛盾のない支援を提供していく必要がある。

　この章で扱う生物心理社会モデルは，全人的なアセスメントの基盤となる考え方である。また国際生活機能分類(ICF；International Classification of Functioning, Disability and Health)は包括的なアセスメントを行い，その結果を関係者間で共有するための有用なツールである。操作的診断基準に関する知識は，医療領域においてはもちろんのこと，その他の領域においても，医療との連携が必要な要支援者を発見したり，連携しながら支援をしたりしていくうえで必須の知識となる。また意識障害についての知識は，心理的な側面のアセスメントを行う際に見落としてしまいがちな，身体的な側面のアセスメントに必須である。

　これらの概念は，いずれも心理に関する支援を要する人（要支援者）を，一側面のみからではなく全体的，包括的に理解し，関係するさまざまな領域の専門家との間で連携していくうえで重要な概念である。

I　生物心理社会モデル（biopsychosocial model）

1．生物心理社会モデルとは

　1977年にロチェスター大学の精神科医であったエンゲルEngel（1977）が提唱した生物心理社会モデルとは，疾患の発症や経過や回復に影響を与える要因として，生物的，心理的，社会的要因のすべてを考慮し，それらの相互性を考えながら統合的に理解して，介入を行うアプローチのことをさす。

　エンゲルが生物心理社会モデルを提唱した1970年代は，生物学的基盤のみによって疾患を説明しようとする考え方である「生物医学モデル」が一般的であった。エンゲルは同じような生物学的基盤のもとでも社会的な文脈や環境によって疾患とみなされるか否かが異なる場合があること，心理社会的な要因は病気になりやすさ，重さ，予後を決定する上で重要な要因であること，患者－治療者関係は医療の結果に影響することなどをあげ，生物医学モデルを批判した。そしてシステム理論に基づき，細胞や神経系などの生物学的次元，感情や行動などの心理学的次元，そして家族やコミュニティなどの社会的次元における複数のシステムが，相互に，もしくは円環的に影響しあうものとして疾患や健康問題を統合的に捉え，その場，そのとき，その状況で適切なシステムに介入すべきであるとする生物心理社会モデルを提唱した。生物心理社会モデルは「心理的要因が身体疾患にどのように影響するのか」「患者と医療スタッフとの関係が治療にどのように影響するか」「患者は病気をどのように体験しているのか」といった問題提起にもつながり，今日の心身医学の発展や，コンサルテーション・リエゾン精神医学の発展へと結びついた。

　元来，エンゲルが生物心理社会モデルの具体例として紹介したのは，心筋梗塞，潰瘍性大腸炎，心因性疼痛などの身体疾患であった。しかし生物学的な病因がはっきりせず，生物学的基盤のみでは説明できない疾患がほとんどである精神医学領域において，生物心理社会モデルは広く受け入れられてきた。精神医学やメンタルヘルス領域においては，薬物療法などの生物学的な介入，心理療法や心理教育などの心理学的介入，家族支援や生活支援などの社会的な介入が包括的に行われることも，生物心理社会モデルが受け入れられた理由の1つであろう。最近では，さまざまな専門性をもつスタッフがチームで連携しながら包括的に支援する「チーム医療」が推進されるなかで，生物心理社会モデルが参照されることも増えてきている。

第 2 章　心理的アセスメントをめぐる諸概念

2．生物心理社会モデルによるアセスメントの実際

ここで生物心理社会モデルをふまえたアセスメントの具体例を挙げる。

事例：A，39歳，女性

　Aは3人姉妹の長女で，子どものころから責任感が強く，妹たちの面倒を良く見る手のかからない子どもだった。地元の女子大学を卒業後，クレジットカード会社で事務職として勤務，趣味のテニスを通じて知り合った夫と結婚した。2人の子どもの産休と育休を経て職場復帰し，仕事と家事を両立している。子どもは現在，小学校4年生の男の子と3年生の女の子である。

　Aは仕事をきちんとこなすため職場での評価は高かった。しかし，ここ数年で事務職が担っていた業務のほとんどを派遣社員が行うようになり，事務職の正社員の大半が営業職に配置転換された。Aも例外ではなく，大型ショッピングセンター内の新設店舗の店長として，パートの男女7人をただ1人の正社員として統括することになった。

　最初の数カ月間は店舗全体の志気も高くノルマ達成も容易だった。しかし，まもなく近隣にライバル店が進出し競争が激しくなると営業成績が急低下した。Aは業績を回復させるために店長として厳しくパート社員を指導した。自らにも厳しいノルマを課し残業時間は増えていった。不慣れな業務内容でわからないことも多かったが上司は本社勤務であり相談できず，厳しい指導に反発するようになった部下との関係も悪化し，職場での人間関係に悩むようになった。

　家庭では，残業を終えて深夜に帰宅後，翌日の食事と弁当の下ごしらえ，洗濯，掃除をして，就寝するのは午前2時頃であった。翌朝も午前6時前には起床して，家事をしてから出勤する日が続いていた。息子の中学受験も気になっていたが，塾見学にいく時間をとることができず，「自分は母親として失格なのではないか」と悩むようになった。

　約半年後より，疲れているのに眠れない，数時間で目が覚める，朝になっても疲れが取れないなどの症状があらわれ始めた。食欲が低下し半年間で6kgも体重が減少した。集中力が低下して些細なミスが増え，記憶力が低下して重要な約束を忘れてしまうこともあった。パート社員からは「能力のない上司」と陰口を言われるようになった。朝，体が重く起きあがれず，這うようにして出勤しても通勤電車で気分が悪くなるなどして，遅刻することが増えた。「自分には能力がない，皆に迷惑をかけているから辞めるしかない」と考えたAは，本社の上司に退職を願い出たところ，「大事なときに投げ出すのか，能力がないと思うなら死ぬほど努力しろ」と激励された。「この状況から逃れるためにはもう死ぬしかないのか」と漠然と死を考えるようになった。

　そんなある日，会議のために本社に出勤したAは，前職場の上司と偶然顔を合わせた。元上司は「顔色がひどい。体調が悪いのでは？」と，その日のうちに産業医との面談を予約してくれた。産業医に最近の状況を伝えたところ，精神科専門医を受診するよう進められた。精神科ではうつ病と診断され，病気休暇をとるように指示され，抗

うつ薬による治療が開始された。抗うつ薬の服用と休養により，Aの症状は改善した。

　Aについて，生物心理社会モデルを参照しながら理解してみよう。

　一般に，生物学的要因には分子，細胞，遺伝，神経系などの要因が含まれる。Aの事例では，睡眠障害，集中力や記憶力の低下，易疲労，身体症状，抗うつ薬の服用による症状改善などがこれにあたる。

　心理的要因には，一般に，行動，信念，感情，ストレス，パーソナリティなどの要因が含まれる。Aの事例では，まじめ，責任感が強い，完全主義的というパーソナリティ傾向や，慣れない業務であっても期待された成果をあげなければならないという信念，仕事も育児も手を抜くことができずに残業や早朝深夜の家事を続けるという行動などがこれにあたる。

　社会的要因には，一般に社会経済的状況，ジェンダーや人種，雇用問題，ソーシャルサポートなどが含まれる。Aの事例では，日本社会における非正規雇用の増加，配置転換，きついノルマ，上司・部下との関係，ソーシャルサポートの不足などがこれにあたる。

　また生物心理社会モデルでは，それぞれの次元の相互作用にも目を向ける必要がある。例えば，集中力の低下や易疲労が職場の人間関係を悪化させるという生物学的要因と社会的要因の相互作用，完璧主義的なパーソナリティのために早朝深夜の家事を続け，このことが睡眠障害を悪化させるという心理的要因と生物学的要因の相互作用などがこれにあたる。

　アセスメントを行う際には，問題や症状だけではなく，資質や資源などポジティブな側面にも目を向ける必要がある。Aの場合は真面目で責任感の強いパーソナリティ（心理）が元の上司との良い関係（社会）に寄与しており，これが医療につながるきっかけにもなっている。

3．生物心理社会モデルとチーム医療

　生物心理社会モデルについて「医師は生物学的側面を，心理士は心理的側面を，ソーシャルワーカーは社会的側面をみる」というように，各専門家が得意とする側面だけをアセスメントして業務分担することや，重要な問題をリストアップするだけといった誤解やそれにもとづいた批判がある。しかし生物心理社会モデルにおいて重要な要素は「システム間の境界がオープンとなり，介入システムの変化が有機的に結合すること」，そして「治療チームというシステムの機能」であり，「統合」「協働」「寛容」が強調される（渡辺，2013）。

第2章 心理的アセスメントをめぐる諸概念

　生物心理社会モデルで重視されることは，さまざまな専門性をもつスタッフが，生物・心理・社会システムの相互的な影響を考慮して統合的にアセスメントをすること，そのうえで各自の役割を明確化し，情報の共有を行い，適切なときに適切なタイミングで連携したり，介入したりすることである。その結果，支援対象やその人をとりまく状況についての理解が進むだけではなく，チームが良好な協働関係を結ぶことができ，システムとして機能することができるようになるのである。

　生物心理社会モデルは 1970 年代に提唱された新しいとはいえない概念である。しかし，今後，医療をはじめとしたさまざまな領域において，多職種が各自の専門性を生かしながら協働することがますます重要な課題となる。生物心理社会モデルの概念は，多職種が連携し，協働するときに，包括的・統合的なアセスメントを行う共通の基盤となるだろう。

II　操作的診断基準

1．操作的診断基準とは何か

　精神疾患のほとんどは原因が不明であり，客観的な身体検査所見がない。そのため診断は臨床症状に基づいて行われる。しかし医師が学んできた理論，経験の多寡，国や地域や文化により，①どのような症状に注目し観察するか，②観察した症状をどのように解釈するか，③その症状をどう使って診断するか，が異なり，その結果として診断も医師により異なるということは少なくない。

　これらの要因を統一するために，①診断するにあたり必要な症状を明示する，②その症状の観察や解釈についての説明を詳述する，③診断が下されるための基準（症状の数や持続期間）を定義するという方法がとられるようになった。これを，診断の操作的定義という。そして操作的定義に基づいて作成された診断基準を操作的診断基準と呼ぶ。現在，国際的に利用されている操作的診断基準には，世界保健機関（WHO）による International Classification of Disease（以下 ICD）と，米国精神医学会による Diagnostic and Statistical Manual of Mental Disorders（以下 DSM）がある。

2．DSM および ICD の歴史的背景

　精神障害が初めて公的な分類に含まれたのは 1948 年に発表された ICD-6 である。その後米国精神医学会は 1952 年に DSM の第 1 版を発表した。その後, いず

第1部　心理的アセスメントの基本

れも改訂が続けられたが，当時の DSM と ICD は精神疾患を分類し，その定義や症状を辞書的に羅列したものに過ぎなかった。

　全く新しい形の診断分類体系が導入されたのは 1980 年に発表された DSM-III である。当時，米国では精神疾患の診断一致率の低さのために，治療や病因に関する研究が適切に実施できない状況にあった。また保険会社からの厳しい目により，精神疾患を医療保険でカバーできなくなる恐れすらあった。こうした医学的，社会的背景のもと「診断の信頼性を高める」という要請に応えるため，DSM-III では，①病因論に関して中立を貫き，明確な症状記述を行う，②統計学を用いた診断基準の決定，③多軸診断の導入など，重要な方法論的改革が導入された。その結果，DSM-III は診断の信頼性を向上することに成功し，国際的に広く受け入れられた。

　DSM は改訂が続けられ，1994 年に第 4 版である DSM-IV が出版された。DSM-IV 作成にあたっては，文献の系統的レビュー，データの再分析，フィールドトライアルを行ったうえで，従来の診断分類や診断基準をできるだけ尊重し，変更は十分な根拠があるものに限るという方針がとられた。そして 2013 年に 19 年ぶりに DSM が改訂され第 5 版である DSM-5 が発表された。

　ICD は異なる国や地域において異なる時点で集計された死亡や疾病のデータを体系的に記録し，分析，解釈，そして比較を行う目的で作成された。1900 年に開かれた第 1 回国際死因分類会議で承認され，10 年ごとに修正が行われた。1948 年の第 6 回修正以降は WHO の主導で改訂が進められるようになり，このときから精神疾患の分類が加えられた。1991 年の WHO 総会において第 10 回修正版（ICD-10）が採択された。ICD-10 は 22 の章から構成されており，第 5 章が「精神及び行動の障害」となっている。2018 年 8 月時点において ICD は第 10 回修正版である ICD-10 が利用されているが，2018 年 6 月 18 日には新しい改訂版である ICD-11 が発表された。ICD-11 は 2019 年 5 月に世界保健総会に提出され，2022 年 1 月 1 日に発効する予定である。

3．DSM と ICD の比較

　ICD は元来，病因や死因の分類や統計を目的としているため，ほとんどの章は単に疾患名を並べただけである。しかし DSM-III 以降，操作的診断基準が世界的な動向となったことを受けて，主に研究における診断一致率の向上を目指し，精神及び行動の障害については「臨床記述と診断ガイドライン」および研究用診断基準である ICD-10 ― Diagnostic Criteria for Research（以下 DCR-10）を開発し

た。

　ICD-10作成グループはDSM作成グループと繰り返し会合を持ち，共通部分をできる限り増やそうとした。その結果，合意に至らなかった部分はあるものの，DSMのコード番号と用語は，ICDに対応するようになっている。

　ICDは国際的な疫学調査などでの使用を想定しているため，さまざまな文化や地域で使用しやすいよう，診断基準が複雑になり過ぎないように配慮されている。他方DSMは研究を促進し，治療のガイドラインを提供する目的で作成するため，作成にあたっては，厳密な系統的レビューやデータの再分析が重視される。よって疫学研究ではICD-10が，学術研究においてはDSM-5が利用されることが多い。

　DSM-5には，Structured Clinical Interview for DSM-5（SCID-5）という，診断の一致率を高めるための構造化診断面接が作成されている。一方，ICD-10に対応した構造化診断面接としては，WHOが作成した統合国際診断面接（Composite International Diagnostic Interview；以下CIDI）がある。CIDIはDSM診断にも用いることができる。

4．DSM-5の変更点

　先に述べたように，DSM-5では比較的大きな変更が行われている。詳しい疾患カテゴリーの変更については，本シリーズ第22巻『精神疾患とその治療』に詳述するが，ここでは構造上の大きな変更について述べる。

①多軸診断の廃止

　DSM-5では多軸診断が廃止された。しかしⅡ軸のパーソナリティ障害，知的障害は精神疾患と並列に扱われ，Ⅲ軸の精神状態に影響を及ぼしている身体疾患は精神疾患のなかで記載されるようになった。Ⅳ軸の心理社会的要因はThe 10th revision of the International Classification of Diseases, Clinical Modification（ICD-CM）の心理社会的・環境的問題に関するコード，Ⅴ軸の機能の全体的評定は，ICFに基づいて作成された精神疾患の機能不全尺度であるWHODAS2.0で評価する。このように独自の多軸評定は廃止されたが，DSM-IVで評価された内容はDSM-5でも引き続き評価されている。

②ディメンジョンモデルの採用

　DSM-IVは精神疾患をカテゴリーとして分類する「カテゴリーモデル」を採用している。しかしDSM-5では特徴的な症状を軸に連続体（スペクトラム）として

評価する「ディメンジョンモデル」が一部採用された。ディメンジョンモデルの利点は，①診断基準を満たさない症状に関する情報を，症例の全体的な理解や治療に生かせること，②カットオフ値の設定によりカテゴリー的に用いることもできることである。しかし臨床家，研究者，一般の人々にはカテゴリーモデルの方がなじみがあり理解しやすいこと，十分な科学的根拠が蓄積できなかったことなどを理由に，ディメンジョンモデルの採用は自閉スペクトラム症／自閉症スペクトラム障害など一部の領域にとどまった。

また DSM-5 には患者の自記式評価による重症度評価である Cross-Cutting Symptom Measure（CCSM），そして治療者評価の重症度評価尺度である Clinician-Rated Dimensions of Psychosis Symptom Severity（CRDPSS）が収録されている。これらの尺度はディメンジョンモデルの考え方を反映したものである。

③日本語訳の変更

DSM-5 では disorder の訳語を「症」と訳すことになった。これは「障害」という用語に伴う偏見を和らげるという意図があった。しかし「症」と訳すことで機能障害の概念が曖昧になり，過剰診断が助長される懸念，病名が変更になることによる混乱に対する懸念などによる反対意見もあったため，「症」と「障害」が併記されることになった。

5．ICD-11 における主な変更点

2018 年 6 月 18 日に ICD-11 が発表された。1990 年の ICD-10 への改訂から実に約 30 年ぶりの改訂である。現在，世界各国において，ICD-11 への適用に向けた検討が行われている。

ICD-11 の特徴としては，①最新の科学的・医学的知見が反映されていること，②死亡・疾病統計の国際比較だけではなく，臨床現場や研究などさまざまな場面での使用を想定してコード体系の整備が行われたこと，③電子的環境での活用を想定したさまざまなツールが WHO から提供されていること，④プライマリケアにおける精神保健の非専門家による精神的健康状態の分類を可能にするために，できるだけ簡略化したコードとしていること，などがある。最新の医学的知見を反映するとともに，使いやすさを改善することも意図した改訂となっている。

ICD-11 は 6 つの章が新たに追加されるなど，大幅な改訂がなされている。そのなかで，精神障害と関連する主な変更点としては，以下のような点があげられる。

第2章　心理的アセスメントをめぐる諸概念

①精神疾患の分類についての章は，ICD-10では第5章であったが，ICD-11では新たに追加された章があるため，第6章となっており，タイトルも「精神，行動又は神経発達の障害（Mental, behavioural or neurodevelopmental disorders）」に変更された。
②ICD-10において「精神及び行動の障害」に含まれていたジェンダーの不一致が，ICD-11では精神疾患の分類から外れ，第17章「性の健康に関連する状態（Conditions related to sexual health）」として独立した章となった。
③ICD-10では精神疾患と神経疾患に分かれていた睡眠障害が，第7章「睡眠・覚醒障害（Sleep-wake disorders）」として独立した章となった。
④嗜癖行動症群として「ギャンブル症」に加えて，新たに「ゲーム症」という分類ができた。ゲーム症は，ゲームをすることに関するコントロールの欠如，他の生活上の利益および日常活動よりもゲームをすることが優先されること，否定的な結果が発生しているにも関わらずゲームを継続することによって特徴づけられると定義されている。

詳細な診断ガイドラインや疾患名の正式な日本語訳については，今後，発表される見通しである。

6．操作的診断基準の課題

操作的診断基準には，精神疾患の診断の信頼性をあげ，精神疾患に関する研究を促進するという意義がある。また診断の信頼性をあげることは患者に対するインフォームド・コンセントの点から見ても重要である。ただし操作的診断基準の使用について，臨床経験や研修が十分ではない人が機械的に使用することによって，過剰診断に繋がるという問題点も指摘されている。特にDSM-IV以降，子どもの双極II型障害，注意欠如・多動性障害，自閉症スペクトラム障害などが予測を上回る増加をみせており，過剰診断の危険性が指摘されている。これをうけDSM-5では「臨床家の判断」を重視し，経験ある臨床家による使用の推奨，診断基準の項目を単純にチェックして診断することへの注意が明記されている。

加藤（2015）は操作的診断基準が隆盛になる前の「伝統的診断」において大切にされていた「患者との出会いの経験を大切にすること」「患者の症状や病態の質の在りように注意を向けること」「患者の個別性を大切にすること」が，操作的診断の適切な運用，患者の病態理解，そして個別性を尊重した治療に資することがあるとして，操作的診断と伝統的診断を併用することの意義を述べている。

7. 心理的支援における操作的診断の意義

　操作的診断基準は，さまざまな臨床領域におけるさまざまな職種の，そして世界中の異なる地域の専門家の共通言語となっている。よって多職種との連携を行う上で必要な共通言語として，DSM および ICD ついての知識を持つことは必須である。さらに，操作的診断基準を心理的なアセスメント，およびアセスメントに基づいた心理的支援に適切に役立てるためには，操作的診断が開発されてきた背景および歴史，操作的診断基準の意義および課題について知識をもつことが必要である。

III　国際生活機能分類（ICF；International Classification of Functioning, Disability and Health）

1．ICF とはなにか

　要支援者が何らかの疾患を有している場合，疾患のみに注目してしまいがちであるが，こうした視点しか持たない場合，心理支援はかなり限られたものとなってしまう。

　疾患と関連して，どのような機能がどのように障害されているのか，それは要支援者の生活にどのような制約をもたらしているのか，要支援者の強みや援助資源にはどのようなものがあるのか，要支援者を取り巻く関係者にはどのような人がおり，要支援者の生活環境はどのようになっているのか。こうした視点から要支援者本人を取り巻く環境，そして要支援者と環境の相互作用について，包括的にアセスメントすることが，地域やコミュニティで生活する要支援者への支援計画を立てていく上では欠かせない。

　国際生活機能分類（ICF；International Classification of Functioning, Disability and Health）とは，ある健康状態にある人の生活機能，およびその人をとりまく社会制度，社会資源を系統的に分類するものである。世界保健機関（WHO）が健康と保健に関する幅広い情報（診断，生活機能，障害など）について，国際的な情報交換を可能とする標準的な共通言語を提供するために開発した「国際分類ファミリー」の1つとして，2001年5月に WHO 総会で採択された。

　WHO の国際分類では，ICD によって疾病を分類し，その疾病に関連する生活機能および障害を ICF によって分類する。ICD-10 と ICF とは相互補完的なものであり，組み合わせて使用することにより，人や集団の健康に関するより広範かつ

第 2 章　心理的アセスメントをめぐる諸概念

有意義な情報を得て，意思決定に役立てることが期待されている。また ICF は病気や障害がある人に限られない，全ての人について利用できる分類である。そして ICF は健康状況と健康関連状況を分類するものであって，人間を分類単位としていないことに留意する必要がある。

ICF は要支援者とその人を取り巻く環境を系統的かつ包括的にアセスメントし，医療，福祉，教育，産業などさまざまな領域において要支援者とかかわる多職種の専門家，要支援者本人，家族，その他の関係者との間で，アセスメントの結果を共有し，互いに連携しながら支援を行っていく基盤となる有用な分類である。この項では ICF の目的，大まかな構造や特徴，ICF を活用するためのツールについて紹介する。

2．ICF の目的

ICF は前身である国際障害分類（International Classification of Impairments Disabilities and Handicaps；ICIDH）の時代からさまざまな用途に使用されてきた。WHO は，ICIDH および ICF の目的として，①健康に関連する研究のための科学的基盤を提供すること，②健康状況と健康関連状況に関わる共通言語を確立し，障害のある人，専門家，研究者，政策立案者，一般市民などのコミュニケーションを改善し，理解・協力を促進すること，③国際的なデータの比較，④健康情報システムに用いられる体系的コード化用分類リストの提供を挙げている。

3．ICF 採択までの経緯

WHO は身体・精神疾患に関する世界共通の分類を確立することを目指して ICD の改訂に取り組み，医療の効果等を評価してきた。しかし医療の進歩に伴い，急性感染症疾患などの救命率の向上，そして高齢者人口や慢性疾患の増加などにより疾病構造が変化し，疾病をみるだけではなく「疾患の諸帰結としての障害」を見ることが不可欠となった。

これをうけて WHO は，1980 年に ICD の補助分類として ICIDH を発表した。ICIDH は障害を 3 つのレベル（生物レベル・個人レベル・社会レベル）から階層的に捉えることにより，障害を客観的かつ包括的に捉えることを可能にするという社会的意義をもつものであった。

しかし① ICIDH の障害構造モデル（図 1）は一方向的な矢印で表現されていたため「機能・形態障害が不可避的・運命的に能力障害を引き起こし，それが運命的に社会的不利を引き起こすという運命論であり，決定論である」という誤解が

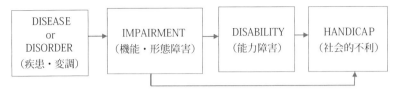

図1　ICIDHの障害構造モデル（WHO［1980］「国際障害分類」より引用）

生じる（実際は，疾患・変調，機能・形態障害，能力障害の各階層には相対的独立性があり，障害があるからといって，必ず社会的不利が引き起こされるわけではないことを意味するモデル図であった），②ICIDHの障害構造モデルは客観的な障害のみを扱い，主観的障害（障害がある人の苦しみや悩みなど）を扱っていない，③障害や社会的な不利だけではなく，健常な機能や能力，社会的な有利さなどのプラスの側面に注目する必要がある，といった課題が指摘されていた。

4．ICFの特徴

ICIDHの課題をふまえ，ICFは以下のような特徴をもつものになった。

①中立的な用語の採用

　ICIDHの「疾患／変調」は「健康状態」と表現されるようになった。「健康状態」は疾患だけではなく，妊娠，高齢，遺伝的素因など幅広い健康状態を含む。また「機能障害」は「心身機能・構造」，「能力障害」は「活動」，「社会的不利」は「参加」と，それぞれ中立的な用語で表現されるようになった。これらが障害された状態はそれぞれ「機能・構造障害」「活動制限」「参加制約」である。

　これに伴い分類全体の名称も「生活機能・障害・健康の国際分類」に変更され，障害に関する分類だけではなく，あらゆる人間を対象として，その生活と人生のすべてを分類，記載，評価するものになった。

②環境因子の観点

　社会的不利を「環境因子と機能障害・能力障害の相互作用によって起こる流動的なものである」（例：同レベルの機能障害があっても，バリアフリー整備が進んだ環境では，整備が遅れている環境と比較して，活動や参加のレベルが向上する）として，環境因子を重視する「カナダ・モデル」の影響を受け，評価に「環境因子」が加えられた。保健・医療・福祉サービスにおいて，障害者を取り巻く環境を含めた障害の評価を行うという考え方は大きな意義を持つものであった。

第2章　心理的アセスメントをめぐる諸概念

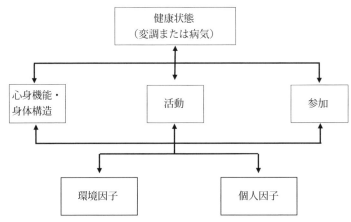

図2　ICFのモデル（WHO［2001］「国際生活機能分類」より引用）

③相互作用モデル

ICFのモデルは図2のとおりである。ICIDHと異なり，全てが双方向の矢印でつながれた相互作用モデルとなっている。

5．ICFの概観

ICFの概観は表1のようになっている。ICFは大きく①生活機能と障害，②背景因子に分けられる。

①生活機能分類

生活機能と障害は「心身機能と身体構造」と「活動と参加」の2つの構成要素からなる。

心身機能は生理的機能（心理的機能も含む），身体構造は器官や肢体など解剖学的部分と定義される。

「活動と参加」は課題や行為の個人による遂行（活動）と，生活・人生場面への関わり（参加）について評価する。各項目は「能力」と「実行状況」を区別して評価する。「能力」は課題や行為を遂行する個人の能力であり，訓練などの標準的な環境における遂行能力で評価する。一方「実行状況」は現在の環境における実際の遂行状況で評価する。

②背景因子

第1部　心理的アセスメントの基本

表1　ICF の概観

	第1部：生活機能と障害		第2部：背景因子	
構成要素	心身機能 ・身体構造	活動・参加	環境因子	個人因子
領域	心身機能 ・身体構造	生活・人生領域 （課題・行為）	生活機能と 障害への外的影響	生活機能と 障害への内的影響
構成概念	心身機能の変化 （生理的） 身体構造の変化 （解剖学的）	能力 （標準的環境にお ける課題の遂行） 実行状況 （現在の環境にお ける課題の遂行）	物的環境，社会的 環境の特徴がも つ，促進的あるい は阻害的な影響力	個人的な特徴の 影響力
肯定的側面	機能的・構造的 統合性	活動・参加	促進因子	非該当
	生活機能			
否定的側面	機能障害 （構造障害を含む）	活動制限 参加制約	阻害因子	非該当
	障害			

WHO（2001）「ICF 国際生活機能分類」より引用

　背景因子は「健康状況および健康関連状況に影響を及ぼしうるもの」と定義され，「環境因子」と「個人因子」の2つの構成要素からなる。

　「環境因子」とは人が生活する環境であり，その人の心身機能，活動，参加状況に肯定的・否定的な影響を及ぼしたり相互作用したりするものである。環境因子には，家庭，職場，学校など身近な環境における人間関係や設備などの「個人的な環境」と，法律，規則，交通サービスなど社会構造や制度などの「社会的な環境」がある。

　「個人因子」は，性別，人種，年齢，体力，ライフスタイル，習慣，生育歴，行動様式，その他過去および現在のさまざまな経験や資質など，その人特有のさまざまな背景が含まれる。これらは障害のさまざまなレベルに影響を与えうるため，モデルに含まれているが，社会的，文化的な相違が大きいため分類コードはない。

6．心理的アセスメントにおける ICF の活用

　ICF は，専門家，研究者，政策立案者，当事者，家族，地域住民などさまざまな人々の，健康および健康関連状況についての共通言語として活用することができる。しかし① 1,400 以上の項目数があり全体像がわかりづらい，②分類基準が

明確に示されていない，③ICDの活用を促進するための系統的な研修システムが存在しないなど理由で，日常的な活用には限界があり，実用的なシステムの構築が不可欠であることが指摘されている（筒井，2016）。

こうした課題を鑑み「ICFコアセット」というツールが開発されている（山田，2016；筒井，2016）。これはICF全体から選択された複数のカテゴリーの組み合せである。ICFコアセットには，どのような健康問題についても患者の機能レベルを簡易に分類することを目的に作成された7項目の「一般的ICFコアセット」，特定の健康問題もしくは医療分野の患者が直面している問題を詳細に評価する目的で作成された「包括的ICFコアセット」，そして包括的ICFコアセットの簡易版である「短縮ICFコアセット」の3種類があり，それぞれ目的に応じて使い分けることが推奨されている。

ICFモデルに基づいたアセスメントは，今後の医療および介護政策における重点課題である地域包括ケアシステムのように，健康な人から介護が必要な人までを幅広く対象とし，予防・生活支援・医療・福祉を一体的に提供する包括的なサービスにおいて活用されることが期待される。ICFモデルに基づいて対象を包括的にアセスメントできる共通の記録様式の開発などにより，さまざまな領域における，さまざまな支援者が，ICFという共通言語で対象者のアセスメントを行うことにより，適切に連携をはかりながら統合的な支援を提供することが可能となるだろう。

Ⅳ　意識障害

1．意識障害とは

意識とは人間の最も基本的かつ直接的な体験であり，哲学，心理学，医学など幅広い学問に広がる概念であるため，さまざまな定義がなされてきた。臨床医学における意識は，自己の状態と環境を正しく認識し，目的的な思考や行動をするための精神活動のすべてを支える基礎となっている。私たちは「認識する機能の働き」，すなわち認知機能や，その結果としての行動を観察することにより，間接的に意識状態について知ることができる。

意識を神経生理学的な観点からみると，脳幹網様体から大脳皮質への感覚刺激伝達の営みと捉えることができる。この情報伝達系のどこかに支障が起こることにより，自己および環境に対する認識が低下した状態が意識障害である。よって意識障害に影響をおよぼしうる病態としては，脳幹と大脳皮質における病変のみ

第1部 心理的アセスメントの基本

ならず，大脳賦活機能に影響を及ぼす代謝異常をはじめとした，さまざまな身体的要因を想定する必要がある。

意識は精神活動全般を支える基礎であるため，意識障害による症状は非常に幅広い。意識障害は大きく①意識の量（清明度）の変化（意識混濁），②意識の広がりの変化（意識狭窄），③意識の内容の変化（意識変容）に分類できる。以下にさまざまな意識障害について説明する。

①意識混濁

意識混濁は意識清明度の異常である。意識混濁と生理的な現象である睡眠との違いは，意識混濁では外部刺激によっても意識レベルに変動がないか，仮に覚醒してもすぐにまた意識の低下した状態に戻ってしまうことである。意識混濁の程度は，伝統的に表2に示す用語により示されている。

意識の清明度を定量的にあらわす尺度として，わが国で広く使われているものに Japan Coma Scale（JCS），別名 3-3-9 度方式がある（表3）。JCS は刺激に反応する程度により3段階にわけ，さらにそれぞれの段階を3段階に分けることにより，最終的に9段階に分類するものである。JCS に似た尺度で，主に海外で使用されている Glasgow Coma Scale（表4）もある。

②意識狭窄

意識狭窄とは意識の広がりの異常である。意識野が狭くなり外界の一部にしか注意が向けられなかったり，逆に一部だけが意識されなかったりする。

意識野が狭くなり，軽度の意識混濁を伴う場合をもうろう状態という。意識混濁が軽い場合には狭窄した意識野内でのできごとに対して，比較的まとまった行動を示し，見当識も保たれ，一見すると正常な意識状態であるように見える。これを分別もうろう状態と呼ぶ。

③意識変容

意識変容とは，意識の内容の異常である。比較的軽い意識混濁をベースに，精神運動興奮，幻覚，錯覚，行為心迫様症状など，さまざまな精神症状が現れる。代表的なものは以下のとおりである。

1）せん妄

意識混濁をベースに活発な精神運動興奮を示し，幻覚（特に幻視），錯覚，不安，恐怖などがみられる。急性発症，症状の日内変動，環境からの影響を受けや

第2章 心理的アセスメントをめぐる諸概念

表2 意識混濁をあらわす用語

↓下に行くほど重い意識混濁を表す	明晰困難状態	最も軽い意識混濁。注意の集中や持続に障害が見られる。自発性の低下があり，一見ぼんやりして見える。見当識はほぼ保たれているが，記銘力はごく軽度に障害される。
	昏蒙	明らかにぼんやりしている状態。精神活動の全体的な減弱がみられる。思考内容は貧困でまとまりが悪く，言葉の理解も悪くなる。
	傾眠	ウトウトしはじめ，行動がゆっくりとなる。外からの刺激が強ければ，目を覚まし，完全な覚醒状態になるが，弱いとすぐに眠ってしまう。
	嗜眠	強い刺激でやっと目が開けられる状態である。
	昏睡	意識混濁の最も深い状態で，刺激に反応しない。回復しても，この間の完全な健忘を残す。

堀（2003）を改変

表3 Japan Coma Scale（3-3-9度方式）

0．意識清明
Ⅰ．覚醒している（1桁で表現）
1．大体清明だがいまひとつはっきりしない 　2．見当識障害がある 　3．自分の名前，生年月日が言えない
Ⅱ．刺激で覚醒する（2桁で表現）
10．普通の呼びかけで容易に開眼する 　20．大きな声または体を揺さぶることにより開眼する 　30．痛み刺激を加えつつ呼びかけを繰り返すとかろうじて開眼する
Ⅲ．刺激しても覚醒しない（3桁で表現）
100．痛み刺激に対して，払いのける動作をする 　200．痛み刺激で少し手を動かしたり，顔をしかめる 　300．痛み刺激に全く反応しない

すいなどの特徴がある。外界からの刺激が減少する夜間にみられることが多く，これを夜間せん妄と呼ぶ。特殊なせん妄として，自分の職場で働いているような行動を示す作業せん妄，アルコールによる振戦せん妄（手指の振戦を伴う）などがある。

2）アメンチア

せん妄の軽い状態であり，意識混濁は軽いが，散乱思考，困惑，見当識障害がみられる。応答は支離滅裂になり，自分のおかれている状況を理解することができず困惑状態を呈する。時に幻覚妄想が見られる。

3）夢幻状態

41

第 1 部　心理的アセスメントの基本

表 4　Glasgow Coma Scale（GCS）

1．開眼（eye opening, E）	E
自発的に開眼	4
呼びかけにより開眼	3
痛み刺激により開眼	2
なし	1
2．最良言語反応（best verbal response, V）	V
見当識あり	5
混乱した会話	4
不適当な発語	3
理解不明の音声	2
なし	1
3．最良運動反応（best motor response, M）	M
命令に応じて可	6
疼痛部へ	5
逃避反応として	4
異常な屈曲運動	3
伸展反応（徐脳姿勢）	2
なし	1

　現実と空想，あるいは現実と夢が入り混じったような状態で，夢を見ているかのようにふるまう。視覚的表象が出現する。意識混濁の程度は軽く，この間の記憶は不完全ながら残っていることが多い。側頭葉てんかんの発作症状，非定型精神病，薬物の影響等によっておこることがある。

　なお，意識障害には含まれないが，意識障害と取り違えられやすい状態として昏迷（stupor）がある。昏迷とは意志発動が欠如した状態であり，緘黙，無動のため，意識障害が存在するかのように見える。しかし外界に対する認識は保たれており，昏迷から回復した後に，その間に起きたことを覚えている。統合失調症，うつ病などで見られる。

2．意識障害の操作的診断基準

　上記したさまざまな意識障害をあらわす用語は，伝統的に使用されてきたものであるが，定義の曖昧さや文化による違いがある。そのため DSM-5 では昏睡を除いた意識混濁および意識変容を一括してせん妄と診断する。DSM-5 におけるせん妄の操作的診断基準は表 5 のとおりである。

　DSM-5 では，せん妄の診断に際し，「急性」もしくは「持続性」，そして「過

活動型」「低活動型」「活動水準混合型」のいずれかを特定するように求めている（表6）。低活動型せん妄はしばしばうつ状態と混同されたり，見逃されたりすることがあるので，注意が必要である。

3．軽い意識障害のアセスメント

意識混濁の程度が著しければ，意識障害の把握は容易である。しかし程度が軽いときには意識混濁を見落とし，その背景にある基礎疾患を見落としてしまう恐れがあるため，軽い意識障害のアセスメントは極めて大切である。

意識障害のアセスメントには，病歴などの背景情報，診察時の会話内容，診察中の検査，脳波検査等からの情報が有用である。

病歴で注目すべき情報は，睡眠覚醒リズムと症状の経過である。意識障害がある患者は睡眠覚醒リズムが崩れている患者が多い。また意識障害は急性に発症し，症状が1日の間に動揺する傾向にあり，夜間に増悪することが多く，入眠時と目覚めの時間に顕著になることが多い。

診察時の会話からは，軽い意識障害による注意の障害を把握することができる。突然脈絡のない話題が出る，迂遠になる，思考のまとまりの悪さ，言い間違いが増えるなどの特徴がある。神田橋（1984）はごく軽度の意識障害であっても，時間経過の認知は障害されることが多く，面接開始から15分たったところで「どのくらい時間がたったと感じるか」を問うと，実際の経過時間とはかなりずれた回答となるというアセスメントを紹介している。面接中の会話内容について，覚えているかを聞き返すことも役立つ。

簡単な検査としては，100から7を順に引く課題（serial seven）や数唱課題などがある。

より重い意識混濁では「今日は何年，何月，何日でしょうか」「ここはどこですか？」「ここにいる人は誰ですか」など，見当識を評価する質問を用いることもある。

意識障害の診断にあたっては，一度は脳波検査を実施する必要がある。ただし脳波を意識障害の判定指標とする場合には，意識障害が始まる前の脳波異常を考慮する必要がある。加齢や認知症によっても脳波は徐波化する。そしてせん妄は高齢者や認知症に合併することが多いため，徐波化した脳波のみから意識障害と断定することには慎重になる必要がある。

4．意識障害の原因検索と対応

意識障害は複数の原因が重なっておこることが多い。Lipowski（1990）はせん

第1部　心理的アセスメントの基本

表5　DSM-5におけるせん妄の診断基準

A．注意の障害（すなわち，注意の方向づけ，集中，維持，転換する能力の低下）および意識の障害（環境に対する見当識の低下）。
B．その障害は短期間の間に出現し（通常数時間～数日），もととなる注意および意識水準からの変化を示し，さらに1日の経過中で重症度が変動する傾向がある。
C．さらに認知の障害を伴う（例：記憶欠損，失見当識，言語，視空間認知，知覚）。
D．基準AおよびCに示す障害は，他の既存の，確定した，または進行中の神経認知障害ではうまく説明されないし，昏睡のような覚醒水準の著しい低下という状況下で起こるものではない。
E．病歴，身体診察，臨床検査所見から，その障害が他の医学的疾患，物質中毒または離脱（すなわち乱用薬物や医薬品によるもの），または毒物への曝露，または複数の病因による直接的な生理学的結果により引き起こされたという証拠がある。

日本精神神経学会（日本語版用語監修），髙橋三郎・大野裕（監訳）：DSM-5 精神疾患の診断・統計マニュアル．医学書院，2014，p.588. より

表6　せん妄の分類

過活動型	運動活動性の量的増加 活動性の制御喪失 不穏 徘徊
低活動型	活動量・行動速度の低下 状況認識の低下 会話量の低下 無気力 覚醒の低下・ひきこもり
活動水準混合型	前二者の症状が1日のなかで混合している または精神運動活動の水準は正常である

妄の発症に関わる要因を直接因子，誘発因子，準備因子に整理している（表7）。

　直接因子とは，単一でせん妄を直接起こしうる要因であり，薬剤の使用，離脱，中枢神経疾患，全身疾患などが挙げられる。

　誘発因子とは単独ではせん妄を起こさないが，他の要因と重なることでせん妄を惹起しうる要因である。疼痛や便秘，身体拘束などの身体的要因，抑うつや不安などの精神的要因，入院や明るさや騒音などの環境変化，不眠や睡眠覚醒リズム障害などの睡眠障害がある。

　準備因子とはせん妄の準備状態となる要因である。高齢，認知機能障害，重篤な身体疾患，頭部疾患既往，アルコール多飲などがある。

　対応としては，直接因子については治療や除去を試みること，誘発因子については睡眠覚醒リズムを確保する，慣れ親しんだ日用品を身の回りにおく，過剰刺激

44

第2章 心理的アセスメントをめぐる諸概念

表7 せん妄の発症要因

直接因子：単一でせん妄を起こしうる要因 1）中枢神経系への活性を持つ物質の摂取（抗コリン薬，ベンゾジアゼピン系抗不安薬，睡眠薬，アルコール，覚せい剤など） 2）依存性薬剤からの離脱 3）中枢神経疾患（脳血管障害，頭部外傷，脳腫瘍，感染症など） 4）全身性疾患（敗血症，血糖異常，電解質異常，腎不全，肝不全，代謝性疾患，内分泌疾患，循環器疾患，呼吸不全，貧血など）
誘発因子：他の要因を重なることでせん妄を惹起しうる要因 1）身体的要因（疼痛，便秘，尿閉，脱水，ドレーンなどの留置，身体拘束，視力聴力低下） 2）精神的要因（抑うつ，不安） 3）環境変化（入院，転居，明るさ，騒音） 4）睡眠障害（不眠，リズム障害）
準備因子：せん妄の準備状態となる要因 高齢，認知機能障害，重篤な身体疾患，頭部疾患既往，せん妄既往，アルコール多飲

Lipowski（1983）

を改善し，身体拘束を最小限にするなどの環境調整を行うなどが推奨されている。

◆学習チェック表
□ 生物心理社会モデルの概念を理解した。
□ 生物心理社会モデルに基づいたアセスメントについて理解した。
□ ICFの内容，構造について理解した。
□ 操作的診断基準の定義と歴史を理解した。
□ ICDとDSMの概要と異同について理解した。
□ さまざまな意識障害とその評価方法を理解した。

より深めるための推薦図書
　渡辺俊之，小森康永（2014）バイオサイコソーシャルアプローチ　生物心理社会的医療とは何か？　金剛出版.
　森則夫・杉山登志郎・岩田泰秀編著（2014）臨床家のためのDSM-5虎の巻．日本評論社．
　世界保健機関（WHO）（2002）国際生活機能分類―国際障害分類改訂版．中央法規．
　原田憲一（1980）意識障害を診わける―精神科選書2．診療新社．

文　　献
American Psychiatric Association (2013) Diagnostic and Statistical Manual of Mental Disorders: DSM-5. American Psychiatric Association Publishing.（日本精神神経学会監修（2014）DSM-5精神疾患の診断・統計マニュアル．医学書院．）
Bickenbach, J.E., Cieza, A., Rauch, A., & Stucki, G. (Eds) (2012) ICF Core Sets: Manual for Clinical Practice. Hogrefe & Huber Pub.（日本リハビリテーション医学会監訳（2015）ICFコアセッ

ト―臨床実践のためのマニュアル．医歯薬出版．)
Engel, G. L. (1977) The need for a new medical model. Science, 196 (4286); 129-136.
Engel, G. L. (1980) The clinical application of the biopsychosocial model. American Journal of Psychiatry, 137 (5); 535-544.
原田憲一（1980）意識障害を診わける―精神科選書２．診療新社．
堀士郎（2003）意識．In：古川壽亮・神庭重信編：精神科診察診断学―エビデンスからナラティブへ．医学書院，pp.97-107.
石原孝二・信原幸弘・糸川昌成（2016）精神医学の科学と哲学（シリーズ精神医学の哲学１）．東京大学出版会, pp.11-13.
加藤敏（2015）診断の基本的な考え方―操作的診断 vs 伝統的診断．臨床精神医学，44(6); 803-809.
北村俊則（2000）精神疾患診断の問題点と操作診断の必要性．精神科診断学，11(2); 191-218.
厚生労働省（2002）国際生活機能分類―国際障害分類改訂版―（日本語版）の厚生労働省ホームページ掲載について．http://www.mhlw.go.jp/houdou/2002/08/h0805-1.html（取得：2018年5月2日）
Lipowski, Z. J. (1983) Transient cognitive disorders (delirium, acute confusional states) in the elderly. American Journal of Psychiatry, 140; 1426-1436.
中俣恵美（2016）多職種協働のための共通言語としてのICFへの期待と課題．リハビリテーション医学, 53; 706-710.
中根允文・岡崎祐士・藤原妙子・中根秀之・針間博彦訳（2008）ICD-10：精神および行動の障害　DCR研究用診断基準新訂版．医学書院．
中根允文・山内俊雄監修, 岡崎祐士編（2013）ICD-10 精神科診断ガイドブック．中山書店．
沼初枝（2014）心理のための精神医学概論．ナカニシヤ出版．
小此木啓吾・深津千賀子・大野裕編（2004）改訂 心の臨床家のための精神医学ハンドブック．創元社, pp.101-104.
大野裕（2014）精神医療・診断の手引き― DSM-III はなぜ作られ，DSM-5 はなぜ批判されたか．金剛出版．
筒井孝子（2014）WHO-DAS 2.0 日本語版の開発とその臨床的妥当性の検討．厚生の指標, 61(2); 37-46.
筒井孝子（2016）ICF コアセットの活用可能性と課題．リハビリテーション医学, 53; 694-700.
上田敏（2002）国際障害分類初版（ICIDH）から国際生活機能分類（ICF）へ―改訂の経過・趣旨・内容・特徴．ノーマライゼーション障害者の福祉, 22(6); 9-14.
WHO (1992) The ICD-10 Classification of Mental and Behavioural Disorders: Clinical Description and Diagnostic Guidelines. World Helath Organization.（融道男・中根允文・小見山実・岡崎祐士・大久保善朗監訳（2005）ICD-10 精神および行動の障害：臨床記述と診断ガイドライン（新訂版）．医学書院.）
WHO（2001）ICF：International Classification of Functioning, Disability & Health.（障害者福祉研究会監訳（2002）国際生活機能分類―国際障害分類改訂版．中央法規出版.）
WHO（2018）International Classification of Diseases 11th Revision. https://icd.who.int/（2018年8月2日取得）
渡辺俊之・小森康永（2014）バイオサイコソーシャルアプローチ―生物心理社会的医療とは何か？　金剛出版．
山田深（2016）ICF コアセットマニュアル日本語版翻訳にあたって．リハビリテーション医学, 53; 676-680.

第3章

行動観察

遠矢浩一

🗝 *Keywords*　継続的観察，焦点化観察，自然的観察，実験的観察，ICF，個人因子，環境因子

I　行動観察

1．行動観察の概念

　行動観察は，心理アセスメントにおいて，対象者の心身状況を知る上で，欠くことのできない重要な公認心理師の役割である。

　行動観察では，神村（1999）によれば，「直接客観的に観察可能な行動」が対象となる。この場合，「観察」ということを，絵画や映画を「鑑賞」することと同義でとらえてはならない。絵画や映画のように見る人の趣味や嗜好性でもって自由に解釈することとは根本的に異なる。そこでは，クライエントや患者と称される対象者・来談者の心理的・行動的特性を限りなく正確に把握することが求められるからである。観察者となる公認心理師自身のパーソナリティや人的・物理的事象に対する認知傾向，あるいは，観察者自らが主として拠って立つ心理学的理論に偏った形で，対象者の行動が評価され，解釈されることは決してあってはならない。対象者の行動の生起につながる生理的・心理的・環境的・個人的な「事実」の追求を目的としてなされることが必要である。

　国際生活機能分類（通称 ICF；WHO, 2001）は，国際障害分類（通称 ICIDH；WHO, 1980）の否定的側面への反省から，障害の有無にかかわらず，全ての人々にとって共通して当てはめることができる「生活機能や健康状態」について示した。そこでは，個人の有する心身機能や身体構造上の特性によって，日常生活における活動や社会参加のあり方が異なることが明記された。さらに，それらの活動や参加のあり方には，種々の環境因子や個人因子が深く影響しうることが示された。

第1部　心理的アセスメントの基本

　ICFの環境因子とは，その個人が，コミュニケーションや交通，あるいは，レクリエーション，教育・仕事のために，どの程度，どのような質の手段や道具を所持しているのかといった物質的な要因，その人が住んでいる地域の自然環境，気候，騒音などの環境的な要因，家族，親族，友人，職場の同僚・上司・部下といった人的要因などを含む。一方，個人因子とは，年齢，性別，人生体験など種々の個人に関係した背景要因を指す。

　すなわち，ある特定の状況において生じた特定の行動がその個人にとっての，"固定的で変化しない不可逆的な特性"と判断されてはならないこと，現に観察されている対象者の行動の意味は，環境や個人が包含する種々の要素や特性との相互的連関関係の中で変化しうる"可逆的"なものとして理解されていかなければならないということがICFにおいては示されているのである。

　ペレグリニ Pellegrini（1996）は，ICF概念が提起される以前から，個人の示す行動を諸要因との関係性の視点から理解する必要性について，コンテクストの用語を用いて主張していた。ペレグリニによれば，コンテクストとは，観察場面に属する物理的次元（たとえばクラスルームの机の配置）や社会的次元（たとえば観察されたグループの人数と構成）を指している。ペレグリニ（1996）は次のように述べる。「2つの行動が似てはいても，その行動がもつ意味はそれらが現れるコンテクストによって非常に異なってこよう。たとえば，評判のいい子どもが，ふざけた顔をしたり，軽く押したりしても，そうした行動は遊びと解釈されるのが普通である。ところが攻撃的な子どもの場合には，同じ行動が攻撃的なものとして解釈されやすい。これは，コンテクストの社会的次元と呼ぶことができるものであろう」

　対象者に見られる行動はたとえ同じであっても，それを観察する者が異なれば違った意味をもつものとして解釈されうるし，また，その対象者がどのような場に居るのか，類似した場においてどのような行動を生起させる者として過去状況との対比の中から他者に印象づけられているのか（攻撃的な人，衝動的な子ども，等）によっても大きく異なってくるのである。それだけ，行動観察ということは，多義的解釈を生む危険性を孕んでおり，また，実際にそこで示されている行動は，きわめて多様でありうるのである。

2．観察される「行動」とは何か

　行動観察という場合，さらに具体的に「行動」とは何か，について考えなければならない。シラミー Sillamy（1996）によれば，行動（behavior）とは「ある

環境で，かつ，一定の時間単位の中で考察される被験者の行為」と定義されている。「行動は，個と同時に環境とに依存しているが，常に意味を持っている。行動は個体の緊張（Hall, C.L.）と欲求を解消することのできる場面や対象の探求に対応する。興奮を除去することを目的とする反射からはじまって，不安に対して不適応な反応とみなされる神経症に至るまで，すべての行動は，順応的な意義をもつ」と記されている。現在では，神経症という用語は不安症／不安障害（DSM-5）と称されるようになったが，反射という神経生理学的な運動反応から，不安症／不安障害と言った精神疾患の水準に至るまで幅広く定義されている点で，この定義は観察されるべき「行動」の範囲について広く考えることを指摘している点で重要である。

　このシラミー（1996）の定義を整理すると，行動観察における留意事項として以下の点が挙げられよう。ICFに示される多因子連関構造とこの定義が合致することがわかる。

A）その観察対象者が置かれている物理的環境，人的環境はどうか。
B）どの程度の時間経過の中で，行動が観察されるべきか。
C）対象者は，どのような目的や理由を持って，その行動を生起させているのか。
D）対象者の行動は，どのような形態で顕在化するのか。
E）対象者の行動は，どのような順応的な意味を持つのか。すなわち，その行動によってもたらされる対象者への利益は何か。

3．「行動」についての多角的観点

①刺激と反応の関係性からみた「行動」

　シラミー（1996）が指摘するように，観察されるべき「行動」は多義的である。刺激が行動に先行するか，行動に後続するかというとらえ方がその一つである。

　前者で言えば，古典的条件づけ研究における唾液腺反応，膝蓋腱への打腱刺激に対する反射運動反応も行動である。また，新生児期に認められる原始反射（モロー反射，バビンスキー反射等）も行動である。これらは，刺激に反応する形で行動が出現するという「刺激→行動型」の反応といえる。原始反射は発達に従って減退していくが，これが残存する場合には，何らかの脳機能障害が疑われるため，見逃してはならない観察対象「行動」となる。

　一方，後者で言えば，オペラント条件づけ研究におけるラットのレバー押し行動は，行動に刺激が後続する随意行動である。主体が何らかの行動を自発し，そ

の結果として特定の快刺激が得られたり，また，嫌悪刺激を回避できたりすることを学習することでその行動が増減する現象がオペラント条件づけであり，その時に自発される行動がオペラント行動である。オペラント行動は，特に行動分析の領域では鍵概念となっており，対象者の行動を観察する上で常に意識にとどめておくことが必要な要素である。

　行動分析における先行事象（先行条件）（Antecedent）－行動（Behavior）－後続（結果）事象（Consequence）の連鎖関係の観察は，対象者の行動の意味や理由を知るために，きわめて重要な手続きである。

　ドリフテ Drifte（2004）によれば，先行事象とは，もしそれが望ましくない行動を軽減することを目的とするならば，「その望ましくない行動に結びつく状況や事象」を意味し，結果とは，「行動の結果として直後におこる」事象を意味する。同様に，望ましい行動においても，同じく，先行事象と後続事象は連鎖的に生じている。

　例えば，教室での離席行動を示す児童がいた場合，その先行事象をどれほど特定できるかが重要な行動観察の視点となる。ICF の図式における環境因子にあたるものである。教室全体に響き渡る椅子の音（聴覚過敏の可能性），隣に座る生徒の行動（対象児童にしばしば話しかけるなどの過関与行動），室温（温度感覚への過敏性），教師の言動（ダメ，やめなさい，などの否定的かつ命令的な言動）などいくつもの望ましくない行動に結びつくネガティブ（不快）な先行事象が想定される。一方で，離席という「行動」が生起した直後に，教師が生徒にやさしく声をかけてなだめる（離席行動をすることで先生と関与できるという肯定的な離席行動の強化），着席ルールのないままに保健室に行くことを認める（離席を無条件に認め，保健室で気ままに過ごすという授業回避行動の強化），離席すると"見守り担当"を任せられている級友たちがその生徒を取り囲んで席に連れ戻す（友人との関与機会の提供による離席行動の強化）といった後続事象が想定される。このように，行動分析的視点に従えば，観察の対象となる行動は，いくつもの先行事象および後続事象の連関関係の中で生み出されるものであり，簡単に顕在化している行動の理由や原因を画一的に特定化し，短絡的に対応してしまうことは危険である。

②身体運動から見た「行動」

　行動は，外部から観察できない体内の生理的反応（血圧，脳波など）を除き，何らかの身体運動として顕在化すると考えても過言ではない。「立つ，歩く，座

る」，といった日常的な粗大姿勢運動であっても，「鉛筆で書く，箸でつまむ，スプーンですくう」などといった微細操作運動であっても，そこから多くの心身状態を観察・評価することが可能である。

　例えば，立つ，歩く，座るという動作は，脳性麻痺や脳卒中といった原因で身体運動に何らかの機能障害がない限り，身体操作過程の多くを意識することなく，自動的に行われている。意識をしていない分，そこには，明確に，その対象者の心理状態が現れる。例えば，抑うつ的なクライエントは，「颯爽と背筋を伸ばして歩いている」というより，「背中を丸め，うつむき加減で，下を向いて歩いている」という状況が想像しやすいし，統合失調症で，命令幻聴に脅かされている患者であれば，「電車の座席にゆったりともたれかかり，リラックスして座っている」というよりも，「命令」に応戦するために，「身を固くして，時に振り返り，時に一点を見つめながら，手足をこわばらせて今にも立ち上がらんばかりに腰掛けている（あるいは座ることすらままならない）」様子が想像しやすいだろう。

　注意欠如多動症における多動性・衝動性というのは，まさに，せわしない身体運動の多さとして顕わになるものであるし，書字を困難とするような発達性協調運動症であれば，マス目の中に文字を収められないなどの不器用さとして身体運動に表現されるであろう。休み時間の級友とのドッジボールでいつもボールを当てられ，外野を守ってばかりいる生徒がいれば，それは，粗大運動の制御困難である可能性がある。このように，身体運動は，種々の発達的・精神的症状を明瞭に示す指標として，観察対象とすべき基本的な事項となる。

③他者とのコミュニケーションから見た「行動」

　観察の対象となっている行動は，対象者の個人内で見られるだけではなく，他者との交流場面でより顕著かつ明瞭に示される。グライス Grice（1989）は，他者との協調性の原則として4つの「会話の公理」を掲げた。「量の公理」（相手にとって必要・十分な情報を与える），「質の公理」（偽りと思えることや根拠のない情報を与えない），「関係の公理」（話題に関連する情報のみを与える），「様態の公理」（曖昧な表現や情報は避け，簡潔に秩序立てて情報提供する）。これらによって，相手との協調的な会話コミュニケーションが円滑化・効率化するというのである。

　この観点は，例えば，自閉スペクトラム症あるいは，社会的（語用論的）コミュニケーション症と言われる人々の行動観察時に有用である。これらの障害においては，会話において「相手の興味・関心の程度に併せて話題を選ぶ」「一方的に

話すのではなく，相手の話を聞きながら会話のペースを調節する」「相手の話に興味がなくても，相槌を打って会話を継続させる」などといった，他者への配慮性や共感性を伴って成立しうる行動に困難が認められる。したがって，観察者自身との会話，あるいは，子どもであれば保護者との会話，集団場面であれば，同年齢他者との会話の様態を観察することが有用である。

さらに，コミュニケーションは口頭言語の「意味・文法」によってのみ行われるのではなく，パラ言語（声の高さ，大きさ，長さ，リズム，抑揚など）と呼ばれる多様な要素を伴い行われるものである。さらに，それらの口頭言語には，身振り・手振り，表情などの非言語行動が通常ともなう。語句や文によって相手に伝えられない内容をどの程度，パラ言語や非言語行動で補おうとするのかといった視点も行動観察上，不可欠である。発達障害の場合，口頭言語による意味・文法的伝達に重きを置くがゆえに，このパラ言語・非言語行動における伝達の有用性への気づきが低いことが少なくない。表情も変えず，身振りも用いず，抑揚なく一生懸命言葉を連ねる，という行動が観察されることになりうる。

こうした発達障害のみならず，統合失調症者のような病理性の高い患者の症状観察の視点として，グライスの会話の公理の考え方は有用であろう。監視される，尾行される，盗聴されるといった被害感を訴える患者を前にして，会話の流れから，それが被害妄想であるのか，実際の被害事実の報告であるのかを見て取ることが必要なのは言うまでもないが，患者の語りに見られる「情報量」「根拠」「話題の一貫性」「発話秩序」の違和感に対する感受性が観察者に求められる必須的技能である。支離滅裂にも思われる秩序性の低さや論理的根拠を欠いた訴えをする患者の中にある，計り知れないほどの不安を読み取りながら，病的状態の有無，病態水準の軽重を判断する能力が行動観察者には不可欠なのである。

II　行動観察の実際

1．行動観察の時間的要素

ドリフテ（2004）は，行動観察の時間的方法論について2つを挙げた。一つは継続的観察（continuous observation）であり，一方が焦点化観察（focused observation）である。

①継続的観察

特定の対象者の行動観察を行う際に，「一日のうちのあらゆる時間で」記述を行

っていくものである。一般に，望ましくない行動，低減させたいと思われる行動が行動観察の対象として選択されるが，そうした標的行動は，一日中，途切れることなく生起しているわけではない。なんらかの先行事象や後続事象との絡み合う連鎖関係の中で引き起こされているものである。言い換えれば，望ましくない行動だけではなく，場に応じた「望ましい行動」が生起している時間帯が数多く観察される可能性もあるということである。すなわち，望ましい行動と望ましくない行動の自発を選り分けるなんらかの要因があり，継続的観察によって，その要因を絞り込むことが可能となるわけである。一日を通して一貫して特定の望ましくない行動が生起するならば，それは発達障害や精神疾患といった本人の個人的・生理的特性を背景として引き起こされている可能性の考えられる症状であるし，一方，特定の相手，特定の場，特定の時間帯にのみ生起するとすれば，そうした環境因子が，望ましくない行動を誘発している可能性が高い。そうした意味で，時間的に継続的な観察は有用である。

　継続的観察は，日常生活場面における対象者の「動線」を確認できることがその有用な特徴である。単発的な行動の観察は，「その場限り」の行動実態を把握するに過ぎない。しかし，継続的観察は，時間経過の中での対象者の行動を持続的に観察できることから，例えば，誰のそばに近づくことが多いのか，どのような遊具に接近するのか，どのような他者が誘発刺激となって行動的問題が生起しやすいのかなどの推定が時間的推移とあわせて可能となる。

　ただし，この方法論は，一日中，あるいは，数日にわたって，特定の観察者が一定の視点に基づいて観察しなければならないという現実的問題をともなう。したがって，観察対象となっている行動が生起しやすいと見なされる時間帯に絞って観察するといった，次に述べる焦点化観察を頻回に行う，あるいは保護者と本人の同意を得た上で日中を通した動画記録を残すことによって事後的な詳細分析を行うなどの工夫が求められよう。この観察法は，時節で述べる「自然的観察」と呼ぶことのできる方法である。

②焦点化観察

　定められた，短時間のうちに，対象者の言動を細かく観察・記録するものである。療育機関や病院等，対象者が来談し，1時間，2時間程度の限られた時間帯の中で行われる観察形態と捉えられる。例えば，継続的観察において見定められた望ましくない行動の誘因が特定されていれば，あえて，そうした環境が行動観察室内に設定され，それらの誘因にどのように反応するのか，どのような行動に

よって，それらの環境因子を対象者自らが除去，操作，解決しようとするのかを分析的に観察することによって，標的となっている行動の原因や，後続事象を正しく理解することにつながる。

そうした意味で，継続的観察は，標的行動生起状況実態についての「動線追跡的情報収集」であり，焦点化観察は標的行動生起理由に関する「仮説検証」ともいえる。この観察法は，観察される場面が限定的に観察者によって設定されるとすれば，次節で述べる「実験的観察法」と呼べる方法である。

2.「自然的観察」と「実験的観察」

これまで述べてきたように，行動観察においては，対象となっている行動がどのような環境下で，どのような個人的特性の影響下で生じるのかの連鎖関係を総合的に判断することが目的となる。その場合，どのような状況を設定し，観察するのかの検討が必要となる。

例えば，しばしば保護者から語られる状況は，相談機関でセラピストと遊んでいるときは全く問題行動が見られないのに，家では手に負えないほど攻撃的である，相談機関の集団療法場面では友人と仲良くやれているのに学校の教室ではトラブル続きである，といった環境の違いによって，望ましくない行動の生起頻度が異なる場合があるなどである。

このような，環境依存的な行動発現について精査する場合，「自然的観察」と「実験的観察」の2つの視点を持つことが必要である。

①自然的観察

学校や家庭，その他，対象者の日常生活場面を直接観察する方法である。原則として観察者は，対象者と直接関与したり，援助的な関わりを行うことを控え，日常生活上の実態を把握することが目的となる。これは，ドリフテ（2004）の「継続的観察」に通じるものであり，対象者の「動線」を時間的経過の中で把握し，観察対象となる行動の先行事象，後続事象を生活に即して把握することができる。

②実験的観察

自然的観察や継続的観察による行動現況の把握の後，または，それに平行して行われる観察状況である。自然観察状況とは異なり，むしろ，問題とみなされる望ましくない行動や，その対極にある望ましい行動の先行事象や後続事象（環境

第 3 章　行動観察

因子）をあえて，相談室内，場合によっては，家庭を含む生活環境内に設定し，それらの設定環境因子への反応状況を分析することによって，行動の改善をはかるため観察手法である。

　アタッチメント研究で著名な，エインスワース Ainsworth（1970）のストレインジシチュエーション法（the strange situation）は，子どもの愛着特性を見るための実験的観察場面の好例である。ストレインジシチュエーション法では，母親の在・不在状況において母親から離れた乳幼児が見知らぬ第三者と一室で過ごさなければならない状況や，一人で過ごす状況，第三者や母親と再会する状況をあえて作り，そのときの幼児の反応の在り方から，子どもの愛着行動を回避型，安定型，アンビバレント型と分類する（現在は，無秩序・無方向型を加えた 4 分類が一般的となっている）。

　実験的観察における場面設定は観察対象行動の種類に応じて，個別に工夫されるべきものである。その際，以下の視点を持つことは有用である。

　A）時刻・時間の選定（午前中・午後・下校後など，観察場面をいつに設定するか，30 分間，1 時間等，どの程度の時間枠を設定するかで行動生起状況を対比する。短時間であれば観察されなくても時間が長くなると問題行動が生起するなどの差異が観察される。時間見本法［time sampling］と呼ばれる。）
　B）事象の選定（書字，粗大運動，積木など，問題となる行動が生起しやすい課題事象を選んで提示・観察する。事象見本法［event sampling］と呼ばれる）
　C）場面の選定（集団状況，騒音環境，食事場面など，問題となる行動が生起しやすい場面を設定する。場面見本法［situation sampling］と呼ばれる）

　これらの 3 つの要素は観察対象行動に応じて組み合わせて設定されるものでもある。例えば，短時間のうちに（時間の選定）書写課題を提示する場合（事象の選定），静穏環境と騒音環境（場面の選定）のいずれで多動行動が生起しやすいかといった観察が可能である。

　これらは，問題行動だけではなく，望ましい行動の生起状況の観察においても用いられることが必要であり，観察者には，対象者の強み（strength）と弱み（weakness）の両方を相対的に見る視点が不可欠である。

3．心理検査と行動観察

　実験的観察はこうして任意に状況設定可能であるが，種々の心理検査法実施場面は，決められた課題と手順にしたがった検査時に見られる対象者の行動を観察

第1部　心理的アセスメントの基本

できるという点において,「実験的観察」ということができる。ウェクスラー系のテストにある積木模様や組み合わせといった課題は手指の巧緻性を観察するために有用な場面であるし,文章完成法やPFスタディ,HTPテストなどの場面で示されるクライエントの躊躇感,困惑感,筆記行動の停滞など,まさしく,課題刺激に対するクライエントの心理的防衛や不安を表していると捉えられる。投映法的アセスメント手法においては,その検査への応答プロセスにクライエントの抑圧された内的世界が表現されるため,日常生活における自然的観察においては得ることのできない深層心理を推し量るための観察が可能な手法とも言える。

このような意味では,心理検査は,単に発達プロフィールを書くとか,スコアリングシートからマニュアルにしたがって所見を書くという形式的な目的だけではなく,むしろ,検査中の行動観察を通して,検査指標の意味を推し量ることこそ不可欠な要素である。行動観察を通して数値やプロフィール図の背景を読み解くことが,公認心理師の専門性として自覚すべき業務ととらえるべきである。

◆学習チェック表
☐　行動観察の概念について理解した。
☐　行動観察の目的について理解した。
☐　行動観察の手法について理解した。
☐　行動観察と心理検査の関係性について理解した。

より深めるための推薦図書

　　Drifte, C.（2004）Encouraging positive behaviour in the early years: A practical guide.（納富恵子監訳（2006）特別支援教育の理念と実践―早期から望ましい行動を育むために．ナカニシヤ出版．）

文　　献

Ainsworth, M. D. & Bell, S. M.（1970）Attachment, exploration, and separation: Illustrated by the behavior of one-year-olds in a strange situation. Child Development, 41; 49-67.
American Psychiatric Association（2013）DSM-5.（高橋三郎・大野裕監訳（2014）DSM-5：精神障害の診断と統計マニュアル第5版．医学書院．）
Drifte, C.（2004）Encouraging positive behaviour in the early years: A practical guide.（納富恵子監訳（2006）特別支援教育の理念と実践―早期から望ましい行動を育むために．ナカニシヤ出版．）
Grice, H. P.（1989）Studies in the Way of Words. Harvard University Press.
神村栄一（1999）行動観察法．In：中島義明編：心理学事典．出版社？？，p.256.
Pellegrini, A. D.（1996）Observing Children in Their Natural Worlds: A Methodological primer.（大藪泰・越川房子訳（2000）子どもの行動観察法―日常生活場面での実践．川島書店．）
Sillamy, N.（1996）Dictionnare de la psychologie.（滝沢武久・加藤敏監訳（1999）ラルース

臨床心理学事典. 弘文堂, p.106.

WHO（2001）ICF：International Classification of Functioning, Disability & Health.（障害者福祉研究会監訳（2002）国際生活機能分類―国際障害分類改訂版. 中央法規出版.）

第1部 心理的アセスメントの基本

第4章

アセスメント面接

遠藤裕乃

Keywords 心理面接，問題歴，生育歴，家族歴，関与しながらの観察，迫害不安，抑うつ不安，防衛機制，機能分析，司法面接

1 クライエントと面接者の最初の接触

本章では，心理的アセスメントの方法の一つである心理面接のポイントについて，心理相談室に自ら来談したクライエントの初回面接（インテーク面接）場面を想定して，解説する。

面接者がクライエントと初めて会う場面では，クライエントがどのようなことを相談しようと思って来談したのか，すなわち，来談理由あるいは主訴が記載された相談申込票が，面接者の手元にあることが通常である。相談申込票は，クライエントが電話で相談を申し込んだ時点で電話受付スタッフが作成した場合と，クライエントが実際に相談室に来談して初回面接に入る前に記入した場合がある。相談室によっては，両方そろっていることもあるだろう。そこには，来談理由・主訴のほか，相談対象者の氏名，年齢，性別，在籍学校あるいは勤務先，同居家族や，これまでに相談・通院した専門機関などの情報が書かれている。

初回面接開始前に，申込票から多くの情報が得られるケースがある一方，記載が乏しく，相談内容があいまいなケースもある。初回面接の冒頭における面接者の仕事は，クライエントの言葉で，「どのようなことに困り，どのような経緯から，この相談室に来談するに至ったのか？」という一連の流れを語ってもらい，来談理由と来談経緯を具体的に聴取し，クライエントの来談動機の程度を把握することである。

専門家に援助を求めるまでの経緯には，クライエント理解に役立つ情報が詰まっている。したがって，相談申込票の記載が明確であっても，いつ，どのような問題や症状が起こり，専門家を尋ねるまでどれほどの時間が経過したのかを確認

第4章 アセスメント面接

することは重要である。たとえば，腹痛を訴えて学校を欠席するようになった小学3年生の子どもの母親が，症状発生直後から小児科を受診し，担任教師とスクールカウンセラーにも相談した，というケースと，誰にも相談せずにいたところ，学校側から専門家に相談するよう強く勧められ，症状発生から3カ月が経過してようやく来談した，というケースでは，相談内容が同じでも，来談経緯や来談動機はずいぶんと異なる。後者の母親は，相談することに偏見や抵抗を感じているのかもしれない。

相談申込票の記述があいまいであったり，短かったりする場合は，書かれている言葉を取り上げて，「『子どもの発達についての心配』とご記入いただいていますが，たとえばどんなことでしょうか？」と，クライエントの心配や困り事を明確化していく。不十分な記述の背後には，クライエントの複雑な心情が想定されるので注意が必要である。クライエントは，わが子に発達上の障害があるかもしれないと心配し，不安と恐れで混乱し，漠然とした記述しかできなかったのかもしれない。あるいは，育児上の困り事が多すぎて，書き言葉で問題を整理できなかったのかもしれない。

土居（1992）は，精神科的面接の最初において，面接者は「内心恐怖している患者の気持ちをまず汲むことから面接をはじめなければならない」と述べているが，公認心理師がさまざまな現場で行う面接も同様である。面接者は，クライエントが来談に至るまでに体験し，そして面接の場でも体験している恐れや不安に思いを馳せることから，最初の接触を始める。ここで土居は「初対面の患者に向かっていきなり，『あなたはここに来るのが恐かったんでしょう』などと切り出すのは，決して気持ちを汲んだことにはならない。…（中略）…精神科に来る患者の抱いている恐怖は，容易に言葉にならない恐怖である」と注意を促している。

II 非言語的要素の観察

心理面接におけるアセスメントでは，クライエントの言語的表現とともに非言語的要素をも切れ目なく観察することが必須である。クライエントは，言語的なメッセージよりも先に，非言語的なメッセージを面接者に送っている。初回来談時の様子はとくに重要である。

相談室に向かう途中で迷ったり，時間に遅れたりするクライエントは，来談することに葛藤を感じているのかもしれない。あるいは交通の下調べや時間管理といったスキルに乏しいのかもしれない。予約時間の1時間も前に来談するクライ

エントは，早く相談したい気持ちでいっぱいなのかもしれないし，初めての場所は苦手なので早めに到着して様子をうかがおうと考えているのかもしれない。神田橋（1984）は，精神科診断面接において，面接室に入る前の待合室での患者の様子は，重要な観察ポイントであるという。なぜなら「診察室に入ることは，かなり強烈な刺激であり，そのための反応，多くは身構えが加わって，状態の細かな点が覆われて見えなくなってしまう」からである。待合室でのクライエントの様子はさまざまである。無表情に体を硬直させて座っていれば，不安や緊張が相当に高いことが伝わってくる。持参したお茶を飲んだり，本を開いたりしているのであれば，何かをすることで気持ちを落ち着かせようとしているのかもしれない。このように待合室での非言語的要素を観察することから，クライエントがどのような心理状態でいるのかについて，いくつかの仮説を立てることができる。

　面接室内では，面接者との距離のとり方に，クライエントの心の構えが現れる。可動式の椅子であれば，クライエントが面接者との距離を調整できる。こわごわ入室したクライエントは，面接者と距離を置くかもしれないし，話す準備が整っているクライエントは，距離を近くするかもしれない。固定式のソファであっても，深く腰掛けて背もたれに身体を預けるのか，浅く腰掛けて前のめりになるのかで，面接者との距離感は異なる。こうした非言語的要素から，クライエントが面接者を頼れる対象として認知しているのか，それとも警戒の対象と認知しているのかを，推測することができる。親子や夫婦で来談したケースでは，面接室に誘導したとき，誰が最初に動くのか，誰がどの席に座るのか，自己紹介は誰から始めるのか，といったことから，家族をコントロールしているのは誰か，誰と誰が親密なのか，あるいは疎遠なのかといった，家族関係に関する情報が得られる。菅野（1987）は，非言語的行動の観察リストを作成しているので，参考としてほしい。

　面接が始まり，言語的な交流が開始された後の観察の重要なポイントは，クライエントが言語的に語っている内容と，クライエントの非言語的な態度・表情が，一致しているか，それとも不一致で不自然な印象を受けるかどうかである。たとえば，幼い時に父親からしつけと称してたびたび殴られてとても怖かった，というエピソードを，消え入りそうな声で切れ切れに語り，膝の上で握ったこぶしをかすかに震わせているクライエントの場合，言葉で語られている内容とその語る表情や態度が一致していて，父親から暴力を受けた恐怖が今も持続して苦しんでいることが伝わってくる。それに対し，言語的には同じ内容を訴えても，薄笑いを浮かべてあたかも他人事のように冷めた口調で語るクライエントの場合，言語

第4章　アセスメント面接

と非言語が不一致なので，面接者は戸惑いや違和感を抱くだろう。このクライエントは，幼いころに体験した恐怖があまりに強いため，暴力を受けた記憶を事実として想起することはできても，当時体験した恐怖を意識の視野から切り離しているのかもしれない。このように面接者は，言語的に語られた内容と非言語的表情や態度を照らし合わせて観察することで，クライエントの心理状態の見立てを練り上げていく。

Ⅲ　客観的事実と主観的事実を明確化する

　初回面接の導入部では，クライエントが，今，一番困っていて話したいと思っていること，すなわち主訴から聴いていく。不安や緊張，疲労のために，話したいことがうまく言葉にならないクライエントもいるが，面接者が先回りしてクライエントの困り事を決めつけてはいけない。相談申込票に「中学2年の子どもの不登校について」と記入した母親について，「子どもが学校にいけないので困っているのだろう，どうしたら子どもが学校に行けるようになるのか，知りたくて相談に来たのだろう」と早合点してはいけない。「誰が」「何について」「いつごろから」「どのように困っているのか」は，クライエントに語ってもらわないとわからない。「子どもの不登校」という問題をめぐって，本人，母親，父親の困り事が異なる場合もある。たとえば，本人は，「今のクラスになってから，人の目が恐くなり教室に入れない」と訴え，母親は「学校に行かなくなってから，ゲーム依存になって昼夜逆転の生活をしている。とにかく生活リズムを治したい」と悩み，父親は「幼稚園の頃から引っ込み思案でコミュニケーションを取るのが苦手だった。発達障害の可能性があるのではないか」と心配している，ということもある。

　クライエントが「何について」「どのように困っているのか」を具体化するということは，仮に問題状況がビデオカメラで撮影されていた場合，映像として記録されている客観的事実を聞いていく，ということである。たとえば，「子どもが荒れて困っているのです」という母親の訴えの中身はわからない。ここで面接者は「荒れているというとたとえばどんな行動ですか？」「一番最近，お子さんが荒れた時の様子を教えてくれますか？」と明確化の質問し，「子どもがイライラすると顔を真っ赤にして，教科書や筆箱を壁に投げつけるのです」という客観的事実を引き出す必要がある。そして，客観的事実と並行して，クライエントの主観的事実を明確化していく。たとえば「私は小学生のとき，母方祖父母と同居していました」というのは客観的事実である。それに対し，「私は，母方祖父母に溺愛され

ました。一方，父親には非常に厳格に育てられた記憶があります」というのは主観的事実である。

■ IV 問題歴・生育歴・家族歴の聴取

　面接者は，問題の経過とそれに関連する生活環境や家族の変化について，客観的事実と主観的事実の両面を把握していくわけだが，ただ受身的に聴くだけでは，クライエントの内面の変遷やクライエントを取り巻く人間関係がよくわからないことがある。そのようなときは，以下のような質問を用いて面接をすすめる。

　まず，「自己説明的な質問」（妙木，2010）である。これは，「ご自分の問題に関してどう思っておられるのですか？」「ご自分ではどうしてこういった問題が起こってきたと？」というオープンな質問である。この質問によって，「私のがんばりを職場の上司が認めてくれないことに，不満がありました。それでだんだんとやる気がなくなったのだと思います」「中学生の時にひどいいじめに遭いました。それで人間不信になってしまい，人とのかかわりを避けるようになったのだと思います」という語りが得られれば，現在の問題を形成する背景要因とともにクライエントの主観的体験を把握することができる。

　次に，クライエントを取り巻く家族状況や社会的状況を明らかにする質問である。「あなたの問題に対して，ご家族はどのように考えておられますか？」「問題が起こったことで，あなたのお仕事（学校生活，家庭生活）にはどのような影響が？」「ご自分の問題について，ご家族（職場）には，何かお話しになっていらっしゃいますか？」「今回のあなたの問題に対するご家族（職場，学校）の態度について，あなたはどう感じていらっしゃいますか？」。こういった質問により，クライエントにとって重要な人物が誰か，そしてその人物とクライエントの関係性はどのようなものかを，把握することができる。

　過去について聞く場合は，「過去に同じような問題が起きたときは，どのように対処されましたか？　そして，周りのご家族はどうされましたか？」「これまでの生活で起こった出来事で，今回の問題に関係がありそうだと思うことがあれば教えてください」と現在の問題と関連することから聞いていく。専門機関での相談歴や治療歴がある場合は，「過去の相談（治療）で，問題の解決に役に立ったことは何か，逆に役に立たなかったことは何かについて教えてください」と聞く。このような質問によって，過去に関する情報を聴取するのは，現在の問題を理解し，解決するためであることを，クライエントに伝えることができる。その延長線上

第4章 アセスメント面接

で，発達上の所見や学歴，職歴といった基本的情報を押さえていく。

このようにして得られた情報は，最終的には，問題歴，生育歴，家族歴として時系列にまとめられる。

V 関与しながらの観察

面接者がクライエントを観察するとき，当然のことながら，面接者はクライエントに言語的・非言語的に関わり，両者は作用し合っている。土居（1992）は，「われわれはある人間を理解しようと思えば，その相手と何らかの人間的関係に入らなければならない。その関係が視点となって，相手を理解することが可能となるのである。いいかえれば，関係なくして人間理解はあり得ない」と述べている。

面接者がクライエントと交流しながら，一方でクライエント―面接者関係のなかで生じている現象を観察することを，関与しながらの観察（perticipant observation）という。これは，力動精神医学者サリヴァン Sullivan が提唱した概念である。サリヴァン（1954）は，精神医学を対人関係の学と定義し，「精神医学のデータは社会的相互作用の関与的観察の中で生じる」と指摘し，「純粋に客観的データというものは精神医学にはない。さりとて主観的データそのままで堂々と通用するものもない。素材を科学的に扱うためにはいろいろな力動態勢や過程や傾向性をベクトル的に加算して力積をつくらなければならない」と述べた。サリヴァンによる関与しながらの観察は，その後，対人関係専門職すべてに共通する，対象者理解の手法として広く浸透し，心理学研究法の観察手法の一形態としても位置付けられている（参与観察，関与観察，参加観察などと呼ばれる）。

心理面接における関与しながらの観察について，具体例をとおして説明しよう。

〈シーン1〉待合室に座っている30代女性のクライエントは，疲れた表情を浮かべてうつむいている。面接者が待合室に出向いて自己紹介すると，クライエントは，「よろしくお願いします」とあいさつし，お互いの視線が合った。クライエントは手にメモを握りしめている。

面接者の内面の声：疲れている様子だが，こちらのあいさつにすぐに反応し，視線もしっかり合って，社会性があるクライエントと思われる。メモを握りしめている様子から，不安と緊張を感じていることが伝わってくる。

第1部　心理的アセスメントの基本

〈シーン2〉面接室に移動し,面接者が「今日はよくご相談に来られました。申し込みをされてから10日ほどお待ちいただきましたね」と言葉をかけると,クライエントは「はい……子どもが学校に行けなくなって,どう対応したらよいかわからなくて困っています。でも,こちらの予約がとれて,詳しいことを相談できると思ってから,少し気持ちが楽になりました」と語った。メモを握っているクライエントの手が少し緩んだ。

面接者の内面の声：面接者のねぎらいによって身体的に現れていた緊張がわずかにゆるんだ。他者からの肯定的な働きかけを受けいれることのできる人のようだ。自分の内面を振り返り,他者に言語的に伝える力もある。予約を入れてから気持ちが楽になったという経過から,他者を信頼できる素地があると思われる。

〈シーン3〉面接者が,「ああ,予約が取れたことで,少しお気持ちが楽になった。お手元にあるメモは,今日,お話しになりたいことを書いていらしたのでしょうか?」とたずねると,クライエントはほっとした表情を浮かべ,「はい,これまでの経過とか,お聞きしたいことをまとめておいた方が相談しやすいかと思いまして……子どもと二人で一日中,家で過ごしていると,私も気分が落ち込んでしまって……」とメモに視線を落とした。面接者が,「では,どんなご相談か,準備してこられたメモの内容からお伺いしましょうか」と返すと,クライエントは,子どもが学校を欠席し始めた頃の様子を,メモを見ながら話し始めた。

面接者の内面の声：こちらからメモについて触れると,クライエントは安心感を抱き,現在体験している苦痛な情緒について語ってくれた。クライエントは,面接者に理解されることを望んでおり,面接を進めるための共同関係を構築できそうだ。メモを作成してきたのは,クライエントの知的な能力の表れのようだ。

このように面接者は,クライエントに関わりながら,クライエントの表情,姿勢,話し方,語る内容などにどのような変化が起きるかを観察し,クライエントの心理状態について仮説を立て,次の関わりを決定していく。上の例では,説明の都合上,3つのシーンに分けて面接者の内面の声をわかりやすく記述したが,実際の面接では,時間の経過とともに次々と観察所見が追加されていくので,シーン1で立てた仮説を,続くシーン2ですぐさま修正し,その場の関わりを瞬時

64

第4章 アセスメント面接

に決定しなければならない。しかも，関与しながらの観察は，心理面接の導入期から終結まで切れ目なく行われるもので，高度な集中力を要する。公認心理師の技術的な到達目標として，関与しながらの観察が挙げられているが，これは，上級者レベルの技術であり，前田（1985）は，「面接のむずかしさは…（中略）…『関与』と『観察』という相反する行為を，同時に行うところにある」と言い切っているほどである。関与者が観察者を兼ねるためには，クライエントと面接者の間で起こっていることを第三者の眼で眺める視点を獲得しなければならない。それには，地道な訓練しかない。具体的には，継続的なスーパービジョンを受け，スーパーバイザーの視点を内在化させたり，ケースカンファレンスなどの機会を積極的に利用して，クライエント－面接者という二者関係（「私」と「あなた」に限定された関係）で起こっていることを，第三者に伝えたりする修練を積むことである。

Ⅵ 不安の種類と不安への対処法を見立てる

　クライエントのパーソナリティ要因をアセスメントするためには，精神力動論における不安の種類と不安への対処法に関する概念を知っておくことが有用である。精神分析のクライン学派では，不安には2つの型，迫害不安と抑うつ不安があるとしている。迫害不安とは，欲求不満や怒り，悲しみといった苦痛な情緒が自分のなかにあると感じることができずに，誰かの悪意によって自分が苦しめられ，攻撃されている，と体験することである。たとえば，職場の人間関係がうまくいかないことを主訴とするクライエントが，「原因は，私の上司にあるんですよ。彼が私のことをよく思っていなくて，私の悪い評判を職場のなかで広めているようなんです。それで同僚たちの態度がよそよそしくなって，私は孤立してしまいました」と語るのは，迫害不安の例である。それに対して，抑うつ不安とは，喪失感，悲哀，罪悪感，後悔といった心の痛みを自分のものとして感じていることである。同じく職場の人間関係に悩むクライエントが，「私の連絡ミスで，同僚と上司に迷惑をかけてしまいました。上司には日頃，期待をかけてもらっていたのに，期待を裏切るようなことをして，とても申し訳ないことをしてしまった……それ以来，自分を責めて，気分が落ち込んでしまって……」と語るのは，抑うつ不安である（クライン派の入門書としては松木（1996）がある）。

　そして，迫害不安が優勢か，抑うつ不安が優勢かによって，不安に対処する方法，すなわち防衛機制が異なってくる。迫害不安が優勢なクライエントは，理想

第1部　心理的アセスメントの基本

化（特定の人物を過大評価したり，万能視したりする），分裂（物事や人物の良い面と悪い面を別個のものとして認知する），否認（不安や苦痛に結びつく現実を拒否する）という原始的防衛機制を用いる。それに対し，抑うつ不安が優勢なクライエントは，抑圧（苦痛な情緒や葛藤を意識から閉め出す），置き換え（要求水準を下げて欲求を満足させる），補償（劣等感を別の領域で補う）という，発達的には一段階上の神経症的防衛機制を用いる（防衛機制の種類は多岐に渡るが，前田（1985）は，図表を用いてわかりやすく解説している）。

▉ VII　行動連鎖の明確化と機能分析

　一方，認知行動論の立場からは，機能分析という枠組みからクライエントの問題を見立てることが有用である。機能分析とは，クライエントに生じている問題行動を標的として，それを引き起こす要因となっている変数を特定するとともに，その問題行動が維持されている環境との相互作用のメカニズムを把握する技術である（林，2016）。機能分析は，①問題の明確化，②標的行動についてのデータ収集，③介入計画の立案・実施，④介入効果の評価，⑤フォローアップという一連の流れに沿って行われるが（高野，2003），本章では，心理的アセスメントと関連する①，②について取り上げる。

　機能分析における問題の明確化は，Ⅲで触れたように問題に関する客観的事実を把握した上で，介入のターゲットとなる標的行動を選定することである。標的行動は客観的にカウントできる行動単位であることが条件である。たとえば教室で「落ち着きがない」とされる子どもの相談では，「45分の授業内で5回～8回離席する」というように誰でもが観察可能な客観的行動として，問題状況を明確化する。

　標的行動を選定した後は，①標的行動がどのような場面・状況で生じているのか（先行事象），②標的行動がどのような結果を生んでいるのか（後続事象），③標的行動を維持している要因はなにか，を明らかにするために，多方面からさまざまなデータを収集する（高野，2003）。先の例では，離席が起きるのは，①課題プリントを解くように教師に指示された場面であり，②離席することで課題から逃れて教師に注意され，③その結果，授業が中断され，学習時間が短くなっていた。つまり離席（標的行動）は，課題プリント（先行事象）により誘発され，学習時間の短縮（後続事象）によって強化されていた。このような，先行事象－標的行動－後続事象という三者の連鎖を三項随伴性という。三項随伴性が明確化

第4章 アセスメント面接

されれば，標的行動を低減させ，適応的な行動を学習するための認知行動論的な心理支援が検討される。たとえば，課題プリントの与え方を変える（先行事象を変化させる），離席があっても授業を継続する（後続事象を変化させる）といった介入案が考えられる。

VIII 心理面接の侵襲性について注意する

　自分や家族の心理的な問題について専門家に相談するということは，精神的に負荷がかかる作業である。クライエントが話したくないことを無理に聞き出さないことは，心理面接の鉄則である。成田（1981）は，「そのときぎくべきことをきき，きくべからざることをきかない。これがよい聴き手になるということである」と指摘している。「クライエントの話したくない気持ちを受け入れることも，立派なクライエント理解である。初回面接ですべての情報を強迫的に収集する必要はない。大事なことは，クライエントが話したいことは何か，そして話したくないことは何かの違いがわかっていることである。
　心理面接の侵襲性を最小限に抑えるには，「なぜ」「どうして」を禁句にすることである。神田橋（1984）は，精神機能の弱体化したクライエントに「なぜ？」「どうして？」という疑問文を用いることは，叱責，強要，「吊るしあげ」などの傷害作用を招くので禁忌であると警告している。たとえば，「学校では嫌なことばかりだった。誰にも相談しなかった。周りの人たちに腹が立っていた」と訴えるクライエントに，「どうして相談しなかったのですか？」「なぜ，腹が立ったのですか？」と質問するのは，まったくの的外れである。クライエントは，誰にも相談できなかった孤独感や怒りに駆られた事情を，面接者には理解してもらえないと感じるだろう。
　クライエントは，過去の対人関係で傷ついた体験に，今も苦しんでいることが多い。心理面接も対人関係のひとつであるから，面接者は第一に，クライエントを傷つけないよう注意しなければならない。これは，心理士に第一に求められる倫理的配慮である。

IX 司法面接

　最後に本章に関連するトピックとして，虐待などの被害者の子どもを対象とする司法面接（forensic interviews）について，仲（2016）に基づいて解説する。

67

第1部　心理的アセスメントの基本

司法面接とは，法的な判断のために使用することのできる精度の高い情報を，被面接者の心理的負担に配慮しつつ得るための面接法と定義され，その趣旨は，①正確な情報をより多く引き出すことを目指していること，②被害者や目撃者となった子どもへの負担を最小限にしようとしていること，にある。司法面接の特徴は，以下の4点である。

　1）記憶の汚染が起きないように，また供述が変遷しないように，できるだけ早い時期に，原則として一度（60分程度）だけ面接を行う。
　2）面接を繰り返さないですむように，録画・録音という客観的な方法で記録する。
　3）面接は，子どもに圧力をかけたり，誘導・暗示を与えたりすることのないように，自由報告を主とする構造化された方法を用いる。
　4）子どもが何度も面接を受けることを防ぐために，複数の機関が連携して，一度で面接を行うか，面接の録画を共有できるようにする。

　各国でさまざまな司法面接が開発されているが，たとえば英国内務省・英国保健省（1992）による司法面接ガイドラインは，次の4段階から構成されている。

第1段階：ラポールの形成（子どもがリラックスでき，快適でいられる関係を築く）／グラウンドルールの説明（「覚えていることを全部話してください」「作り話はしないでください」など）
第2段階：自由報告（「お話ししてください」「説明してください」など）
第3段階：質問（自由報告ですべての情報が得られない場合，必要に応じて「いつ」「どこで」「誰が」などの焦点化した，しかし誘導的ではない質問を用いる）
第4段階：面接の終結（子どもからの質問や希望を受け，感謝して終了する）

　本邦における代表的な実践には，「NICHDプロトコル（米国のNational Institute of Child Health and Human Developmentにより開発）に基づいた司法面接の最小限の手続き」（仲，2016）があるので参照されたい。なお，本シリーズ第19巻『司法・犯罪心理学』にて詳述する予定である。

　◆学習チェック表
□　主訴，問題歴，生育歴，家族歴の聴取の仕方を理解した。
□　心理面接におけるクライエントの非言語的要素の観察のポイントについて理解した。
□　関与しながらの観察について理解した。
□　機能分析について理解した。
□　司法面接について理解した。

より深めるための推薦図書

馬場禮子（1999）精神分析的心理療法の実践―クライエントに出会う前に．岩崎学術
　　出版社．

馬場禮子（2016）改訂　精神分析的人格理論の基礎―心理療法を始める前に．岩崎学
　　術出版社．

成田善弘（2003）精神療法家の仕事―面接と面接者．金剛出版．

Weiner, I. B.（1975）Principles of Psychotherapy. John Wiley & Sons.（秋谷たつ子・
　　小川俊樹・中村伸一訳（1984）心理療法の諸原則（上）／同（1986）心理療法
　　の諸原則（下）．星和書店．）

Zaro, J. S., Barach, R., Nedelman, D. J. & Dreiblatt, I. S.（1997）A Guide for Beginning
　　Psychotherapists. Cambridge University Press.（森野礼一・倉光修訳（1987）心
　　理療法入門―初心者のためのガイド．誠信書房．）

文　　献

土居健郎（1992）新訂 方法としての面接―臨床家のために．医学書院．

Home Office/Department of Health［英国内務省・英国保健省編］（1992）Memorandum of good
　　practice on video recorded interviews with child witnesses for criminal proceedings. The
　　Stationery Office.（仲真美子・田中周子訳（2007）子どもの司法面接―ビデオ録画面接のた
　　めのガイドライン．誠信書房．）

林潤一郎（2016）機能分析．In：下山晴彦・中嶋義文編：公認心理師必携 精神医療・臨床心理
　　の知識と技法．医学書院，pp.176-178

神田橋條治（1984）精神科診断面接のコツ．岩崎学術出版社．

前田重治（1985）図説臨床精神分析学．誠信書房．

前田重治（1999）「芸」に学ぶ心理面接法―初心者のための心覚え．誠信書房．

松木邦裕（1996）対象関係論を学ぶ―クライン派精神分析入門．岩崎学術出版社．

妙木浩之（2010）初回面接入門―心理力動フォーミュレーション．岩崎学術出版社．

仲真紀子（2016）子どもへの司法面接―考え方・進め方とトレーニング．有斐閣．

成田善弘（1981）精神療法の第一歩．診療新社．

菅野純（1987）心理臨床におけるノンバーバル・コミュニケーション．In：春木豊編：心理臨
　　床のノンバーバル・コミュニケーション―ことばでない言葉へのアプローチ．川島書店，
　　pp.45-90

Sullivan, H. S.（1954）The Psychiatric Interview. The William Alanson White Psychiatric
　　Foundation. New York; W. W. Norton.（中井久夫ほか訳（1986）精神医学的面接．みすず書
　　房．）

高野明（2003）行動（機能）分析．In：下山晴彦編：よくわかる臨床心理学．ミネルヴァ書房，
　　pp.50-51.

第1部 心理的アセスメントの基本

第5章

心理検査の基礎

津川律子

🗝 *Keywords* 　個人差，臨床心理検査，質問紙法，知能検査，発達検査，投映法，
作業検査法，認知症，神経心理学検査，診療報酬点数

I　心理検査の背景と名称

　ホーガン Hogan, T. P.（2007）はテストの歴史を，7つの時期に分けて整理しているが，このうち，実質的な心理検査の始まりである「起源」の記述を，ゴールトン Sir Francis Galton（1822-1911）から始めている。これは一般的な記述と考えられる（和田，2017；高橋・津川，2015；橋本・佐々木・島田，2015；Gregory, 2013; Popplestone & McPherson, 1994; DuBois, 1970）。ゴールトンは個人差（individual difference），つまり，一人ひとりの違いを測定するために，さまざまな試みを行い，それが知能検査（intelligence test）の"原形"となった（高橋・津川，2015）。

　このように，個人差に関する研究から心理検査が生まれ，それが現在の心理的アセスメントにつながる流れのひとつとなっている事実は，重要なことである。多くのデータを収集し，統計処理した結果から得た狭義のエビデンス・データから何かの心理学的知見を導くといったやり方は，現在でも心理学の中心的な手法であり，ゴールトン自身がそういった手法を用いていた。

　一方で，多数データの解析に際して，いわゆる外れ値とされる例外的な値が絶えず存在しえることになる。分布上では外れ値となっても，その外れ値は一人の生身の人間であり，いま眼の前にいる自分の大切な人であったり，自分自身であったりする。外れ値は，個々の個性を尊重する臨床心理学の視点からみると外れ値ではなくなる。心理支援はそれが必ずしも個人を対象としたものでなく，集団や組織に対する心理支援であったとしても，そこで生を営んでいるのは生身の人間である。

また，心理検査は心理的アセスメントの一部に含まれる（第1章参照）。そのため，心理検査は常に心理支援と連動しあいながら機能する。公認心理師にとって，心理支援と切り離された心理検査というのが考えにくい。そのため，単に心理検査と称するのではなく，心理支援と結びついた実践的な心理検査という意味で「臨床心理検査」という表現もしばしば臨床心理学領域では用いられている（高橋・津川，2015）。

II　心理検査の定義と種類，その特徴

1．心理検査の定義

　心理検査（psychological test）とは「知能，心的能力（推論，理解，抽象的思考など），適性（機械作業への適性，手先の協調性，器用さなど），学業（読み，書き，算数など），態度，価値観，関心，パーソナリティとパーソナリティ障害，その他，サイコロジストが関心を寄せる特徴を測定する際に使用される標準化された手法（すなわち，検査［test］，目録［inventory］，尺度［scale］）」のことである（VandenBos, 2006）。ここでいう標準化（standardization）とは，「多くの人に同一の心理学的検査を施行し，回収したデータを統計的に分析し，検査の標準値を出していく過程」（Davison, Neale & Kring, 2004）のことである。

　心理検査の種類に関しては，いろいろな分類方法が考えられるが，本書では以下のように一般的な分類に従って心理検査を紹介する。なお，個々の心理検査に関する具体的な紹介は，本書第2部の「代表的な心理検査の種類と内容」で学ぶ。

2．質問紙法（questionnaire method）

　もともと「心理学の研究方法を，主として行動を観察することで人間を理解しようとするものと，主として言語を媒介とするものの2つに大きく分けると，前者は観察法，後者は面接法，質問紙法，検査法に相当する」（津川，2019）。

　質問紙法は心理学研究で多用されており，開発されている尺度は枚挙にいとまがない。その中でも，標準化されたものを基本として心理検査として使われているが，①パーソナリティをみるもの（第7章），②感情状態などを測定するもの（第6章），③その他（第6章）に分けられる。

3．知能検査（intelligence test）

　知能検査は，知能水準を算出するためだけに実施されるものではない。対象者

の中で発揮できている能力や制限されている能力等が分かることで心理支援に寄与する。また，対象者と同世代の多数データとの比較だけでなく，個人内の差異が分かることで日常生活に関する支援に寄与できる。

主としてビネー系，ウェクスラー系，その他がある（第8章）。

4．発達検査（developmental test）

発達（development）に関する心理検査の総称である。たくさんの種類があり，増え続けている。児童向けのものも多いが，成人を対象とした検査も開発されている（第9章）。

5．投映法（projective method）

いくつかの心理検査を組合せて実施することを検査バッテリー（ないしテストバッテリー／第11章）というが，投映法は質問紙法等と組み合せて使用されることが多い。質問紙法では本人が意識化しているものは測定できるが，意識化していない特徴を浮かび上がらすことができない。つまり，投映法は本人が普段意識化していない個人の側面を抽出・測定できる検査である（第10章）。

6．作業検査法

特定の作業課題が与えられ，それに対する作業態度や実施結果から，対象者のパーソナリティを測定する方法である。対象者の言語能力に依存しないという特徴がある。また，回答を意図的に操作することができにくいという長所もある。

内田クレペリン精神検査が代表的なものである（第7章）。

7．認知症関係の心理検査

スクリーニング検査を含めて多くの検査が開発されている（第6章）。著作権フリーなものと，そうでないものがあることにも留意したい。

8．その他の神経心理学検査

神経心理学検査は種類が多いが，その代表的なものは第6章で解説される。また，診断面接基準や症状評価法については，本シリーズ第22巻『精神疾患とその治療』でふれられる。

第 5 章　心理検査の基礎

表 1　診療報酬請求ができる臨床心理・神経心理検査一覧（2018 年 4 月 1 日現在）

D283　発達及び知能検査

1　操作が容易なもの（80 点）

津守式乳幼児精神発達検査，牛島乳幼児簡易検査，日本版ミラー幼児発達スクリーニング検査，遠城寺式乳幼児分析的発達検査，デンバー式発達スクリーニング，DAM グッドイナフ人物知能検査，フロスティッグ視知覚発達検査，脳研式知能検査，コース立方体組み合わせテスト，レーヴン色彩マトリックス，JART

2　操作が複雑なもの（280 点）

MCC ベビーテスト，PBT ピクチュア・ブロック知能検査，新版 K 式発達検査，WPPSI 知能診断検査，全訂版田中ビネー知能検査，田中ビネー知能検査Ⅴ，鈴木ビネー式知能検査，WISC-R 知能検査，WAIS-R 成人知能検査（WAIS を含む），大脇式盲人用知能検査，ベイリー発達検査

3　操作と処理が極めて複雑なもの（450 点）

WISC-Ⅲ知能検査，WISC-Ⅳ知能検査，WAIS-Ⅲ成人知能検査

D284　人格検査

1　操作が容易なもの（80 点）

パーソナリティインベントリー，モーズレイ性格検査，Y-G 矢田部ギルフォード性格検査，TEG-Ⅱ東大式エゴグラム，新版 TEG

2　操作が複雑なもの（280 点）

バウムテスト，SCT，P-F スタディ，MMPI，TPI，EPPS 性格検査，16P-F 人格検査，描画テスト，ゾンディーテスト，PIL テスト

3　操作と処理が極めて複雑なもの（450 点）

ロールシャッハテスト，CAPS，TAT 絵画統覚検査，CAT 幼児児童用絵画統覚検査．

D285　認知機能検査その他の心理検査

1　操作が容易なもの（80 点）

CAS 不安測定検査，SDS うつ性自己評価尺度，CES-D うつ病（抑うつ状態）自己評価尺度，HDRS ハミルトンうつ病症状評価尺度，STAI 状態・特性不安検査，POMS，IES-R，PDS，TK 式診断的新親子関係検査，CMI 健康調査票，GHQ 精神健康評価票，MAS 不安尺度，ブルドン抹消検査，MEDE 多面的初期認知症判定検査，WHO QOL26，COGNISTAT，SIB，Coghealth（医師，看護師又は臨床心理技術者が検査に立ち会った場合に限る），NPI，BEHAVE-AD，音読検査（特異的読字障害を対象にしたものに限る），AQ 日本語版，WURS，MCMI-II，MOCI 邦訳版，日本語版 LSAS-J（6 カ月に 1 回に限る），DES-II，EAT-26，M-CHAT，STAI-C 状態・特性不安検査（児童用），DSRS-C，長谷川式知能評価スケール，MMSE，前頭葉評価バッテリー，ストループテスト，MoCA-J

2　操作が複雑なもの（280 点）

ベントン視覚記銘検査，内田クレペリン精神検査，三宅式記銘力検査，標準言語性対連合学習検査（S-PA），ベンダーゲシュタルトテスト，WCST ウイスコンシン・カード分類検査，SCID 構造化面接法，遂行機能障害症候群の行動評価（BADS），リバーミード行動記憶検査，Ray-Osterrieth Complex Figure Test（ROCFT）

3　操作と処理が極めて複雑なもの（450 点）

ITPA，標準失語症検査，標準失語症検査補助テスト，標準高次動作性検査，標準高次視知覚検査，標準注意検査法・標準意欲評価法，WAB 失語症検査，老研版失語症検査，K-ABC，K-ABC II，WMS-R，ADAS，DN-CAS 認知評価システム，小児自閉症評定尺度，発達障害の要支援度評価尺度（MSPA），親面接式自閉スペクトラム症評定尺度改訂版（PARS-TR），子ども版解離評価表

第1部　心理的アセスメントの基本

表2　心理検査の利用頻度順位（小川，2011のデータより筆者が作成）

利用率50%以上	①バウムテスト，②WISC，③SCT
利用率40%以上	④WAIS，⑤TEG，⑥ロールシャッハ法
利用率30%以上	⑦H-T-P，⑧風景構成法，⑨ビネー式，⑩P-Fスタディ，⑪Y-G
利用率20%以上	⑫DAP，⑬HDS，⑭SDS，⑮家族画，⑯MMSE，⑰K式
利用率10%以上	⑱MMPI，⑲K-ABC，⑳CMI，㉑内田クレペリン，㉒GAQ，㉓STAI，㉔ベントン，㉕BDI

III　診療報酬点数と心理検査の利用頻度

　診療報酬点数は2年に1度改定されるが，2018年現在，表1にある神経・心理検査が診療報酬の対象となっている。

　表1とは別に，実際に日本で使用されている心理検査の頻度を調べた調査（小川，2011）によれば，利用率の上位は表2のようであった。全国の心理臨床家307名の回答から利用率が50%を超すものは，①バウムテスト，②WISC，③SCTの上位3つの心理検査であった。

　診療報酬点数の対象となっている心理検査や，利用率の高い心理検査は，どの領域で働くにせよ学んでおく必要がある心理検査となってくるであろう。

IV　実施に際して留意すること

　第1章12頁の表1で「14-4. 心理検査の適応及び実施方法について説明でき，正しく実施し，検査結果を解釈することができる」という達成目標があるが，心理検査の実施に際して留意することを以下にまとめる。

1．心理検査の開発背景を知る

　心理検査には開発者がいる。開発者がどのような目的でその心理検査を開発したのか，その心理検査が把握しようとしているターゲットについて開発者はどのような考えをもって開発したのか，といった背景を知っておくことは大切である。

　たとえば，WISCやWAISの開発者であるウェクスラー Wechsler, D.（1958）は，知能（intelligence）をどのように考えていたのであろうか。"*Intelligence, operationally defined, is the aggregate or global capacity of the individual to act*

第5章 心理検査の基礎

purposefully, to think rationally and to deal effectively with his environment."（Wechsler, 1958）とある。訳すと，「知能を操作的に定義すれば，目的をもって行動し，理性的に考え，自分の環境に効果的に対処する個人の集合的もしくは全体的な能力のことである」（高橋・津川，2015）。検査の根幹となる「知能」という概念に関する考え方が伝わってくる。

また，村瀬（2015）は，ウェクスラーが1960年代前半に来日し，某服役者（暴行傷害事件の累犯者で，受刑中も規則違反が多く，懲罰を繰り返し受けている）のWAISデータについて，大変印象深いコメントした様子を以下のように伝えている。「この作業の課し方はまったくのミスマッチだ。作業は彼にとってほとんど意味をもたらさない。知能検査は単に認知機能や指数を知るのが目的ではない。施行時のやり取り，応えるときの表情やしぐさ，どんな雰囲気が醸し出されたか，そしてこの下位検査のバラツキを読み取ることに意味があるのだ。彼は本来アグレッション（攻撃性）を押さえ込んでいて，そのことをこれまで誰からも理解されなかったものと考えられる。手先が器用だというような理由でそういう作業を課してきたことは，彼のうちに不完全燃焼しているものをどんどん累積させたであろう。作業も単なる作業ではなく，受刑者の適性に応じ，そこに教育的，治療的意味を持たせてこそ再犯も防止できるであろう……。知能検査を平板なレベルで考えてほしくない」。このウェクスラーのコメントは，心理的アセスメントの本質を伝えていると言えよう。

2．臨床的アセスメントの全体の流れを理解する

心理検査は心理的アセスメントの一部であるから，そもそもアセスメントの流れの中で誰かが心理検査を発想する。図1は，Sundberg & Tyler（1962）による臨床的アセスメント（clinical assessment）の流れである。彼らは，臨床的アセスメントの経過を4つの段階に分けて記述している。①準備段階（preparation stage），②インプット段階（input stage），③処理段階（processing stage），④アウトプット段階（output stage）である。例えば，図1にある「事例検討会」は機関によってあったりなかったりするであろう。しかし，臨床的アセスメントの全体の流れは，どの領域でも追えるうえに，時代を越えて色あせない。このなかで，心理検査は，「アセスメント技法の選択」の中で行われている。もう少し簡略化した心理的アセスメントの流れは，図2で分かりやすく整理されている。ここでも「方法として」の1つとして心理検査が位置づけられている。

どの心理検査にも対象年齢や性別など適応範囲がある。席の位置，用意すべき

第1部　心理的アセスメントの基本

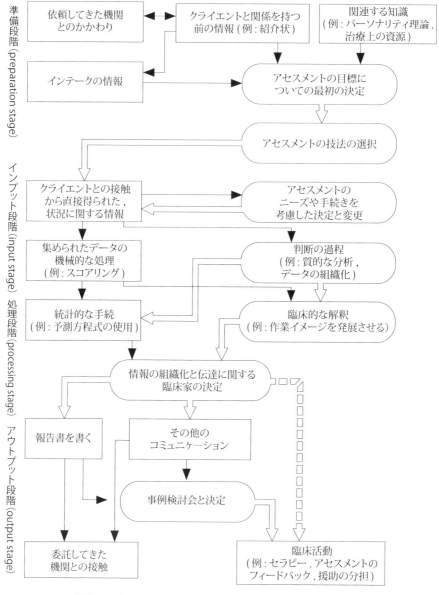

図において、□ は臨床家の客観的活動
○ は臨床家の内的活動（解釈・判断・決定など）
四段階のどこにおいても、内的活動が活発に行われている。

図1　臨床的アセスメントの流れ（沼, 2009 の p.17 に一部加筆）

第5章　心理検査の基礎

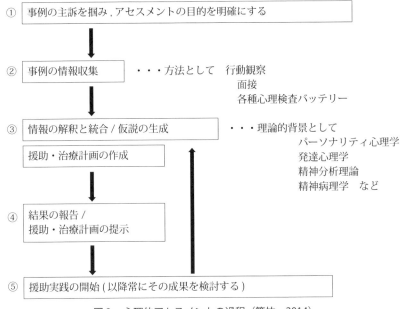

図2　心理的アセスメントの過程（篠竹，2014）

道具など実施方法も定められている。検査結果の処理のやり方も各検査によって教示を含めた手続きがある。たとえば，描画法では，どう教示したのかによって，どのような描画が完成するのかに当然ながら影響がでるので，教示を正確に記録しておかなければ実証的なデータになりえない。

3．心理検査の目的

　心理検査を発想したのが医師であるとしよう。その医師が入院中の患者（20代男性）のメンタルヘルスの改善度を知りたくて検査依頼をしたとすると，検査目的は現在のメンタルヘルスの状態を的確に把握し，該当医師にフィードバックすることになる。しかし，当の本人は退院後の転職を考えていて，自分に合った仕事についての客観的なエビデンスを得たいと思っていたとすると，本人にとっての心理検査目的は，転職に際しての有用な知見を得ることが主眼になる。また，本人を支える妻は，メンタルヘルスを害する前から，本人が話を聞いているようで，まるで記憶にないといったエピソードが結婚以来続いており，記憶の問題が職場でも出ているのではないかと心配しているとしたら，妻からの心理検査目的は記憶に関する客観的な情報の把握ということになる。本人の上司は，普段のデ

第1部　心理的アセスメントの基本

表3　フィードバックの前に（高橋・津川，2015）

1．きちんと実施できること
2．行動観察を含めて記録できること
3．自分でデータを正しく処理できること
4．複数の検査結果を統合して所見を書けること
5．心理支援に役立つ所見を具体的に書けること

スクワークで難しいことができる一方で，ケアレスミスが散見されることを不思議に感じており，加えてコミュニケーションがやや堅く，指導するとその反応が過剰であると認識しており，今後どう接していけばいいのか上司として考えあぐねている……。このように，心理検査の目的は人によって違うということがしばしば起こる。これらを全部一致させるのではなく，上手く整理して，優先順位をつけて検査バッテリーを組んで行くのが公認心理師の仕事である。検査バッテリーについては，本書の第11章「検査バッテリー」で学ぶ。

4．心理検査の実施順

高橋・津川（2015）では，次のように整理されている。①不安や緊張をあまり生じない心理テストを，まず行う。②刺激が明確に構成され，反応が容易なテストを，あいまいなテストより先に行う。③あらかじめある検査の結果があると，その後の検査が実施しやすいものを先に行う。

5．心理検査結果の報告とフィードバック

ここは本書の第12章「包括的解釈と報告」で詳しく学ぶが，心理検査結果のフィードバック前に前提となる目標は表3のとおりである。

6．心理検査用具類の取り扱いに関する倫理と法律等

心理検査は心理的アセスメントのひとつの方法であるので，心理的アセスメントに関係する倫理は，基本的にすべて関係してくる。第1章で取り上げた倫理を復習してほしい。

心理検査用具類に関して日本臨床心理士会（2009）は，倫理綱領の中で次のように定めている。「心理査定に用いられる用具類および解説書の出版，頒布に際しては，その査定法を適切に使用するための専門的知識および技能を有しない者が入手又は実施することのないよう，十分に留意しなければならない。また，心理査定用具類は，学術上必要な範囲を超えてみだりに開示しない」

第5章　心理検査の基礎

　また，販売されている心理検査用紙には著作権があるので法律を守ることや，コピーが禁止されていない尺度であったとしても，尺度の作成者に利用の許可をとるなどのマナーが必要である。日本心理臨床学会（2016）は，論文執筆ガイドの中で次のように呼びかけている。「さまざまな質問紙調査票や尺度，分析方法が国内外で開発され，公表されている。これらを用いて研究を進めることは，ごく一般的なことである。その際に，公表されている質問紙や尺度のすべてを用いたり，一部を改変して利用したりする場合，著作権や出版権に十分配慮した手続きが求められる。これらを利用して研究を行った場合は，必ず論文中に『出典』を明示すること。原則として，国内外を問わず尺度の作成者や著作権者には事前に許可を得て，その旨も論文中に明記することが望ましい」。これらの呼びかけを大切にしたい。

◆学習チェック表
☐　個人差の重要性を理解した。
☐　心理検査の種類を理解した。
☐　診療報酬点数の存在を知った。
☐　日本で使用頻度の高い心理検査を知った。
☐　心理検査にかかわる倫理について十分に理解した。

より深めるための推薦図書
　　高橋依子・津川律子編（2015）臨床心理検査バッテリーの実際．遠見書房．
　　津川律子・篠竹利和（2010）シナリオで学ぶ医療現場の臨床心理検査．誠信書房．
　　津川律子（2009）精神科臨床における心理アセスメント入門．金剛出版．

文　献

Davison, G. C., Neale, J. M. & Kring, A. M. (2004) Abnormal Psychology, 9th Edition. John Wiley & Sons.（下山晴彦監訳（2007）テキスト臨床心理学1―理論と方法．誠信書房，p.44.）
DuBois, P. H. (1970) A History of Psychological Testing. Allyn and Bacon.
Gregory, R. J. (2013) Psychological Testing: History, Principles and Applications 7th ed. Pearson Education.
橋本忠行・佐々木玲仁・島田修（2015）アセスメントの心理学―こころの理解と支援をつなぐ．培風館．
Hogan, T. P. (2007) Psychological Testing: A Practical Introduction 2nd Ed. John Wiley & Sons.（繁桝算男・椎名久美子・石垣琢磨訳（2010）心理テスト―理論と実践の架け橋．培風館．）
村瀬嘉代子（2015）心理療法家の気づきと想像―生活を視野に入れた心理臨床．金剛出版，pp.43-44.
日本心理臨床学会学会誌編集委員会（2016）心理臨床学研究 論文執筆ガイド［2016年改訂版］．一般社団法人日本心理臨床学会．https://www.ajcp.info/pdf/rules/Publication_Manual_for_Journal_of_AJCP.pdf（2018年1月22日取得）

第 1 部　心理的アセスメントの基本

日本臨床心理士会（2009）一般社団法人日本臨床心理士会倫理綱領．http://www.jsccp.jp/about/pdf/sta_5_rinrikouryo20170515.pdf（2018 年 1 月 22 日取得）

沼初枝（2009）臨床心理アセスメントの基礎．ナカニシヤ出版．

小川俊樹（研究代表）（2011）心理臨床に必要な心理査定教育に関する調査研究．第 1 回日本臨床心理士養成大学院協議会研究助成（B 研究助成）研究成果報告書．

Popplestone J. A. & McPherson M. W.（1994）An Illustrated History of American Psychology. The University of Akron Press.（大山正監訳（2001）写真で読むアメリカ心理学のあゆみ．新曜社．）

篠竹利和（2014）心理アセスメント．In：厳島行雄・横田正夫編：心理学概説─心理学のエッセンスを学ぶ．啓明出版，pp.203-208.

Sundberg, N. & Tyler, L. E.（1962）Clinical Psychology─An Introduction to Research and Practice. Appletion-Century-Cross, p.87.（出典を引用した邦訳は，村瀬孝雄監訳（1980）現代臨床心理学─クリニックとコミュニティにおける介入の原理．弘文堂，p.186. による）

高橋依子・津川律子編（2015）臨床心理検査バッテリーの実際．遠見書房．

津川律子（2019 予定）質問紙法．In：子安増生・丹野義彦・箱田裕司監修：有斐閣　現代心理学辞典．有斐閣．

VandenBos, G. R.（2006）APA Dictionary of Psychology. American Psychological Association.（繁桝算男・四本裕子監訳（2013）APA 心理学大辞典．培風館．）

和田万紀（2017）Next 教科書シリーズ 心理学［第 3 版］．弘文堂．

Wechsler, D.（1958）The Measurement and Appraisal of Adult Intelligence. The Williams & Wilkins Company, p.7.

第2部
代表的な心理検査の種類と内容

第6章　質問紙法1

質問紙法1

小山充道

Keywords SDS自己評価式抑うつ尺度，BDI-IIベック抑うつ質問票，POMS 2，STAI（状態・特性不安検査），MAS（日本版顕在性不安検査），C. A. S. 不安測定検査，GHQ精神健康調査票，WHO QOL 26 クオリティ・オブ・ライフ，CMI健康調査表，三宅式記銘力検査，ベンダー・ゲシュタルト・テスト，人格検査，神経心理学検査

　田中（1990）によれば，質問紙法は心理学における調査的研究法の一つであり，この場合の質問紙とは，意見・態度・行動特徴・性格等を知るために作成された一連の質問リストを印刷した調査票を指し，回答者が筆答する手続きをとるのが普通である。たとえばこれを人格検査として用いる場合は，人格質問紙法となる。本章では人格検査だけでなく，知的側面に関する質問紙法を用いた心理検査も紹介する。またこの章では質問紙法を紹介するが，必ずしも質問紙法とは呼ばないものの，臨床上必要なものであるので，これを含めて紹介する。

I　感情障害尺度

1．うつ症状

　厚生労働省による2014年患者調査の概況によると，全国の躁うつ病を含む気分（感情）障害による受療率（人口10万対）は，入院23，外来66である。これは調査日において推計患者総数の0.023％（約30万人）が入院し，0.066％（約87万人）が外来を受診していることを示している。合計すると，およそ1年間で約117万人が「うつ」で病院を受診していることになる。性別でみれば，入院，外来とも女性の方が多い。

　一般的に，健康な人は困り事を取り除くことができれば元気になるが，うつ病者は状況が変わってもうつが持続する。助言を受けると「自分が悪いためにあなたに迷惑をかけた」と自責の念にかられたりするので，カウンセリングも容易ではない。過去うつ病を客観的に把握する手段として，うつ病の客観的評価尺度は

第2部　代表的な心理検査の種類と内容

多く作成されている。

○カプランによるうつ症状の評価尺度

　カプラン臨床精神医学テキスト（2016）では，うつ病の客観的評価尺度として，次の3つの評価尺度が取り上げられている。

　1）ツング自己評価尺度（Zung Self-Rating Depression Scale）は20項目の尺度からなる。正常得点は34以下で，うつ病の得点は50点以上である。この尺度は，うつ病患者の感情表現を含む抑うつ症状の強さを明らかにする包括的指標である。日本版SDS自己評価式抑うつ尺度の基になった尺度である。

　2）ラスキンうつ病尺度（Raskin Depression Scale）は，患者の報告と医師による観察から，患者の重症度を臨床医が評価する。口述質問，行動観察，および2次的症状の3つの面について，5点満点で採点される。3〜13点までの幅があり，正常は3点で，うつ病の場合は7点以上である。

　3）ハミルトンうつ病評価尺度（Hamilton Psychiatric Rating Scale for Depression; HRSD/HAM-D）は，1960年にハミルトンにより開発され，現在も広く用いられているうつ病評価尺度である。臨床医が患者に，主に過去1週間において体験した罪責感，自殺念慮，睡眠習慣やその他のうつ病の症状について質問し，その臨床面接によって評価がなされる。HAM-Dの質問項目は「抑うつ気分」から「強迫症状」まで21項目ある。日本版HAM-D構造化面接SIGH-Dは中根（2004）により構成され，質問数は同じだが，面接の中での質問順序が原版と若干異なっている。原版では2問目に「罪業感」，3問目に「自殺」があるが，日本版では「抑うつ気分→活動状況→身体面→心理面（罪業感・自殺）→病識→精神症状」となり，話しやすい内容から順番に聴くように配置されている。現実感喪失や妄想および強迫症状に関する項目を除外したものをHAM-D17，全21項目に依る場合をHAM-21と呼び区別する。HAM-D17の各項目は0〜4点か0〜2点で評価され，合計点は0〜52点になる。一方HAM-D21では0〜63点となる。評点からみた重症度については，0〜7点は正常範囲，8〜13点は軽症，14〜18点は中等症，19〜22点は重症，23点以上を最重症とする報告がある（Kearns et al., 1982）。

　さらにこれとは別に，縦軸に症状の程度，横軸に症状の頻度を配置し，その組み合わせ結果に評価点を与えるGRID-HAMD 17とGRID-HAM-D 21が開発されている。双方ともウェブサイト（http://www.iscdd.org/scale/grid.pdf）に収載されている（日本語版翻訳権：日本臨床薬理学会，2003）。

84

2．日本で用いられているうつ評価尺度

本節では，主に成人を対象とした日本版 SDS 自己評価式抑うつ尺度，CES-D Scale うつ病（抑うつ状態）自己評価尺度，日本版 BDI-II ベック抑うつ質問票（以下 BDI-II と略す）と，児童のうつ評価を目的とした DSRS-C バールソン児童用抑うつ性尺度の 4 つの心理テストを取り上げる。これらは現在，わが国でうつ評価として取り上げられることが多い，

①日本版 SDS 自己評価式抑うつ尺度（SDS; Self-rating Depression Scale）

SDS の原作者はデューク大学の臨床医ツング Zung, W. W. である。前述したように，SDS は『カプラン臨床精神医学テキスト』（2016）でも取り上げられている。日本版 SDS（B5 版）は 1965 年原版に基づいている。SDS は患者自身による自己評価の結果に基づいた抑うつ性尺度であり（福田，1983），その目的はうつ病者の抑うつ症状の度合の測定にある。対象はうつが疑われる青年期以降の成人男女である。SDS は情意テストであり，メンタルヘルスの観点から，情意状態を知るスクリーニングテストとして用いてもよい。通常は，うつ障害群，不安症群／不安障害群，身体症状症などの患者に適用する。実施時間は約 15 分。質問項目は主感情，生理的随伴症状，心理的随伴症状で構成され，全 20 問。被検査者は，うつ症状が「ないかたまに」「ときどき」「かなりのあいだ」「ほとんどいつも」の 4 択から今の自分に合うものを選択する。結果は 23 〜 47 点を正常範囲とし，39 〜 59 点を不安症群／不安障害群，身体症状症等の神経症群（男性平均 46，女性平均 51），そして 53 〜 67 点の場合はうつゾーンにあると判断する。評価欄には粗点のみ記入するという簡素なものであり，得られた数値から，評価者が臨床判断をしなければならない。現在のところ，高齢者や弱視者のために活字を大きくした L 版（A4 サイズ）の SDS も出版されている。

② CES-D Scale うつ病（抑うつ状態）自己評価尺度（CES-D；Center for Epidemiologic Studies Depression Scale ［疫学研究用うつ病尺度］）

CES-D は，1977 年，アメリカ国立精神保健研究所（NIMH）により開発された。目的は，一般人の中に潜むうつ病の早期発見にある。対象は 15 歳以上の一般人であり，実施時間は約 15 分。質問項目は，うつに関係する 16 問と，「毎日が楽しい」等の自己肯定的な陽性項目 4 問の合計 20 問で構成されている。陽性項目で評価される陽性感情は抑うつ感情と異なる次元を構成していることから，CES-D

は二次元尺度と見なされる。具体的には，被検査者は，この1週間のうち症状の持続が「ない」「1～2日」「3～4日」「5日以上」の4択から自分に合うものを選択する。全項目「0・1・2・3」の4件法を用いることから，最高得点は60点，最低は0点となる。点数が高いほどうつ的と判断されるが，カットオフポイントとされる16点以上の高得点を示した場合は，うつ病の存在が疑われる。

③日本版 BDI-II ベック抑うつ質問票（BDI-II；Beck Depression Inventory-Second Edition）

BDI-II は，うつ病者の抑うつ症状の程度を測定する。初版の BDI は 1961 年に出版された。現在使われている 1996 年発行の BDI-II では，DSM-IV の大うつ病性障害診断基準に従い，「今日を含めて過去2週間の症状」を尋ねる。対象は13歳以上のうつ病患者で，うつ症状の重症度を評価する。実施時間は 10 ～ 15 分。質問項目は患者の言葉による訴えに基づいて作成され，全 21 問。被検査者は，今日を含むこの2週間の自分の気持ちに最も近い文章を4択から選択する。項目内容は悲しさや悲観等の感情面，自殺念慮，活力喪失や睡眠習慣等の身体的症状，そして性欲減退等で構成されている。ただし睡眠習慣と食欲の変化については7択となっている。21 項目の選択肢の配点は 0 ～ 3 点で，最高点は 63 点となる。数値が大きいほど抑うつ症状は重いと判断され，数値は，極軽症（0-13 点），軽症（14-19 点），中等症（20-28 点），重症（29-63 点）と評価する。この数値で表される包括的重症度のほかに，際立った数値を示した特定の項目内容には注意を払うことが必要である。

④日本版 DSRS-C バールソン児童用抑うつ性尺度（DSRS-C；Depression Self-rating Scale for Children）

1976 年，バールソン Birleson は子どものうつ症状を調べるために，大人の大うつ病に関連した文献に記述された 37 項目リストを子ども用に書き換えた。DSRS-C の誕生である。日本版 DSRS-C は，この 37 項目のリストをさらに検討し，うつ症状の観点からさらに絞り込んだ 18 項目より成っている。DSRS-C は，「学校精神保健の立場から生徒の心の状態を理解する，またはメンタルヘルスの立場から子どもの心の状態を臨床的に把握する補助手段」と位置付けられる（Birleson et al., 2016）。対象は小～中学生で，実施時間は約 10 分。質問項目は，楽しみ・活動性に関する肯定的な質問が 10 問，抑うつ・悲哀感に関する否定的な質問が 8 問の合計 18 問で構成されている。素直で優しい問いかけは，子どもにとって

親しみやすいものとなっている。被検査者は，最近1週間の状態について「いつもそうだ」「ときどきそうだ」「そんなことはない」の3択から自分に合うものを選ぶ。各項目の配点は0-2点で，最高点は36点となる。DSRS-Cの平均得点は，小学生7.98，中学生10.97，高校生12.80となり，年齢上昇に伴い高くなった。うつ状態を見極めるカットオフポイントは16点とされるが，思春期心性を反映して高校生の場合は17-18点とやや高くなるとみられる。DSRS-Cからうつ症状の程度に関する情報は得られるが，うつの内容に関する情報は引き出されない。

■ II　情緒および気分

　情緒や気分そのものを対象とする心理検査は数少ない。わが国で情緒や気分の評価を臨床現場や研究で扱う際には，POMS 2日本語版（Profile of Mood States 2nd Edition）を用いることが多い。感情や気分に関しては，気分調査票（坂野ら，1994）をはじめ，いくつかの心理尺度が作られているが，多くはマクネア McNairらが1992年に作成したPOMS（Profile of Mood States；気分プロフィール検査）の質問項目を参考にして作成している。POMS 2はPOMSの改訂版であることから，ここではPOMS 2の概要を記す。

　POMSとPOMS 2の「怒り－敵意」「混乱－当惑」「抑うつ－落ち込み」「疲労－無気力」「緊張－不安」「活気－不安」で示される6つの下位尺度は同じで，共に全65項目で構成されている。またT得点から状態の程度を見るという視点も同じである。相違点は，質問文が改訂された，総合的気分状態（TMD；Total Mood Disturbance）が把握できるようになった，新たに友好因子F（Friendliness）が加わった，時代の要請により青少年用が作成された，全項目版のほかに簡便で効率よく気分状態をスクリーニングできるように短縮版が作成されたこと等である。採点表からは，個々の因子のプロフィールが描かれ，いずれの因子が強調されているかが一目でわかる。旧版POMSの蓄積データを無駄にしないために，日本版POMS2では補助資料として，各尺度得点の換算表が公表されている。

■ III　正常不安と病的不安

　不安には正常不安と病的不安がある。『カプラン臨床精神医学テキスト』（1996）によると，正常不安とは誰もが体験する不安であり，その性質は広汎で不快，またあいまいな憂慮の感覚を生みだし，しばしば頭痛や発汗等の自律神経症状を伴

第2部　代表的な心理検査の種類と内容

う。不安時にどのような症状が現れるかは人によってさまざまである。一方，病的不安とは精神疾患の中で最もよくみられるが，誰もが罹患するわけではない。生涯有病率は，男性 19.2％に対して女性 30.5％であり，女性の方が不安症になりやすい。また社会経済的地位が高くなるほど不安症の有病率は減少する。本節では，不安の程度を評価し，その後の臨床に役立つ心理検査を紹介する。

日本で用いられている不安の評価尺度

本節では，現在わが国で不安の評価尺度として取り上げられることが多い4つの心理テストを取り上げる。それは状態・特性不安検査（以下 STAI と略す），顕在性不安尺度（以下 MAS と略す）と児童用顕在性不安尺度（以下 CMAS と略す），C. A. S. 不安測定検査である。

①状態・特性不安検査（STAI；State-Trait Anxiety Inventory）

STAI は，現在2種類発行されている。水口ら（1991）構成の日本版 STAI 状態・特性不安検査（FormX）と，肥田野ら（2000）の新版 STAI（FormJYZ）である。後者は原著者である南フロリダ大学のスピルバーガー Spielberger が著者として加わっている。

適用範囲は，FormX は中学生以上，FormY は成人（18歳以上）となっている。実施時間は約10分。問題数は状態不安20項目，特性不安20項目の全40問。状態不安とは，不安を喚起する事象に対する一過性の状況反応であり，危機が去ると状態不安値は低減する。一方，特性不安とは比較的持続する個人の不安特徴を言い，人が生来もっている不安であり，脅威によって容易に低減するものではない。FormX と FormY では評価の表記が異なる。FormX では，状態不安［全くちがう・いくらか・まあそうだ・その通りだ］，特性不安［ほとんどない・ときたま・しばしば・しょっちゅう］で，FormY では状態不安「全くあてはまらない・いく分あてはまる・かなりよくあてはまる・非常によくあてはまる］，特性不安［ほとんどない・ときどきある・たびたびある・ほとんどいつも］であり，ともに4件法となっている。状態不安，特性不安ともに各項目の配点は 1-4 点であり，最高点は状態不安，特性不安とも 80 点となる。評価表では不安段階は5段階に分けられていて，被検査者の不安の度合を測ることができる。短時間に評価できるため，臨床場面でよく用いられている。

②日本版顕在性不安検査（MAS; Manifest Anxiety Scale）

MASの目的は「個人が抱く不安，すなわち身体的・精神的な不安で明らかに意識されるものを測定し，その不安の程度を明らかにする」ことにある。テーラー Taylor は，ミネソタ多面的人格目録として知られる MMPI の 550 項目の中から不安に関する項目を検討した。その結果 50 項目を抽出し，MMPI の虚構点の 15 項目を加えて，全 65 問から成る MAS を作成した。日本版 MAS は，日本版 MMPI の作成にあたった阿部満洲らによって作成された。

　対象者は 16 ～ 60 歳の人で，所要時間は約 10 分である。被検査者は質問内容に対して，「そう」「ちがう」「どちらでもない」の 3 択で自分にあてはまるものを選択する。結果は，不安状態により 5 段階で評価する。5 ～ 3 段階はおおむね正常閾とみなし，2 段階はかなり不安度が高い，1 段階は高度の不安状態と判断する。ちなみに大学生男女については，5 段階（9 以下），4 段階（10 ～ 13），3 段階（14 ～ 22），2 段階（23 ～ 26），1 段階（27 以上）となっている。大学生の場合は性差による評価の違いはないが，一般男子（20 ～ 60 歳）と女子（21 ～ 35 歳）を比較すると，女子の場合は 3 点ほど数値が高い。たとえば一般男子の 5 段階は 5 以下だが，女子の場合は 8 以下である。著者らは広義の神経症に該当する 67 例に対し自律訓練法を行い，自律訓練前後に MAS を実施した。その結果，訓練前に 35 以上の高不安を示した 18 名のうち性格異常や社会不適応を示した 6 名は治療が難渋し，内向性格が絡む神経症を示した 12 名は治療が有効だった。また 15 以下の外向性格に関連するてんかんヒステリーや不安神経症を示した 5 名の低不安群も治療が有効だったという。考察として高不安群のうち，MAS の再テストでなお不安が高まった，つまり治療効果が見られなかった群は，その背景に治療的接触による性格防衛の崩れによる内的葛藤の増加，つまり自己不全感があるのではないかと著者らは推察している。

　2013 年の MAS 改訂新版発行にあたって，手引きに「Ⅲ　MAS の臨床への応用」が増補された。また記録用紙がビニール袋内包から 2 枚合わせの用紙となったが，内容については，なんら変更はない。

③児童用顕在性不安尺度（CMAS；Children's Manifest Anxiety Scale）
　カスタニェーダ Castaneda（1956）が作成した MAS の児童版尺度を基に，坂本（1989）が日本版の構成を行った。CMAS の目的は，心理的不安や身体的な不安の程度を測定して，さまざまな問題をもつ児童の内面的な不安度を発見することにある。対象は小学 4 年～中学 3 年で，所要時間は約 15 分である。「集中できない」「心配ごとがたくさんある」等の心理的不安に関する質問と，動悸，胸部圧

迫感，発汗，頻尿，喉つまり感等の身体が絡む項目の全42項目と，虚構性測定項目11問の全53問で構成されている。不安に関する質問に対して「はい」「いいえ」「わからない」の3件法で答える。不安測定評価は5つの段階で示される。具体的には，「Ⅰ段階（0～5点）不安は非常に低い，Ⅱ段階（6～12点）不安は低い，Ⅲ段階（13～20点）正常，Ⅳ段階（21～28点）不安は高い，Ⅴ段階（29以上）不安は非常に高い」と判断される。

④ C. A. S. 不安測定検査（C. A. S. ; Cattel Anxiety Scale）

　イリノイ大学のキャッテル Cattell は，1950年代に彼の下で研究していた対馬忠に，自らが作成した16PF人格検査を含め，数種の心理テストの日本標準化を依頼した。C. A. S. はその一つであり，キャッテルとシャイアー Scheier が1963年に発表した IPAT Anxiety Scale Questionnaire (Self-Analysis Form) の日本標準化版である。IPAT は Institute for Personality and Ability Testing の頭文字を並べたもので，出版社の略称である。このテストは高校生から成人を対象としていたが，C. A. S. の対象は中学生から大学生までとなっていて，中学生用紙と，高校生から大学生用の一般用紙の2種が用意されている。所要時間は約10分と短く，質問項目は「人に対する気持ちや物事についての興味があり変わりやすい」ほか40問で構成されている。その結果，「自己統制力の欠如」「自我の弱さ」「疑い深さ（パラノイド傾向）」「罪悪感」「感情性・衝動性」の5つの性格特性が分析され，10段階で不安傾向が測定される。最後に，総合的所見として，不安傾向および欲求の不足状態が10段階で示される。

　本検査名について，臨床心理・神経心理検査の平成28年診療報酬改定には「C. A. S. 不安測定検査」とあり，本検査解説書改訂版タイトルには「C. A. S. 不安診断検査」と表記されている。出版社に確認したところ，正式名は「C. A. S.」とのことである。このほか検査用紙のタイトルが「C. A. S. 性格検査」となっているが，これは不安テストであるということを被検査者に知らせるのは望ましくないという理由による（園原ら，1963）。

Ⅳ　メンタルヘルス関係の尺度

心身のチェック——日本で用いられている心身に関する評価尺度

　本節では，現在わが国で心身の評価尺度としてよく取り上げられる以下に示す3つの心理テストを取り上げる。

第6章　質問紙法1

① 日本版 GHQ 精神健康調査票（GHQ-60，GHQ-30，GHQ-28，GHQ-12；The General Health Questionnaire）

1972 年，精神科医のゴールドバーグ Goldberg によって GHQ の源となる健康調査票が作成された。1978 年，世界保健機構 WHO の依頼で神経症を対象とした研究チームが結成され，今日の GHQ が作成された。その目的は主に一般人で神経症症状とその関連症状を示す人に対して，その症状の評価，把握および診断を行うことにあった。GHQ の特徴は，文化的背景，言語，宗教などが違っていても，用いられている質問内容は世界的に共通して問うことができる点にある。現在，GHQ は約 20 カ国以上に翻訳され，臨床研究に使用されている。

GHQ は質問紙法を用いた検査であり，実施手続きは容易である。対象は 12 歳から成人で，所要時間は 5 ～ 10 分。検査者がより簡便なアセスメントを求める傾向に呼応して，質問項目数が異なる GHQ-60，GHQ-30，GHQ-28，GHQ-12 の 4 種が現在発行されている。評価は GHQ 合計得点より行う。全項目版である GHQ-60 で説明すると，「身体的症状」「不安と不眠」「社会的活動障害」「うつ状態」の 4 つの要素スケールに関わる質問項目がそれぞれ 7 問用意されている。7 問中 3 ～ 5 問該当する場合は「軽度の神経症症状をもっている」，5 問以上該当するようであれば「中等度の神経症症状をもっている」と評価する。GHQ-30 は要素スケールが異なり，「一般的疾患傾向」「身体的症状」「睡眠障害」「社会的活動障害」「不安と気分変調」「希死念慮うつ傾向」となっている。用途に応じて質問票のタイプを選ぶようになっている。

② WHO QOL 26 クオリティ・オブ・ライフ（WHO QOL 26；Quality of Life 26）

田崎ら（2007）によると，生活の質を追求するクオリティ・オブ・ライフ研究は，「1947 年にイギリスのホスピス活動が発端になり，1960 ～ 1970 代に徐々にがん治療場面において重視されるようになった」という。その背景には，「寿命延長を優先した治療的ニーズに焦点をおく医療に対する患者の不満の高まり」があった。1986 年，WHO 主催のがん患者の生活の質と治療に関する会議が契機となり，QOL 研究は盛んになった。QOL 評価尺度も欧米で 30 種以上開発された。QOL 評価表マニュアル（萬代監修，2001）によると，「QOL は，研究者の数だけ評価法があるとさえ言われる」という。本マニュアルは，主に脳卒中，高齢者，神経難病患者等の身体的側面に関する QOL 評価尺度を紹介しているが，身体的・心理的・社会的側面に関する治療効果の測定は容易だが，スピリチュアル・ペイン（臨死に絡む心の痛みなど）は臨床データに上がってこないが臨床現場ではこ

れが問題になる点を指摘している。主観的健康指標の一つであるQOL 26は、全体的なQOLと健康状態、身体的領域（痛みと不快、活力と疲労ほか）、心理的領域（肯定的感情、ボディ・イメージほか）、環境領域（余暇活動への参加と機会、交通手段ほか）など全26項目で構成されている。対象は18歳以上で、所要時間は約10分。評価は領域ごとに平均値を算出し、レーダー図を用いて個人のプロフィールを作成する。プロフィールを見れば、一目でその人のQOLがわかるようになっている。

③ CMI健康調査表（CMI；Cornell Medical Index）

CMI健康調査表は、コーネル大学のブロードマンBrodmanらの共同研究として、1949年にアメリカ医師会雑誌に発表された。CMIを一言で述べれば「心身に関する問診票」である。日本版構成は金久卓也と深町健によりなされ、解説書は1972年に出版された。さらに2001年には改訂増補版が発行された。改訂増補新版には臨床各科への応用として精神科、内科・心療内科、外科・脳神経外科、整形外科、婦人科、泌尿器科、皮膚科、眼科、耳鼻科、歯科領域が取り上げられている。さらに一般健康管理への応用と、CMIの心理療法および職場のカウンセリングへの応用に関する記述がある。多くの領域でのCMIの活用を想定している。

CMIの質問項目については増補版では助詞の変更程度の修正があるが、日本版作成以来、用紙の改編および内容の変更はない。患者に対する質問は、心身について尋ねられることへの心理的抵抗を考慮し、目や耳、呼吸器系といった身体的な自覚症から聞き始め、その後に不適応や抑うつといった精神的自覚症について尋ねるように配置されている。質問は、身体的自覚症に関する質問144と精神的自覚症51問、合計195問で構成されている。CMIの結果は、各項目における自覚症プロフィールによる判定、神経症的度合いをみるための神経症判別図による手法、そして「憂うつ」「希望がない」「神経症の既往」「易怒性」など9個の特定の精神的自覚症項目による精神的不健康状態の判定の3つの観点から総合的に検討される。神経症判別図による手法では、「領域Ⅰの場合は正常」「領域Ⅱの場合はどちらかといえば心理的正常である可能性が高い」「領域Ⅲの場合はどちらかといえば神経症である可能性が強い」「領域Ⅳの場合は神経症者」と評価される。

Ⅴ　認知症関係の心理検査

高齢化社会が現実となり、認知症が取りざたされてきた。それに伴って、日本

第6章 質問紙法1

でも多くの神経心理検査が開発されてきた。DSM-5（2013）で認知症は「神経認知障害群」に群別され，旧来の認知症（dementia）は，新たな疾患単位である軽度認知障害（mild neurocognitive disorder）に包摂された。DSM-5 では，認知症（dementia）と呼ぶ場合は「通常高齢者が罹患する変性疾患などの障害の慣習的な用語」として位置づけるが，神経認知障害（neurocognitive disorder）という場合はより広義に使用することが可能で，「より若年の人が罹患したような状況，例えば外傷性脳損傷または HIV 感染に続発する障害にも適用される」。DSM-5 で dementia という用語が廃止されたわけではない点に留意されたい。

1．認知症の評価尺度

認知とは，何かを認識し理解するときに働く知覚，記憶，思考といった一連の心理的機能を意味する。認知症では脳や身体の疾患を契機として，記銘力障害，健忘等の記憶障害，日時や場所の失見当識等を含む認知障害が生じて，社会生活を送ることが難しくなる。質問紙法を用いる認知症検査は，早期発見・早期診断で認知症を予防するためのスクリーニング検査として，また認知症の程度判定により治療方針を立てるなどを目的として，現在多数作成されている（大塚ら，1991）。

日本版では長谷川式認知症スケール（HDS-R）がある。HDS-R の目的は，一般の高齢者から認知症の高齢者をスクリーニングすることにある。HDS-R は年齢，日時・場所の見当識，言葉の即時記銘，計算，数字の逆唱，言葉の遅延再生，物品記銘，言語の流暢性の9問から成る。30点満点中20点以下であれば"認知症疑い"となり，21点以上の場合は非認知症と評価する。カットオフポイントは 20/21 点である。

海外原著の日本構成版では，MMSE-J(Mini Mental State Examination-Japanese）が知られている。MMSE-J は 1975 年にフォルスタイン Folstein らによって発表された MMSE の日本構成版である。HDS-R との相関係数は 0.94 と高い。適用年齢は 18 歳から 85 歳で，所要時間は 10 〜 15 分。MMSE-J は，時間・場所に関する見当識，記銘，注意力と計算，逆唱，再生，呼称，復唱，理解，読字，書字，描画課題で構成されている。認知症の判断は，総得点をみて行う。30 点満点の検査であるが，通常，27 〜 30 正常，21 〜 26 軽度認知障害，11 〜 20 中程度認知障害，0 〜 10 重度認知障害と評価する。認知症かどうかの境界得点は 23 点とされ，23 点以下の場合は認知障害の可能性が示唆される。

以上，HDS-R と MMSE-J は認知課題のみの認知症スクリーニングテストであるが，MEDE 多面的初期認知症判定検査は，課題が多彩である。MEDE は，認知課

題Aのほかに，本人に対する30問の質問票B（例：「物をどこに置いたか，わからなくなることがありますか」に対して「よくある」「ある」等の4段階で答える）と，家族等による被検査者の日常生活状態の他者評価判定票C（質問内容はBと同じで，評価のズレを把握する）を加えた国産の検査である。Aの知的機能検査結果，認知障害は「軽度・中度障害・重度障害」で評価される。Bの自己評価検査では，一般物忘れ・自己懐疑物忘れ・障害顕在物忘れという記憶障害の程度評価が可能である。評価は『MEDE実施・判定早わかり手引き』（千葉テストセンター）に従い行う。MEDEは健常者からの逸脱という視点から，認知症の初期症状をとらえる検査である。

　このほか，質問紙法ではないが日本でよく用いられる認知症の検査として，時計描画テスト（CDT; Clock drawing test）がある。CDTでは時計盤の数字と時刻を示す針を描いてもらう。CDTは頭頂葉損傷による視空間認知機能障害の評価法として古くから用いられてきた。シュールマンShulmanら（2003）によると，CDTは1960年代頭頂葉の視空間機能の評価法としてスタートしたが，次第に認知症を初めとする神経精神疾患のスクリーニング法として用いられるようになったという。CDTでは，文化や教養の違いは結果に影響を及ぼさない。被検査者には，一つの大きな円が描かれた用紙を提示する。そして「この円は時計の盤面を示しています。時計に見えるように数字を書いてください。そして時刻を11時10分（他に1時，3時，9時15分，7時30分）に合わせてください」と教示する。CDTは聴覚的理解，プランニング，視覚記憶と図形イメージの再構成，視空間機能，運動プログラムと実行，数字の知識，針を使って抽象的に時刻を示すという抽象概念，11と10という数字に引っ張られ，10と11のところに針を描く傾向［前頭葉性牽引］，集中力および欲求不満耐性を同時に調べることができる。時計の針が正しく配置されると1点が与えられる。総合点から障害の重さを見積もる。現在のところ，CDTの評価法は12以上にのぼり，評価法は未だに確立されていない。

2．その他の神経心理学検査：記憶の心理臨床

　脳神経疾患は，障害部位により記憶障害を伴うことがある。記銘→保持→再生（再認，想起）は心的機能の相違による区分であるが，これは見る側が便宜的に角度を変えて記憶を理解する一つの方法ともいえる。以下にわが国で頻繁に利用されている3種の記憶検査を取り上げる。これらの検査は図形模写や記憶した言葉を思い出す等の心的作業を必要とする。

第6章　質問紙法1

①ベントン視覚記銘検査（BVRT；Benton Visual Retention Test）

　BVRTでは，視覚記銘，視覚認知および視覚構成能力を評価する。「記銘」には，主に視覚的記銘と聴覚的記銘がある。視覚的記銘検査としてよく用いられているのはBVRTである。対象は8歳から成人まで。所要時間は約5分。図版は，練習効果と習熟の可能性を避けるためと再検査を可能とするために，難易度が同じ3つの形式が用意されている。通常は形式Iの10枚の図版を用いる。実施方法は，施行A即時記銘（図版が1枚ずつ提示される。被験者は10秒間［施行Bは5秒間の設定］提示された図形を記憶し，10秒後に何も見ずに今覚えた図形を用紙に模写する），施行Cは模写，そして施行Dでは図版が10秒間提示され，その後15秒経ってから記憶を頼りに再生する。その結果，主に正答数（つまり誤謬数［省略，歪み，保続，回転，置き違い，大きさの誤り］）を基に評価する。たとえば，施行Aの成人基準（15歳〜44歳）では，5点は「境界」（相当する知能指数IQは70〜79）とされ，「平均」は「8点」で，相当するIQはこの場合95〜109となる。補足であるが，BVRTは，視覚記銘力だけでなく半側空間失認等の視空間能力障害も検出できる。

②三宅式記銘力検査

　三宅式記銘力検査は，聴覚的記銘検査として古くから利用されてきた。三宅（1933）によると，意味に関係がある対語と無関係な対語それぞれ10組を個々に読み聞かせる。その間，被検査者は対語を記憶する。その後，検査者が片方の対語（例：「人」）を言うと，被検査者はその語と対になったもう片方の語（例：「猿」）を，記憶を頼りに言う。これを全問正答するまで最大3試行行う。誤答，忘却数，反応時間等が評価の対象になる。現行の東京大学医学部脳研究所編の三宅式記銘検査は，原著の三宅式記銘検査と実施方法は同じだが，使用する対語が異なる。それでも「兎－障子」など一部用語が古くなっている。いずれ改訂が必要となるかもしれない。対象は成人であり，所要時間は，被検査者の心理状態によってかなり変化する。判定は，有関係対語の1回目であれば，平均正答数は8.5となり，第3回目で満点となる。一方，無関係対語となると1回目では4.5，3回目でも8.5となり，全問正解は難しくなる。

③ベンダー・ゲシュタルト・テスト（BGT；Bender-Gestalt Test）

　ベンダーBenderは1938年，「視覚・運動ゲシュタルト・テストおよびその臨床的使用」と題する論文を，アメリカ矯正精神医学協会モノグラフ3号で発表し

95

た。翻訳は日本版構成者の高橋訳（1969）で読むことができる。ゲシュタルト心理学創設者であるヴェルトハイマーWertheimer, Mが作成した9つの幾何図形を模写させるだけの検査である。5歳から10歳まではコピッツ法を採用し，11歳以上は定量化・簡便化が図られたパスカル＆サッテル法（P-S法）を用いる。P-S法粗点の例を示せば，不安障害は20〜60点，脳疾患の場合は70〜100点と高くなる。ベンダースコアが高いほど自我や情緒的適応に問題があると捉える。対象は5歳から成人で，所要時間は5〜10分程度。ゲシュタルト機能は統合された有機体の機能である。視覚・運動体験を伴う図形模写の結果から，子どもの知的および人格的成熟過程を窺い知ることができる。本検査は，医療場面では画像検査結果を補う道具として，脳器質障害の選別のほか精神病の診断にも用いられている。

◆学習チェック表
☐ 日本で用いられている感情障害尺度にはどのようなものがあるかを理解した。
☐ 情緒および気分を測定する質問紙法にはどのようなものがあるかを理解した。
☐ 児童から成人を対象とする不安検査にはどのようなものがあるかを理解した。
☐ 多数の質問紙法を用いた心理検査の利用法について理解した。

より深めるための推薦図書

上里一郎監修（1993）心理アセスメントハンドブック第2版．西村書店．
小山充道編（2008）必携臨床心理アセスメント．金剛出版．
氏原寛・岡堂哲雄・亀口憲治・西村洲衞男・馬場禮子・松島恭子編（2006）心理査定実践ハンドブック．創元社．
Anastasi, A. & Urbina, S. (1972) Psychological Testing (7th Edition). Prentice Hall.
VandenBos, G. R. (Chief Editor) (2013) APA Dictionary of Clinical Psychology. American Psychological Association.

文　献

American Psychiatric Association（2013）DSM-5．（高橋三郎・大野裕監訳（2014）DSM-5：精神障害の診断と統計マニュアル第5版．医学書院，pp.583-584.）
Beck, A. T., Steer, R. A. & Brown, G. K. (1987) Manual for the Beck Depression Inventory. Second Edition. The Psychological Corporation.（小嶋雅代・古川壽亮訳著（2003）日本版BDI-Ⅱ —ベック抑うつ質問票—手引．日本文化科学社．）
Bender, L. (1938) A Visual Motor Gestalt Test and Its Clinical Use.（高橋省己訳（1969）視覚運動ゲシュタルト・テストとその臨床的使用．三京房．）
Benton, A. L.(1955)The Revised Visual Retention Test—Clinical and Experimental Applications.（高橋剛夫訳（2010）視覚記銘検査使用手引［新訂版］．三京房．）
Birleson, P.（原著），村田豊久・神本亜紀・森陽二郎・竹田祥子（日本版構成者）（2016）DSRS-C

使用手引　増補版．三京房．

Brodman, K., Erdman, A. J., Jr., Lorge, I. et al.（1949）The Cornell Medical Index: An Adjunct to Medical Interview. The Journal of the American Medical Association, 140; 530-534.

Castaneda, A.（構成者），坂本龍生（日本版構成者）（1989）日本版児童用顕在性不安尺度 CMAS 使用手引．三京房，pp.5-6.

Cattell, R. B. & Scheier, I. H.（原著；1957），園原太郎・対馬忠・辻岡美延・対馬ゆき子（日本版共著者；1963）C. A. S. 不安診断検査解説書（改訂版）．東京図書．

Cattell, R. B. & Scheier, I. H.（1963）IPAT Anxiety Scale Questionnaire (Self-Analysis Form). Institute for Personality and Ability Testing.

Folstein, M. F., Folstein, S. E., McHugh, P. R. et al.（1975），杉下守弘（日本版訳著；2012）精神状態短時間検査—日本版 MMSE-J 使用者の手引．日本文化科学社．

福田和彦・小林重雄構成（W. W. Zung 原著）（1983）日本版 SDS 自己評価式抑うつ尺度使用手引．三京房，pp.3.）

Goldberg, D. P.（1972）The Detection of Psychiatric Illness by Questionnaire: A Technique for the Identification and Assessment of Non-psychotic Psychiatric Illness. Oxford University Press.

Gokdberg, D.（原著），中川泰彬・大坊郁夫（日本版作成）（2013）日本版 GHQ 精神健康調査票．日本文化科学社．

Hamilton, M.（1960）A rating scale for depression. Journal of Neurology, Neurosurgery & Psychiatry, 23; 56-62.

長谷川和夫（2005）長谷川式認知症スケール使用手引．三京房．

Hathaway, S. R. & McKinley, J. C.（原著者），Taylor, J. A.・阿部満州・高石昇（構成者）（1985）日本版 MMPI—顕在性不安検査使用手引改訂新版．三京房．

Heuchert, J. P. & McNair, D. M.（原著），横山和仁監訳・渡邊一久協力（2015）POMS2 日本語マニュアル．金子書房，pp.ix-x, 11-12, 135-155.

肥田野直・福原眞知子・岩脇三良・曽我祥子・Spielberger, C. D.（2000）新版 STAI マニュアル．実務教育出版．

金久卓也・深町健・野添信一（2001）日本版コーネル・メディカル・インデックス—その解説と資料（改訂増補版）．三京房．

Kearns, N. P., Cruickshank, C. A., McGuigan, K. J. et al.（1982）A comparison of depression rating scales. The British Journal of Psychiatry, 141(1); 45-49.

萬代隆監修（2001）QOL 評価法マニュアル—評価の現状と展望．インターメディカ．

MEDE 研究会／福井嗣泰編著（1995）MEDE マニュアル（新版）．千葉テストセンター．

三宅鑛一（1933）醫學的心理学．南江堂，pp.171-172.

中根允文・Williams, J. B. W.（2004）HAM-D 構造化面接 SIGH-D．星和書店．

大塚俊男・本間昭（1991）高齢者のための知的機能検査の手引き．ワールドランニング．

Sadock, B. J., Sadock, V. A. & Ruiz, P.（2015）Kaplan & Sadock's Synopsis of Psychiatry Behavioral Sciences / Clinical Psychiatry, 11th Edition. Wolters Kluwer.（井上令一監修，四宮滋子・田宮聡監訳（2016）カプラン臨床精神医学テキスト— DSM-5 診断基準の臨床への展開．メディカル・サイエンス・インターナショナル，pp.414, 435-438.）

坂野雄二・福井知美・熊野宏昭ほか（1994）新しい気分調査票の開発とその信頼性・妥当性の検討．心身医学，34-8; 630-636.

島悟（1998）NIMH/CES-D Scle［うつ病／自己評価尺度］．千葉テストセンター，pp.1-2, 5-6.

Shulman, K. I. & Feinstein, A.（2003）Quick Cognitive Screening for Clinicians — Mini mental, Clock Drawing and Other Brief Test. Taylor & Francis.（福井顯二監訳（2006）臨床家のための認知症スクリーニング— MMSE，時計描画検査，その他の実践的検査法．新興医学出

版社，pp.43-77.)
Spielberger, C. D.（原著），水口公信・下中順子・中里克治（日本版構成）（1991）日本版 STAI 状態・特性不安検査使用手引．三京房．
Sweetland, R. C. & Keyser, D. J. (eds.) (1963) IPAT Anxiety Scale (or Self-Analysis Form) In Tests, 2nd Edition. Test Corporation of America, pp.145.
高橋省己（1972）ベンダー・ゲシュタルト・テスト・ハンドブック増補版．三京房．
田中富士夫（1990）質問紙法．In：土居健郎・笠原嘉・宮本忠雄ほか編：異常心理学講座8 テストと診断．みすず書房，pp.19-22.
田崎美弥子・中根允文著（世界保健機関・精神保健と薬物乱用予防部編）（2007）WHO QOL 26 手引改訂版．金子書房．

第7章

質問紙法2と作業検査法

武山雅志

Keywords MMPI, NEO-PI-R, YG性格検査, TEG, MPI, 内田クレペリン精神検査, 経験的採点法, 特性論, 特性5因子モデル, エゴグラム

I MMPI

　MMPI（Minnesota Multiphasic Personality Inventory）は，ハッサウェイ Hathawayとマッキンレイ Mckinleyによって精神医学的診断に客観的な手段を提供する目的で作成され1943年に刊行されたパーソナリティ検査である。心理学や精神医学の教科書に記載されている情緒的・社会的態度に関する記述，問診用例，各種人格検査などから集めた1,000余りの文章を吟味して最終的に550項目を選んだ。MMPIの各尺度を作り上げるにあたり，すべての項目文章を患者群と非患者群に実施し，両群の回答方向に統計的な有意差があった項目をまとめるという経験的採点法を用いた。

　1950年代初めからわが国でもMMPIは多くの研究者により翻訳され使われてきた。その後，MMPI日本版を経て1993年10月にMMPI新日本版が完成した。

　MMPI新日本版の標準化においては従来からある日本語翻訳版9種類を参考にしながらも，より読みやすくわかりやすい表現になおし，さらに各項目の是認率をより原文におけるものに近づけるように努めた。被検者のサンプリングにあたっては，地方・性別・年齢・職業・教育歴についてそれぞれ1990年の国勢調査の結果に比例するように実施した。その結果，男性500名，女性522名の合計1,022名分のデータが標準化に用いられた。標準化データに関する詳細な分析はMMPI新日本版研究会（1997）を参照されたい。

　MMPI新日本版の適用対象者は15歳以上とされている。

　MMPI新日本版の実施は冊子式と呼ばれる形式とカード式と呼ばれる形式の2種類に大きく分けることができる。どちらにも550項目の記述があり，被検者に

第2部　代表的な心理検査の種類と内容

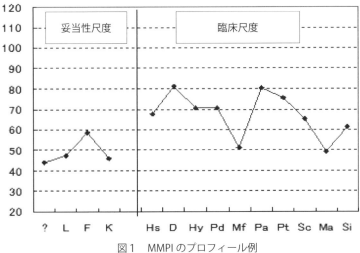

図1　MMPIのプロフィール例

はそれぞれが自分に「あてはまる」か「あてはまらない」のどちらか判断することを求められる。「どちらでもない」という判断は10個以内にとどめることが必要とされる。検査者はその結果を採点して図1のようなプロフィールを描き，解釈するという作業の流れになる。図1の左側に示されている4種類の尺度（?, L，F，K）が妥当性尺度であり，受検態度や人格特徴を示している。図1の右側にある10種類の尺度が臨床尺度であり，それぞれが違った意味を持っている。解釈の際には臨床尺度の中で最も上昇している2つの尺度を選んで2高点コードとし，その特徴を記述したグレイアム Graham（1985）やフリードマン Friedman ら（1999）を参照することになる。そして被検者の年齢や教育歴，その他の臨床情報などを加味して最終的な解釈としてまとめていくことになる。

　MMPIには基礎尺度（妥当尺度および臨床尺度）だけでなく450を超える追加尺度があるとともに，一部の臨床尺度には下位尺度が作られている。これらの尺度を用いてより詳細な解釈を進めることが可能となっている。

　次にMMPIの意義について述べていきたい。

　MMPIには上記のとおり回答時の受検態度を把握する妥当性尺度が設けられている。自分をより良く見せようとする被検者や自分の症状を誇張して訴える被検者を見分けるのに非常に役に立つ。また妥当性尺度の特徴が臨床尺度とともに，被検者の精神医学的診断の補助として重要な情報を与えている。

　MMPIに多くの追加尺度や下位尺度があることは前述したとおりである。これらを活用することで，一見同じように考えられるプロフィールでも異なる精神医

第7章　質問紙法2と作業検査法

学的診断の可能性を探ることが可能となっている。

　以上のように精神医学的診断補助としての役割や期待が大きいMMPIであるがわが国では使用頻度はそれ程高くない。この原因の一つに550という項目数の多さがあげられる。健常者でもすべて回答するのに60分前後を要する量である。基礎尺度のみを用いて解釈を行う場合には冊子式では383番目までの回答で終えることができる。ただし追加尺度等を活用するためには550項目すべてへの回答が必要となる。検査目的を考慮した上で，より深い解釈が必要な場合には550項目への回答が必要となるだろう。

　武山（2010, 2011）は，MMPI新日本版の550項目すべてと危機項目における採点方向へ回答した割合（以下，項目是認率と記す）を成人群と青年群で比較している。その結果，成人群と青年群の間で項目是認率の差が大きい項目があった。例えば「いつも何か不安を感じている」という項目では青年群の46.36％が「はい」と回答しているのに対して，成人群では14.99％に留まっていた。これらの結果は18歳までの青年には青年期基準の活用が必要であることを示唆している。

　MMPIの質問項目の表現が時代遅れになっている点や宗教的および性的内容への配慮によって削除された項目や新たに追加された項目等があり1989年に米国ではMMPI 2が完成した。また1992年には思春期の被検者に用いられるMMPI-Aが作成されている。しかしMMPI 2，MMPI-Aの日本版はまだ作られていない。

II　その他のパーソナリティ関係の質問紙法

1. NEO-PI-R

　あらゆる人に共通の性格特性があり，個人の性格はその量的な差にすぎないとした特性論をオールポートAllportが体系化して以来，さまざまな特性論が提唱されてきた。その特性論が近年，特性5因子モデルとして定説になり，5つの特性因子によって人の性格特徴は説明できるとされている。

　その5因子に基づいて，健康な成人の人格特性の5つの主要な次元を測定するために性格検査として尺度化されたのがRevised NEO Personality Inventory（以後，NEO-PI-Rと略記する）である。

　NEO-PI-Rの5因子，すなわち神経症傾向，外向性，開放性，調和性，誠実性それぞれは6つの下位次元から構成されている。NEO-PI-Rには全部で240項目の質問があり，それぞれに「非常にそうだ」から「全くそうでない」までの5件法で

の回答を求められる。240項目への回答の後,簡単な妥当性をチェックする3つの質問が用意されている。回答用紙は各因子および下位次元ごとに集計ができるように作られている。集計結果はプロフィールフォームに転記できるようになっており,素点からT得点が換算できるようになっている。プロフィールフォームには成人用と大学生用があり,それぞれに男女別のフォームが作られている。またNEO-PI-Rの短縮版としてNEO Five Factor Inventory（以後,NEO-FFIと略記する）が作られた。NEO-FFIは5つの主要な次元を代表とする各12項目,すなわち全60項目で構成されている。NEO-FFIにも成人用と大学生用が作られている。

日本版NEO-PI-Rの標準化にあたり1,000名以上の18歳から87歳の男女のデータを収集している。信頼性について,再検査信頼性はもとよりクロンバックのα係数においても高い内的整合性を示す結果が得られている。また妥当性に関しては因子的妥当性と基準関連妥当性が確認されている。因子的妥当性では因子負荷量が低いのは2つの下位次元のみでほぼ5因子解にあてはまっている。英語版と因子構造が一致するかを検討しており,1つの下位次元のみでやや一致係数は低かったがそれ以外は高い一致係数を得ることができている。基準関連妥当性においてはYG性格検査の下位尺度とのNEO-PI-Rの5つの因子の間での相関を調べている。神経症傾向と外向性の因子でYG性格検査の下位尺度との高い相関を得ている。

NEO-PI-Rはカウンセリングをはじめ,健康心理学や産業心理学の領域での応用が研究され,それぞれの領域での重要な補足資料となり得ることが実証されている。しかしNEO-PI-R自体が健康な成人を対象として開発されてきたこともあり,精神疾患の領域では十分な情報を提供できるものではないことが示されている。

2．YG性格検査

矢田部ギルフォード性格検査（以後,YG性格検査と略記する）はギルフォードGuilfordが考案した性格検査に基づいて,矢田部達郎,園原太郎,辻岡美延によりわが国で標準化された質問紙法である。

YG性格検査の特徴は何といっても実施や解釈が容易であるという点である。

YG性格検査は12の特性を測定する尺度から構成されている（表1）。12の尺度は10個の質問項目から構成されており,それぞれに「はい」「いいえ」「どちらでもない・わからない」のいずれかを選んで回答する3件法を用いる。

複写式になっている回答を尺度ごとに集計した上,プロフィールに転記する。5つの系統値を出した後にプロフィールの型の判定を行う。プロフィールの型は

第 7 章　質問紙法 2 と作業検査法

表 1　YG 性格検査の下位尺度と特性

下位尺度	特性
D 尺度（抑うつ性）	陰気・悲観的気分・罪悪感の強い性質
C 尺度（回帰性傾向）	著しい気分の変化・飽きやすい性質
I 尺度（劣等感）	自信の欠乏・自己の過小評価・不適応感が強い
N 尺度（神経質）	心配性・神経質・ノイローゼ気味
O 尺度（客観性）	空想性・過敏性・主観性
Co 尺度（協調性）	不満が多い・人を信用しない性質
Ag 尺度（攻撃性）	攻撃的・社会的活動性・ただしこの性質が強すぎると社会的不適応になりやすい
G 尺度（一般的活動性）	活発な性質・身体を動かすことが好き
R 尺度（のんきさ）	気軽な・のんきな・活発・衝動的な性質
T 尺度（思考的外向）	非熟慮的・瞑想的および反省的の反対傾向
A 尺度（支配性）	社会的指導性・リーダーシップのある性質
S 尺度（社会的外向）	対人的に外向的・社交的・社会的接触を好む傾向

大きく 5 つの型に分類される。すなわち A 型：平均型，B 型：不安定不適応積極型，C 型：安定適応消極型，D 型：安定積極型，E 型：不安定不適応消極型である。

　YG 性格検査はその質問項目が 120 と少なく被検者の負担も少ないことが特徴としてあげられる。また実施方法や結果の整理基準も明確であり解釈を進めるのにも特別な技術を要しない。しかし質問項目の内容がわかりやすいがゆえに，被検者の受検態度による回答の歪みが生じやすいという点が懸念される。そのため採用試験のような実施状況では，多くの被検者が D 型や A 型をとるような結果となり，被検者の性格が本当にバランスのとれた積極的なものなのか，自分をよく見せようという態度で回答しているのかの区別がつきにくい結果となってしまう。

3．TEG

　東大式エゴグラム（Tokyo University Egogram，以後 TEG と略記する）は交流分析理論に基づいて考案されている。交流分析では人は誰でも 3 つの自我状態を持っていると考える。すなわち両親あるいは養育者から取り入れた「親の自我状態（P）」，事実に基づいて客観的かつ理論的に物事を理解し判断しようとする「大人の自我状態（A）」，子どもの頃に実際に感じたり行動したりした「子どもの自我状態（C）」である。P は父親的な役割を担う批判的な親の自我状態（CP）

103

と，母親的な役割を担う養育的な親の自我状態（NP）に区分される。Cは生まれたままの自然な姿である自由な子ども（FC）と親の影響を受けた順応した子ども（AC）に区分される。

エゴグラムを客観的に評価できるものとしてTEGの初版が作成され，項目内容を変更して新版TEGが作られた。その後，さまざまな要望を取り入れた形で新版TEG Ⅱが出版される形となった。

新版TEG Ⅱの特徴はエゴグラムを客観的に評価しやすい形にしている点である。その上で項目内容をわかりやすく採点しづらさを減らすように改良を重ねたことである。新版TEGの開発に際しては，男性692名（平均年齢34.6歳，標準偏差14.6歳）と女性529名（平均年齢29.2歳，標準偏差13.8歳）を対象として用いている。5尺度それぞれに15項目を作成した上で，内的整合性を高めるために各尺度10項目になるまで抽出を繰り返している。また共分散構造分析を用いて構成概念妥当性を確認している。

新版TEG Ⅱの意義は交流分析理論の5つの自我状態からパーソナリティを客観的に捉えることができる点にある。そして自己変容へのアプローチを具体的に示している点が被検者には大いに参考になる。そのため心療内科をはじめ教育，司法，産業など幅広い領域で活用されている。

ただ交流分析理論の枠組みだけでは捉えきれない状態もあり，その理解を深めるためには他の性格検査等とのバッテリーによって補う必要があるものと考える。

4．MPI

モーズレイ性格検査（Maudsley Personality Inventory；以後MPIと略記する）はアイゼンクEysenckの特性論に基づいて神経症的傾向と外向性－内向性という2つの特性を測定するものとして開発された。アイゼンク（1959）は神経症的傾向（N尺度）については「情動（感情・情緒）の過敏性を示す傾向であって，わずかなストレスに対しても容易に神経症的混乱をひき起こすような人たちにみられる性格特徴であって，いわゆる神経質で落ちつきのない，いつでも緊張している人柄と印象づけられる，情緒不安定な性格特徴を示す」と述べている。また外向性－内向性（E尺度）については「外向性性格とは，社交的・開放的で動作や感情の表現にためらいのない傾向のことをいい，いわゆる人づきあいのよい陽気な性格をあらわし，ときのはずみで行動する衝動的な特徴を示す。それと反対に引っ込み思案で人とのつきあいを避けるような特徴を内向性という。内向型の人

は落ち着いていて，内省的で秩序だった生活様式を好む」と述べている。アイゼンクは項目分析の結果，両特性それぞれを24の質問から構成している。

日本版MPIにおいては上記の48項目に虚偽発見尺度（L尺度）20項目と緩衝項目12項目を加えて全部で80項目の尺度として開発されている。虚偽発見尺度とは一般に社会的に望ましい，あるいは好ましい行為と認められているが，実際には実行できそうにないことについて尋ねているもので，回答の妥当性を見るものである。緩衝項目は採点には使われない項目であり，矛盾した回答を見つけ出す役割を持っている。被検者は80項目の質問に対して「はい」「？」「いいえ」の3件法で回答する。

日本版MPIの標準化は男子大学生418名と女子大学生433名を用いて行われた。男女別の得点分布やN尺度とE尺度の相関が求められた。日本版MPIにおいてもMPI原版と同様に折半法，再検査法等によって高い信頼性が確認されている。また日本版MPIではYG性格検査やMMPI，田研式向性検査等の各下位尺度との相関係数を求め基準関連妥当性を確認している。

特性論においては抽出された性格特性そのものが必要十分なものなのかという問題が議論されてきた。NEO-PI-Rのところでも述べたが最近では特性5因子モデルが定説となっている。その中にもMPIで取り上げた神経症的傾向と外向性－内向性という特性が含まれており，それを性格検査として作成している意義は大きいと考える。ただ2つの特性だけでパーソナリティ全体を記述していくのは限界があり，その点への配慮をしなければならないことを付け加えておく。

III 作業検査法（内田クレペリン精神検査）

作業検査法は被検者に一定の作業をさせ，そこでの実際の行動や作業経過，結果から性格を測定しようとする方法である。作業検査法の中でも最もよく使われているのが内田クレペリン精神検査である。

内田クレペリン精神検査はクレペリンKraepelinの連続加算作業をもとに，内田勇三郎が作業検査とし完成したものである。内田はさまざまな精神疾患患者等に連続加算を実施して得た作業曲線の特徴に共通性があることを，さらに健常者の作業曲線は精神疾患患者とは異なる共通の一定の曲線型があることを見出した。

内田クレペリン精神検査では，たくさんの1桁の数字が印刷された検査用紙を用いる。被検者は第1行目から合図にしたがって隣同士の数字を加算しその答えを間に書き込んでいく。その際に答えが10以上になる場合は1位の数字のみを

第2部 代表的な心理検査の種類と内容

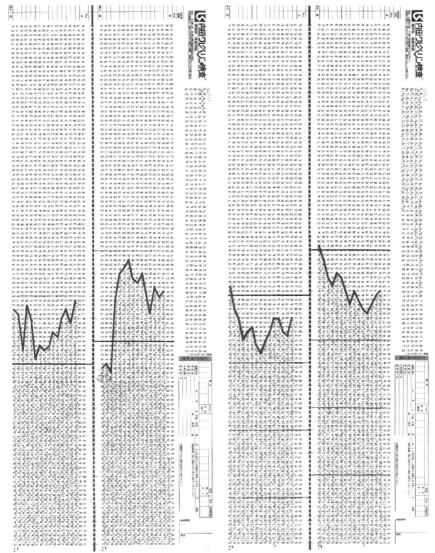

図2　内田クレペリン精神検査の定型曲線と非定型曲線の例（「クレペリン精神検査曲線型図例集」（日本・精神技術研究所資料より）

第7章 質問紙法2と作業検査法

書いていく。合図に従って1分ごとに行をかえていく。15分間の加算の後，5分間の休憩を入れ，その後また15分間の加算作業を行う。

内田クレペリン精神検査では「全体の作業量の水準はどうか」「曲線の型はどうか」「誤りの量や現れ方はどうか」といった3点から評価し，図2に示すように定型か非定型かを区別する。作業量は5つの段階に分けられ，さらに曲線の型や誤りの状態からそれぞれ2～6の類型に分類される。作業量の高低は，知能や作業の処理能力，活動のテンポ，意欲，気働きなどの高低がわかるとされている。曲線の型と誤りの数や現れ方からは，性格・行動ぶり・仕事ぶりといった面の特徴や偏り等の程度がわかるとされている。

内田クレペリン精神検査は産業や教育現場をはじめ，医療や相談機関また適性検査として多くの場面で利用されており，幅広い領域でのニーズがあることを反映しているものと考えられる。

内田クレペリン精神検査に関する多くの研究成果が発表されている。その中で生和（1971, 1972）は作業量については繰り返し実施することで増加するものの，個人差の指標としては極めて安定していることと，作業曲線については3, 4回の繰り返しの後に初めて安定するため，1回の実施で得られた作業曲線をその個人に特有な曲線と判断することには疑問を呈している。

◆学習チェック表
☐ 質問紙法の種類について理解している。
☐ 各質問紙法の成り立ちについて理解している。
☐ 各質問紙法の特徴について理解している。
☐ 各質問紙法の意義と限界について理解している。
☐ 作業検査の特徴について理解している。

より深めるための推薦図書

Friedman, A. F., Webb, J. T., & Lewak, R.（1989）Psychological Assessment with the MMPI. New Jersey; Lawrence Earlbaum Associates.（MMPI新日本版研究会訳（1999）MMPIによる心理査定．三京房．）

Graham, J. R.（1977）The MMPI: A Practical Guide. New York; Oxford University Press.（田中富士夫訳（1985）MMPI臨床解釈の実際．三京房．）

Nittle, D.（2007）Personality: What Makes You the Way You Are. New York; Oxford University Press.（竹内和世訳（2009）パーソナリティを科学する―特性5因子であなたがわかる．白揚社．）

辻岡美延（2000）新性格検査法― YG性格検査 応用・研究手引．日本心理テスト研究

所.

文　献

Eysenck, H. J. (1959) Mudsley Personality Inventory. London; University of London Press.（MPI研究会訳編（1964）モーズレイ性格検査手引．誠信書房.）

Friedman, A. F., Webb, J. T., & Lewak, R. (1989) Psychological Assessment with the MMPI. New Jersey; Lawrence Earlbaum Associates.（MMPI新日本版研究会訳（1999）MMPIによる心理査定．三京房.）

Graham, J. R. (1977) The MMPI: A Practical Guide. New York; Oxford University Press.（田中富士夫訳（1985）MMPI臨床解釈の実際．三京房.）

MMPI新日本版研究会編（1997）MMPI新日本版の標準化研究．三京房．

生和秀敏（1971）内田クレペリン精神作業曲線の検査反復にともなう変化について．心理学研究，42; 152-164.

生和秀敏（1972）内田・クレペリン精神作業曲線の因子分析的研究― PO-技法の適用による個人内変異の検討．心理学研究，43; 176-187.

武山雅志（2010）危機項目の項目是認率に年齢が及ぼす影響．MMPI研究・臨床情報交換誌，20; 7-13.

武山雅志（2011）MMPI新日本版における青年と成人の項目是認率の違い．MMPI研究・臨床情報交換誌，21; 1-9.

第8章　知能検査

大六一志

> **Keywords**　田中ビネー知能検査V，WPPSI-III，WISC-IV，WAIS-IV，K-ABC-II，DN-CAS，CHC理論

　知能検査とは，知能を測定する検査である。

　知能には諸定義が存在するが，代表的な定義の一つは次の通りである。「知能とは知的能力の総体であり，特に，推論し，計画し，問題を解き，抽象的に考え，複雑な観念を理解し，敏速に学習し，経験から学習する能力が含まれる」(Gottfredson, 1997)。このような定義から，知能検査は，対象者に何らかの問題を解かせることによって能力を調べる様式をとるのが一般的である。

　知能検査は，就学時健診などでスクリーニングに用いられる集団実施タイプのものと，対象者と検査者が1対1で実施し，個人の特徴を詳細に検討できる個別実施タイプのものに大別できる。前者は実施時間が短く，さほど実施技術を問われないが，得られる結果もおおまかな能力水準程度にとどまる。これに対し後者は，実施に30～90分を要し，実施には一定以上の技術が必要となる。

　本章では代表的な個別実施タイプの知能検査について解説する。

I　ビネー式知能検査

　ビネーBinet, A.によって開発された最古の知能検査の考え方を踏襲する検査を，ビネー式知能検査という。

　日本における代表的なビネー式検査は，2003年に刊行された田中ビネー知能検査V（ファイブ）であり，1947年に刊行された田中びねー式智能検査の改訂第5版である。療育手帳の判定の資料などに広く用いられている。対象年齢は2歳～成人であり，所要時間は40～90分である。2～13歳ではオムニバス形式で多様な課題を実施し，知能の発達水準を示す精神年齢と，精神年齢÷生活年齢×100で求めるIQ（知能指数）とが算出される。能力の個人内差を数値で示すこと

第2部 代表的な心理検査の種類と内容

はできない。一方，14歳以上では17種類の下位検査を実施し，総合DIQ（偏差知能指数）の他に，結晶性（知識のこと），流動性（直観推理のこと），記憶，論理推理という領域別DIQが算出される。

　一般的にIQは平均が100になるように作られるものであるが，田中ビネーVでは2〜10歳で平均が110〜120程度になるように作られており，検査結果の解釈においては留意する必要がある。

II　ウェクスラー式知能検査

　ウェクスラー Wechsler, D. によって開発された知能検査のシリーズをウェクスラー式知能検査といい，主に就学前の子どもに用いられるWPPSI（Wechsler Preschool and Primary Scale of Intelligence），主に小中学校の児童生徒に用いられるWISC（Wechsler Intelligence Scale for Children），青年から成人に用いられるWAIS（Wechsler Adult Intelligence Scale）がある。日本では2019年の時点で，WPPSIは第3版WPPSI-III，WISCは第4版WISC-IV，WAISは第4版WAIS-IVが用いられている。30カ国以上で，ほぼ共通の仕様で作成されていることから，海外の検査結果を日本で読みとったり，逆に日本での検査結果を海外に伝えたりすることが可能である。

　いずれの検査も下位検査と呼ばれる十数種類の課題で構成されており，各下位検査の得点（粗点という）を，平均10，標準偏差3で統一された評価点に変換することにより，下位検査どうしを比較することができる。また，評価点を集計してIQや指標得点（index score）などの合成得点を求めることにより，強いあるいは弱い知能領域を知ることができる。合成得点は，平均100，標準偏差15で統一されている。知能の領域の個人内差を調べることができることから，知的障害のみならず，発達障害や高次脳機能障害の能力特性の検討に用いることができる。そのため，日本の知能検査の中では，最もよく用いられる検査となっている。

　WPPSI-IIIの対象年齢は2歳6カ月〜7歳3カ月であるが，2歳6カ月〜3歳11カ月と4歳0カ月〜7歳3カ月では構成が異なる。2歳6カ月〜3歳11カ月は，表1に示した5つの下位検査で構成される。このうち4つの基本検査は実施が必須であり，補助検査1つは必要に応じて実施する。所要時間は40分程度。一方，4歳0カ月〜7歳3カ月は，表2に示した14の下位検査で構成される。このうち7つの基本検査はIQ算出のためには実施が必須である。また，3つの指標得点をすべて算出するためには，基本検査7つに記号探しを加えた8つの実施が

第 8 章　知能検査

表 1　WPPSI-III の構成（2 歳 6 カ月～ 3 歳 11 カ月）

指標得点／ 総合得点		全検査 IQ（FSIQ）		
		語彙総合 （GLC）	言語理解 （VCI）	知覚推理 （PRI）
下位検査	基本検査	1 ことばの理解		2 積木模様
			3 知識	4 組合せ
	補助検査	5 絵の名前		

下位検査名に付されている数字は実施順序
補助検査「絵の名前」は通常，IQ や指標得点の算出に関与しない
補助検査「絵の名前」は基本検査「ことばの理解」に代替し得る

必須である。記号探し以外の補助検査，およびオプション検査は，必要に応じて実施する。

　WISC-IV の対象年齢は 5 歳 0 カ月～ 16 歳 11 カ月，所要時間は 60 ～ 90 分。表 3 に示した 15 種類の下位検査で構成されている。このうち 10 の基本検査は実施が必須であり，補助検査 5 つは必要に応じて実施する。補助検査を全く実施しなくても支障はないが，2 つ程度選んで実施することが推奨されている。5 つ全て実施することは推奨されない。

　WAIS-IV の対象年齢は 16 ～ 90 歳，所要時間は 70 ～ 100 分。表 4 に示した 15 種類の下位検査で構成されている。このうち 10 の基本検査は実施が必須であり，補助検査 5 つは必要に応じて実施する。WISC-IV と同様，補助検査は 2 つ程度選んで実施することが推奨されている。

　ウェクスラー式知能検査の結果を解釈する際に中心となるのは，合成得点（IQ，指標得点，総合得点）である。各指標得点は，表 1 ～ 4 において当該指標の下に書かれている下位検査の評価点を合計し変換することにより求められる。また，IQ は，全指標に属する下位検査の評価点を合計し変換することにより求められる。WPPSI-III の語彙総合得点は，表 1 ～ 2 における「ことばの理解」「絵の名前」の評価点を合計し変換することにより求められる。IQ および指標得点の算出には，通常は基本検査の評価点が用いられるが，基本検査の実施に不備があった場合などは補助検査で代替することもある。

　IQ および指標得点の意味を，表 5 にまとめた。

第2部　代表的な心理検査の種類と内容

表2　WPPSI-III の構成（4歳0カ月〜7歳3カ月）

| 指標得点／総合得点 | | 全検査 IQ（FSIQ） | | | |
		言語理解（VCI）	知覚推理（PRI）	処理速度（PSI）	語彙総合（GLC）
下位検査	基本検査	2 知識 4 単語 7 語の推理	1 積木模様 3 行列推理 5 絵の概念	8 符号	
	補助検査	9 理解 11 類似	10 絵の完成 13 組合せ	6 記号探し（指標算出には必須）	
	オプション検査				12 ことばの理解 14 絵の名前

下位検査名に付されている数字は実施順序
補助検査は通常，IQ の（言語理解，知覚推理については指標得点も）算出に関与しない

表3　WISC-IV の構成

| 指標得点 | | 全検査 IQ（FSIQ） | | | |
		言語理解（VCI）	知覚推理（PRI）	ワーキングメモリー（WMI）	処理速度（PSI）
下位検査	基本検査	2 類似 6 単語 9 理解	1 積木模様 4 絵の概念 8 行列推理	3 数唱 7 語音整列	5 符号 10 記号探し
	補助検査	13 知識 15 語の推理	11 絵の完成	14 算数	12 絵の抹消

下位検査名に付されている数字は実施順序
補助検査は通常，IQ や指標得点の算出に関与しない

表4　WAIS-IV の構成

| 指標得点 | | 全検査 IQ（FSIQ） | | | |
		言語理解（VCI）	知覚推理（PRI）	ワーキングメモリー（WMI）	処理速度（PSI）
下位検査	基本検査	2 類似 5 単語 9 知識	1 積木模様 4 行列推理 8 パズル	3 数唱 6 算数	7 記号探し 10 符号
	補助検査	13 理解	12 バランス * 15 絵の完成	11 語音整列 *	14 絵の抹消 *

下位検査名に付されている数字は実施順序
補助検査は通常，IQ，指標得点の算出に関与しない
* 16 〜 69 歳

第8章　知能検査

表5　WPPSI-III, WISC-IV, WAIS-IV における合成得点の解釈

尺度名		主要な解釈
全検査 IQ（FSIQ）		全体的知的発達水準を示す。境界域（70〜79）より低い場合や，非常に高い場合は，知的発達水準に合わせた課題設定が必要。
指標得点	言語理解（VCI）	①言語の理解力および表現力の水準を示す。文法スキルやことばの流暢性などは得点に反映されにくい。 ②習得された知識や語彙力（ことばの概念）の水準を示す。日常生活や教育を通して身につく部分が大きく，それゆえ文化の影響が大きいと考えられている。
	知覚推理（PRI）	①流動性能力（非言語的な推理能力）の水準を示す。洞察力や基礎知識の応用力，直観的思考力などを含む。算数・数学の学力の基盤となることもある。 ②視覚認知の水準を示す。絵や図形の認知障害，視機能の問題などがあると低下する可能性がある。
	ワーキングメモリー（WMI） ※ WPPSI-III にはない	①聴覚的ワーキングメモリーの水準を示す。ワーキングメモリーとは，課題遂行中や活動中に目標・目的を保持し，妨害等あっても脱線せずにゴールに向かうための記憶力であるとともに，課題や活動が終わったらただちにリフレッシュされるものである。 ②（主に WISC で）音韻情報処理スキルの水準を示す。音韻情報処理スキルとは，ことばの音の側面をとらえる（音を正確に分析する）スキルであり，読み書きの基礎となる。
	処理速度（PSI）	①作業を手際よく速やかに進める力の水準を示す。 ②単調な反復作業において集中力や動機づけを安定して維持する力の水準を示す。多動衝動を示し注意がそれやすい人では，この力が低いことが多い。 ③筆記スキルや視覚運動協応，視覚的短期記憶などの水準を示す。書字を苦手とする人は，この力が低いことが多い。

III　その他の検査

　ビネー式知能検査やウェクスラー式知能検査のように 50 年以上の伝統をもつ検査は，現在でも知能検査と称している。これに対し，1980 年代以降に開発された検査は，知能理論に準拠して作られているにもかかわらず，検査の名称に「知能検査」を冠することや，IQ という名称の指標を設けることを避けている。こうした検査の代表であり，日本でも用いられているものに，KABC-II や DN-CAS がある。

1．KABC-II

カウフマン Kaufman, A. によって 1983 年に開発された K-ABC（Kaufman Assessment Battery for Children）の改訂第 2 版である。知能の種類よりも情報処理様式の測定に主眼を置いており，また，基礎的な認知能力と，それを基盤として習得された知識や能力を区別して測定する。米国版 KABC-II では習得的側面は他検査 KAIT に移され，KABC-II は認知尺度のみの検査となったが，日本には習得的側面を測定する検査が存在しなかったことから，習得尺度という形で残された。

対象年齢は 2 歳 6 カ月〜 18 歳 11 カ月であり，所要時間は 2 歳半〜 4 歳で 30 分，5 〜 6 歳で 60 〜 70 分，7 〜 18 歳で 80 〜 120 分程度である。日本版の下位検査は，20 種類あり，うち認知尺度は 11（表 6-1），習得尺度は 9（表 6-2）の下位検査で構成されている。各下位検査では，ウェクスラー式知能検査と同様，平均 10，標準偏差 3 の評価点が算出される。

結果を解釈する際に中心となるのは尺度である。各尺度は，表 6-1，表 6-2 において当該尺度の下に書かれている下位検査の評価点を合計し変換することにより求められる。また，認知尺度の 11 下位検査から認知総合尺度，習得尺度の 9 下位検査から習得総合尺度，CHC モデルの方は「絵の統合」を除く 19 下位検査から CHC 総合尺度が求められる。尺度の得点は，ウェクスラー式知能検査の合成得点と同様，平均 100，標準偏差 15 の標準得点になっている。

検査結果の解釈には，カウフマンモデル，CHC モデルという 2 つの理論的枠組みが用意されており（表 7），検査者は受検者の特性を適切に反映すると思われるモデルを選んで解釈する。

カウフマンモデルでは，第一に認知と習得のバランスを見る。認知が習得に生かされていれば両者のバランスはよく，一方，認知が習得に生かされていなければ認知尺度に比べ習得尺度の得点が低くなる。次に，認知尺度に含まれる継次処理，同時処理，学習能力，計画能力の中から，得意分野を見出し，学習の促進に役立てるのである。

CHC モデルでは，知能の種類の理論である CHC 理論に準拠して 7 領域の知能を測定し，その得意，不得意を検討できるようになっている。

2．DN-CAS

ダス Das, J. P. およびナグリエリ Naglieri, J. A. によって開発された CAS（Cognitive Assessment System）の日本版である。適用年齢は 5 歳 0 カ月〜 17 歳

第8章　知能検査

表 6-1　KABC-II の構成（認知尺度）

カウフマン モデル	認知総合尺度			
	継次尺度	同時尺度	計画尺度	学習尺度
CHC モデル	短期記憶 （Gsm）	視覚処理 （Gv）	流動性推理 （Gf）	長期記憶と検索 （Glr）
下位検査	M4 数唱 M9 語の配列 M11 手の動作	M2 顔さがし M5 絵の統合 （視覚処理には含まれない） M7 近道さがし M8 模様の構成	M3 物語の完成 M10 パターン推理	M1 語の学習 M6 語の学習遅延

下位検査名に付されている数字は実施順序，M は認知尺度であることを示す
CHC モデルの尺度名に付されている（　）の中は，CHC 理論における略記号を示す

表 6-2　KABC-II の構成（習得尺度）

カウフマン モデル	習得総合尺度			
	語彙尺度	読み尺度	書き尺度	算数尺度
CHC モデル	結晶性能力 （Gc）	読み書き （Grw）		量的知識 （Gq）
下位検査	A1 表現語彙 A3 なぞなぞ A9 理解語彙	A5 ことばの読み A7 文の理解	A6 ことばの書き A8 文の構成	A2 数的推論 A4 計算

下位検査名に付されている数字は実施順序，A は習得尺度であることを示す
CHC モデルの尺度名に付されている（　）の中は，CHC 理論における略記号を示す

11 カ月であり，所要時間は 60 ～ 100 分。12 の下位検査を実施し，全検査標準得点の他に，PASS 理論に対応した 4 領域（継次処理，同時処理，注意，プランニング）の標準得点が算出される。

　ADHD では注意やプランニングが低く，発達性読み書き障害では継次処理が低いなど，ウェクスラー式知能検査や KABC-II では測定できない側面から各種障害の特徴を見出し，トレーニングにつなげることができる。

IV　知能検査の使用における留意点

1．知能検査の目的

　20 世紀までは，知能検査を実施する目的は，知的障害や学習障害の診断・判定であった。しかし，21 世紀に入ってから，世界的にみると，知的障害の診断では

表7　KABC-II における標準得点の解釈（大六, 2015, p.44）

Kaufman モデル			CHC モデル	
尺度名		主要な解釈	尺度名	主要な解釈
認知尺度	認知総合	文化的知識の影響を受けにくい基礎的な認知能力の水準を示す。これは，言語や読み書き，数の学習の基盤となる能力であり，以下の4領域が含まれる。		
	継次	視覚や聴覚を通して得られた情報を，時間軸に沿って順番にまとめ上げて処理する能力の水準を示す。作業手順について口頭で順を追って説明されるのを聞いたり，九九などを唱えながら暗記したり，テキストを音読したりする際に，この能力が必要となる。	短期記憶（Gsm）	視覚や聴覚を通して得られた情報を一時的に保持し，必要な作業が終わったらその情報を消去する能力の水準を示す。ウェクスラー式知能検査のワーキングメモリー指標と同様の能力を測定していると考えられる。
	同時	視覚（や聴覚）を通して得られた断片的な情報をまとめ上げ，全体として統合的に処理する能力の水準を示す。ことばによる断片的な説明から全体像を思い浮かべたり，図形や地図などの全体像を認知したりする際に，この能力が必要となる。	視覚処理（Gv）	視覚刺激やパターンを知覚・認知し，必要に応じて心的回転する能力の水準を示す。ウェクスラー式知能検査における知覚推理指標の②の解釈と同様の能力を専門的に測定していると考えられる。
	計画	時系列的あるいは空間的な文脈を読み取り，不足している情報を的確に補う能力の水準を示す。課題の解決法を模索する際に，この能力が必要となる。	流動性推理（Gf）	主として非言語的で新奇な問題を推理して解決する能力の水準を反映。応用力，洞察力，直観的思考力などにも関係する。ウェクスラー式知能検査における知覚推理指標の①の解釈と同様の能力を専門的に測定していると考えられる。
	学習	物の名称（視覚刺激と音声刺激の対）を効率的に学習し保持する能力の水準を示す。実施される課題は名称の学習であるが，概念や解決法の学習とも関連すると考えられる。	長期記憶と検索（Glr）	学習した情報を保持し，必要に応じて検索する能力の水準を示す。

表7 つづき

習得尺度	習得総合	学校での学習の基礎となる語彙力，読み書き，計算スキルの水準を示す尺度で，以下の4領域が含まれる。		
	語彙	表出語彙，理解語彙，およびそれらの概念の習得水準を示す。	結晶性能力（Gc）	語彙力や概念などの習得された言語的知識の水準を示す。ウェクスラー式知能検査における言語理解指標の②の解釈と同様の能力を測定していると考えられる。
	算数	算数の計算問題や文章題の習得水準を示す。	量的知識（Gq）	数学的知識および数学的推論の水準を示す。
	読み	単語の音読，および短文の読解の習得水準を示す。	読み書き（Grw）	単語および文章の読み書き，および文法活用の水準を示す。
	書き	単語の書き取り，および短文の筆記の習得水準を示す。後者には若干の文法スキルや文構成のスキルも含まれる。		
			CHC総合	KABC-II全体を1つにまとめた水準を示す。ウェクスラー式知能検査よりカバーする知能領域が2つ多く，それゆえ FSIQ 以上に IQ らしい尺度ともいえるかもしれない。

知能よりも適応スキルが重視されるようになっている（日本は遅れている）。また，学習障害の研究の進展に伴い，その特性を直接アセスメントして早期発見するようになった。そのため，知能検査の目的は，もはや診断や判定ではなくなっている。

　今日，知能検査に求められる役割は，対象者の問題の能力的原因，およびその対応策を明らかにすることになっている。したがって，検査後に対象者やその支援者に伝えなければならないことは，問題の原因と対応策である。

　問題の原因と対応策を明らかにするためには，知能検査が何を測定し，何は測定できていないのかを，検査者が明確に理解していなければならない。そのため，今日の知能検査は，理論とエビデンスに基づいて作成されるようになっている。

第2部　代表的な心理検査の種類と内容

表8　CHC 理論の構造と，WISC-IV，WAIS-IV，WPPSI-III，KABC-II との対応関係

CHC 理論の 第Ⅱ層（広域能力）	WISC-IV， WAIS-IV の指標	WPPSI-III の指標	KABC-II の CHC 尺度
結晶性能力（Gc）	言語理解〔VCI〕	言語理解〔VCI〕	結晶性能力（Gc）
流動性推理（Gf）	知覚推理〔PRI〕	知覚推理〔PRI〕	流動性推理（Gf）
視覚処理（Gv）			視覚処理（Gv）
聴覚処理（Ga）	―	―	
短期記憶（Gsm）	ワーキングメモリー〔WMI〕	―	短期記憶（Gsm）
長期記憶と検索（Glr）	―	―	長期記憶と検索（Glr）
読み書き（Grw）	―	―	読み書き（Grw）
数量の知識（Gq）	―	―	量的知識（Gq）
処理速度（Gs）	処理速度〔PSI〕	処理速度〔PSI〕 ※4〜7歳のみ	―
反応・判断速度（Gt）	―	―	

大六（2019）p.77 を改変
（　）内のアルファベットは CHC 理論における略記号
〔　〕内はウェクスラー知能検査における指標得点の略表記

2．CHC 理論（CHC theory）

　今日の知能検査の多くは，この CHC 理論に準拠して作成されている。

　CHC 理論とは，知能の種類を徹底的に整理した理論であり，キャッテル Cattell, R. B. －ホーン Horn, J. L. の理論，およびキャロル Carroll, J. B. の理論を基盤としていることから，これら三者の頭文字を取り CHC 理論と呼ばれている（McGrew, 1997）。

　CHC 理論では知能は三層構造に整理されている。すなわち，細分化された能力（narrow ability）である第Ⅰ層，それらをある程度とりまとめた広域能力（broad ability）である第Ⅱ層，そして，全能力を1つに集約した一般知能因子 g である第Ⅲ層である。特に第Ⅱ層である広域能力は，ウェクスラー式知能検査における指標得点や，KABC-II における CHC 尺度などの理論的基盤となっている。広域能力とこれらの検査の得点との対応関係を，表8にまとめた。

　表8を見ると，WISC-IV と KABC-II をともに実施することにより，10の広域能力のうち8つを測定できることがわかる。しかし，両検査を実施したとしても，聴覚処理（Ga）は測定できないことがわかる。この聴覚処理（Ga）には，読み書

きの基礎過程である音韻意識や語音弁別が含まれている。したがって、これらの能力が原因で発達性読み書き障害になっている場合、WISC-IV には何も徴候が現れず，KABC-II でも読み書き（Grw）以外に徴候は現れないことになる。知能検査の役割が，問題の原因を明らかにすることであるとすると，聴覚処理（Ga）が測定できる音韻検査などを追加で実施するべきであるということになる。

3．フリン効果（Flynn effect）

知能検査には，特に有効期限があるわけではないが，刊行後 20 年以上経過した検査の使用はお勧めできない。なぜなら，知能検査の得点では，時間の経過とともに甘くなっていく，フリン効果という現象が知られているからである。例えばIQ については，その平均が 1 年につき 0.3 点ずつ上昇していくのである（Flynn, 1984）。

この現象の原因については，明らかになっていない。非言語性の推理能力の検査において特に上昇が顕著であり，一方，算数や語彙力のような知識を問う検査においては上昇は少ないことから，検査問題が世間に知られてしまった可能性は低いと考えられる。

4．結果の解釈

どの検査でも，数値の解釈は一義的に決まっているわけではない。ウェクスラー式知能検査の指標得点の解釈（表5）では特にその点を意識して複数の解釈を記載してあり，また，KABC-II でも 2 つの解釈モデルが用意されている（表7）。受検者にあてはまるのがどの解釈であるかは，数値だけで決めることはできない。解答の内容や検査中の行動，日常生活の様子，背景情報など，質的情報に照らして解釈が決定される。

◆学習チェック表
□ 日本で使われている代表的な個別実施タイプの知能検査について，その構成および代表的な解釈を理解した。
□ 知能検査の実施目的について理解した。
□ CHC 理論の意義や知能検査との関係について理解した。

より深めるための推薦図書
大六一志（2016）CHC（Cattell-Horn-Carroll）理論と知能検査・認知検査―結果解釈のために必要な知能理論の知識. LD 研究，25(2); 209-215.

Deary, I. (2001) Intelligence: A very short introduction. Oxford University Press.（繁桝算男訳（2004）知能．岩波書店．）

Kaufman, A., Lichtenberger, E. O., Fletcher-Janzen, E., & Kaufman, N. L. (2005) Essentials of KABC-II assessment. Wiley.（藤田和弘・石隈利紀・青山真二・服部環・熊谷恵子・小野純平（2014）エッセンシャルズ KABC-II による心理アセスメントの要点．丸善出版．）

上野一彦・松田修・小林玄・木下智子（2015）日本版 WISC-IV による発達障害のアセスメント：代表的な指標パターンの解釈と事例紹介．日本文化科学社．

文　献

大六一志（2015）知的水準・認知特徴のアセスメント．In：黒田美保編著：これからの発達障害のアセスメント：支援の一歩となるために．金子書房，pp.39-47.

大六一志（2019）障害児・障害者のためのアセスメント技法 2：検査法．In：大六一志・山中克夫編：改訂新版障害児・障害者心理学特論：福祉分野に関する理論と支援の展開．放送大学教育振興会，pp.70-85.

Flynn, J. R. (1984) The mean IQ of Americans: Massive gains 1932 to 1978. Psychological Bulletin, 95; 29-51.

Gottfredson, L. S. (1997) Mainstream science on intelligence. Intelligence, 24; 13-23.

McGrew, K. S. (1997) Analysis of the major intelligence batteries according to a proposed comprehensive CHC framework. In: Flanagan, D. P., Genshaft, J. L., & Harrison, P. L. (Eds.): Contemporary Intellectual Assessment: Theories, Tests and Issues. New York; Guilford Press, pp.151-180.

第9章

発達検査

明翫光宜

> Keywords　発達教育，発達障害，発達のアセスメント，津守・稲毛式発達検査，遠城寺式乳幼児分析的発達検査法，KIDS，TASP，K式発達検査，DAM，VinelandⅡ適応行動尺度，ASEBA，MSPA，Conners3，ADHD-RS

I　発達のアセスメントとは

　近年，発達障害研究の進歩とともに，発達のアセスメントがより重要視されるようになってきている。それは発達障害が従来よりも多く存在するということ，発達障害の早期発見・早期療育が予後を良好にするという知見が報告されるようになったからである。発達障害とはひとつの受精卵からヒトとして完成するまでの過程を発達とすれば，その発達の初期の段階でなんらかの原因によって発達が阻害され，認知，言語，社会性，運動などの機能の獲得が障害された状態と定義されている（椎原，2001）。発達障害の子どもたちの適切な支援を考える際に発達のアセスメントは重要である。

　発達のアセスメントも発達指数といった大まかな把握から，より細分化された各領域の育ちについて把握するようになっている。なぜなら子どもの発達にはさまざまな領域があり，その育ちの遅れ・苦手特性には対応する発達障害の医学的診断が存在するためである。発達検査は，その領域の発達のアセスメントを把握するため必要なツールでもある。本章では，心理職が発達臨床領域で働く際に知っておくべき発達検査について解説していくこととする。

　まず，発達のアセスメントを行うときの事前の備えておくべき知識として子どもの発達の目安について知っていることが，発達検査を使いこなすのに大きな助けとなる。発達のアセスメントでは以下の発達過程（図1）をガイドに子どもの生育歴・発達状況を面接していくことがベースとなる（明翫，2014）。

　図1で示した発達過程は，子どもの大まかな発達の地図であり，より詳しい発達のアセスメントについては以下に紹介していく発達検査を活用していくことにな

第2部　代表的な心理検査の種類と内容

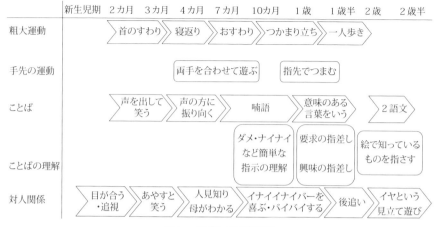

図1　子どもの発達過程

る。子どもの発達をアセスメントするということは以下の2つの目的がある（永田，2014）。1つ目は，その子の現在の発達の状況を的確に把握することで，現在の子どもが示す行動や状態を理解して，その後の発達経過をある程度予測することである。2つ目は，その発達の予測から今できうる適切な支援に結び付けることである。

II　質問紙による発達検査

　現在日本で，広く使用されている発達検査は，養育者を対象にした質問紙による発達検査である。これらの検査は主に発達のスクーリニングに使用され，主に地域の保健センター等で用いられている。以下代表的な質問紙による発達検査を紹介していく。

1．津守・稲毛式発達検査

　津守・稲毛式発達検査は，ゲセル Geselle, A. の発達診断学の概念に基づいて日本の子ども用に構成された発達検査である。質問紙は，1～12カ月まで，1～3歳まで，3～7歳までの3種類にわかれてり，1～12カ月，1～3歳の2つの質問紙については1961年に標準化されている。検査の実施は，養育者に0歳～7歳までの子どもの日常生活の中にあらわれるままの行動について基本的には暦年齢相当の問題から聴取し，月齢ごとのまとまりのある項目群が全て○になる

まで実施し（下限），また月齢ごとの項目群で全て×になるまで（上限）聴取していく。各項目の評価方法は確実にできるは○（1点），明らかにできない・経験がないは×（0点），時々できるは△（0.5点）とする。検査結果は「運動」「探索・操作」「社会」「食事・生活習慣」「言語」の5領域の発達プロフィールをもとに理解する。従来，発達指数（DQ；Developmental Quotient）が算出されていたが，1995年の改定版からは廃止されている。発達領域のプロフィールを用いて解釈を行っていくが，多くの実践研究から本検査で発達障害の特徴を把握することが可能だと言われている。永田（2014）によれば，知的能力障害児は運動領域の落ち込みが，言語発達障害児は言語領域の落ち込みがある。一方，自閉症スペクトラム児では運動領域の発達は年齢相応であるものの，言語・社会領域において落ち込みが見られやすいと言われている。本検査の課題としては0カ月〜12カ月では言語の項目数が少ない点，標準化されて40年以上経過し，子どもの発達の様相が変化している項目があり，解釈に注意を要する部分がある点である（永田，2014）。

2．遠城寺式乳幼児分析的発達検査法

　遠城寺式乳幼児分析的発達検査法は，0カ月から4歳7カ月までの子どもに対して「移動運動」「手の運動」「基本的習慣」「対人関係」「発語」「言語領域」の機能を評価する発達検査である。津守・稲毛式発達検査との違いは，「色紙4枚」「絵3枚」「大きい○と小さい○を並べて書いたカード1枚」「本，鉛筆，時計，椅子，電灯を書いたカード1枚」が検査法に付属品としてあり，実際の検査場面で使用する。その他にボール，ガラガラ，ハンカチ，積木，ハサミ，鏡，長い棒（15 cm）と短い棒（10 cm），碁石（12個）などを各自準備する方が良いとされている。検査者は，養育者と面接をして子どもの状態を聞きながら，同時に子どもを観察するスタイルを取るため，10分ほどで実施できる検査となっている。実施方法は基本的には暦年齢相当の問題から開始し，その問題が合格であれば次の段階の問題へと進む。中止は不合格が連続3問続いたところで実施する。また下の年齢段階においても合格が連続3問続いたところで中止する。本検査の特徴は，1枚の検査用紙において0〜4歳8カ月までの発達を評価できるため同一の検査用紙に継続的に結果をプロットすれば発達の推移を継続して評価できる点にある（畠垣，2015）。なお検査間隔は乳児では4カ月，それ以降では6〜8カ月おきが適当とされている（永田，2014）。解釈で重要なことは，発達が遅れているかどうかだけではなく，項目間のバラツキがないかどうか検討することである。例え

ば全体的には暦年齢を超えていても対人関係や言語理解などが極端に低ければ自閉症スペクトラムなどが想定される（村上，2012）。本検査の課題としては，各年齢段階での項目数が少ないこと，各領域の項目は相互に関連しあって構成されているため，発達の経過について習熟したうえで使用することが望まれる（永田，2014）。

3．KIDS

　発達検査も日本で非常に多く使用されてきた。しかし，標準化された時期が，津守・稲毛式で1961年，遠城寺式で1977年とずいぶん時間がたっており，参照データが古いという課題を抱えている。そんな中で1989年と比較的最近標準化されたKIDS（Kinder Infant Development Scale）乳幼児発達スケールがある。これは0歳1カ月〜6歳11カ月の乳幼児に対して面接者が主たる養育者あるいは園の担任に聴取するか自己記入式にて行う。質問紙は，A（0歳1カ月〜0歳11カ月），B（1歳0カ月〜2歳11カ月），C（3歳0カ月〜6歳11カ月：就学児は除く），T（0歳1カ月〜6歳11カ月：発達遅滞傾向児向き）の4種類がある。実施法は，明らかにできるが○，明らかにできない，できたりできなかったりするが×として全項目を記載するのが基本となる。ただし専門家が実施する場合，○や×が連続5問続くときはそれ以降を省略することができる。検査結果は「運動」「操作」「理解言語」「表出言語」「概念」「対子ども社会性」「対成人社会性」「しつけ」「食事」の9つの領域の発達状況が評価される。また換算表から発達年齢，発達指数を算出できる点も特徴である。実施時のポイントとしては各項目の〈　〉内の数字が相当月齢であり，それも参考にしつつ，発達の状況を評価していくことが望まれる（永田，2014）。

4．TASP

　KIDSでは，養育者の他に園の担任が評価することも可能である発達検査であったが，保育士・幼稚園教諭が評価する発達検査も近年開発されている。各年の指導の過程や発達に関する記録である「保育・指導要録のための発達評価シート（TASP；Transition Assessment Sheet for Preschoolers）」である（伊藤・浜田，2017）。この尺度は，保育士・幼稚園教諭の観点から子どもの様子について評定することで社会生活に影響を及ぼすと考えられる発達障害特性について客観的に把握することができる。実施方法は，担任の保育士・幼稚園教諭が幼児期の発達についての記述35項目に対して，○（できる：2点），△（場合によってはでき

る：1点），×（できない：0点）で評定する。得られた検査結果は，「落ち着き」「注意力」「社会性」「順応力」「コミュニケーション」「微細運動」「粗大運動」の7領域の発達が評価される。これらの領域は「多動不注意関連特性（落ち着き・注意力で注意欠如多動性障害に対応）」「対人社会性関連特性（社会性・順応性・コミュニケーションで自閉症スペクトラム障害に対応）」「運動関連特性（微細運動・粗大運動で発達性協調運動障害に対応）」にまとめられ，得点が低いほど発達の課題が明らかになることを示している。さらにこれらの指標は「外在化指標（落ち着き＋注意力）」「内在化指標（社会性＋順応性＋コミュニケーション＋粗大運動）」「学業指標（注意力＋コミュニケーション＋微細運動）」「総合指標（全領域の合計）」の4つの総合指標得点にまとめられる。各得点は，同程度の月齢の標準データと参照して，どの程度の水準にあるのか（標準的水準，境界水準，要配慮水準）を把握することができる。指標得点は，子どもの示す発達上の特徴が将来児童期・思春期にどのような問題につながる可能性があるかが研究で示唆されており，特に小学校への引継ぎにおいて重要な意味を持つとされる（伊藤・浜田，2017）。

　TASP を含めたこれらの検査の有用性は，まず子どもの日常生活の中で示されるありのままの行動項目から発達を知る検査であり，次に述べる個別式発達検査では実施困難であった対象（例えば重度の知的能力障害を伴う自閉症スペクトラム障害）まで適応範囲を広げていることである（木戸・山口，2003）。次に導入のしやすさであり，特別な道具や場所を必要としないこと，面接の中で自然な形で実施することが可能であること，多くの時間をかけずに簡便に実施できる点である（永田，2014）。さらに臨床的な有用性について，質問項目が発達順序に沿って構成されているため，子どもが次にどんなことができるようになっていくのかについて発達の見通しやこれからの課題を養育者に意識してもらうことが可能なこと，子どもの発達の全体像を理解できるので支援の方向性が家族と共有しやすくなるという点である。このように考えれば，質問紙による発達検査は発達アセスメントの導入であり，その結果によって以下に述べる個別式発達検査や適応行動，発達障害特性を把握するアセスメントツールを追加して利用することになる。

III　個別式発達検査

1．K式

　子どもを対象にした個別式検査による発達検査は現在のところK式発達検査2001 が広く使われている。K式発達検査2001（Kyoto Scale of Psychological Development 2001）は，1951 年に嶋津・生澤ら京都市児童院の研究チームによって開発され，標準化・改定が重ねられている発達検査である。検査内容は，ゲゼルの発達診断やビューラーの発達検査，ビネー式知能検査から検査項目が採用され，日本の児童を対象に標準化された。K式発達検査は現在多くの医療機関・福祉機関等で利用されており，現在日本で最もよく使用されている個別式発達検査の１つである。検査の実施スタイルは検査を実施するというよりは子どもの興味をひくおもちゃ道具を使って，乳幼児がそれらをどのように扱うか，検査者の教示に対してどのように反応するかなど子どもの行動を観察し，どれらの行動がどの年齢水準にあるかを評価する（清水，2014；畠垣，2015）。

　本検査は，精神発達のさまざまな側面を，「姿勢・運動領域（Postural-Motor Area：P-M）」「認知・適応領域（Cognitive-Adaptive Area：C-A）」「言語・社会領域（Language-Social Area：L-S）」に関する構造化された検査場面を設けて，子どもの反応を観察・記録する。その結果からそれぞれの領域の育ちや領域間のバランスを評価し，今後の支援に役立てることが大きな目的である。検査用紙は，第１葉（０歳０カ月～０歳６カ月未満），第２葉（０歳６カ月～１歳０カ月），第３葉（１歳０カ月～３歳０カ月），第４葉（３歳０カ月～６歳６カ月），第５葉（６歳６カ月～14 歳０カ月），第６葉（10 歳０カ月～成人III）となっている。検査用紙に工夫が施されており，例えば同じ検査課題となる問題は原則として横並びに配列されている点，用紙間も連続性があり，横に並べたときに定型発達者の50 ％が通過するとされる年齢区分に検査項目ができるだけ連続するように構成されている点などがあげられる。実施時は，検査用紙の対象となる子どもの年齢級の上に矢印を付ける。課題の通過には＋を不通過には－を付けていき，その＋と－の境目に線を引いていくことで発達のプロフィールとなる。結果の整理と解釈は手引書や解説書に詳しいが，検査結果は領域別の発達年齢・指数と全領域の総合的な発達年齢・指数で報告されている。全領域発達指数・各領域の DQ から発達のバランスを評価する（DQ は 80 ～ 120 が正常域であり，70 台が境界域，69 以下が発達の遅れと判断する）。例えば知的能力障害の子ども場合，認知・適応領域

と言語・社会領域が平行して遅れを示すことが多いのに対して，自閉症スペクトラム障害の子どもの場合は認知・適応領域よりも言語・社会領域がより遅れることが多い（村上，2012；中井，2012）。つまり，領域間や領域内の各検査項目間にバラツキがある場合に何らかの発達障害特性を抱えている可能性があることを踏まえておく必要がある。なお現場では新版K式と略されることが多い。

2．知能検査・認知検査による発達アセスメント

その他に田中ビネー知能検査Vや K-ABC II は知能検査・認知検査として有名であるが，就学前のアセスメントとして重要な役割を担っている。田中ビネー知能検査Vは2歳から成人が対象であり，乳幼児期の場合は「発達チェック」「年齢尺度」を用いて実施できるため就学前の全体的な認知発達のアセスメントによく利用される。K-ABC II は，2歳半から18歳までを対象とした，ルリアの臨床的・神経心理学的理論に依拠した多くの認知的課題が用意されている。子どもの得意－不得意が大きく見られ，かつ個別支援計画のための資料として現時点でのより詳しい子どもの認知特徴を把握する場合は K-ABC II を利用すると支援の示唆を得ることができる。

3．DAM

比較的簡便な非言語的発達検査として人物画の利用がある。それは人物画の描画発達が認知発達とともに決まった順序のある特異的な発達を示すからである。その発達を捉える分析方法が1920年代にグッドイナフ Goodenough, F. L. が人物画知能検査（Draw-A-Man Test: DAM）を発表して以来，多くの人物画知能検査の研究が積み重ねられてきている。日本でも小林らによって標準化がなされ1977年に発表され，さらに2017年に再標準化された『DAMグッドイナフ人物画知能検査新版』（小林・伊藤，2017）が出版されている。実施は，描画用紙とBの鉛筆を子どもに提示し，「人ひとりを描いてください。頭から足の先まで全部ですよ。しっかりやってね」と教示する。描かれた人物像について50の採点項目とそれぞれの評価基準に従って採点していく（合格は＋，不合格は－と表記）。総合的な指標として，通過したDAM項目を加算したものがDAM得点となり，そのDAM得点に基づいてDAM－MA（精神年齢），DAM－IQ（知能指数）が換算される。小林・伊藤（2017）によれば，人物画はボディイメージや身体像，明細なパースペクティブや知識を評価していることから動作性の認知能力をアセスメントしているといえる。DAMの最大のメリットは短時間で実施が容易であることで

あろう。

4. 個別式発達検査の実施のコツ

個別式発達検査を実施する際に，特に発達に遅れのある子どもに対してさまざまな配慮が必要である。この点については浦尾（2016）が重要なポイントを挙げており，以下紹介する。

- 問題の意図を理解させる：その検査に練習問題があるかどうかの確認をするとともに，検査者は検査の標準的な実施手続きの範囲内で，子どもが検査の意図を十分に理解できるような工夫が求められる。
- 見通しを与える：発達特性から，あとどれくらいで検査が終了するのかという見通しを与えた方が落ち着いて検査ができる子どもが多い。子どもの年齢や理解の度合いに応じ，写真や表を用いて検査の流れを目で見て確認できるように示すとよい。
- 難易度が上がっていくこと：課題の上限を探す過程で，子どもが「できなかった」と感じてしまい，検査に対する意欲が下がることがある。その予防として，実施前に難しい問題が出ること，難しい問題に挑戦すると良いと伝えること，できなくてもやってみた姿勢を褒めることなどで検査に対する意欲の低下を最小限にすることができる。
- 注意をしっかり引く：子どもが検査時に教示を聞いていなかったり，問題をよく見ていなかったりして不通過になることをなるべく避けたい。そのためには教示する際に子どもが課題に注意を向けているか観察しながら検査を実施することが重要である。

Ⅳ　子どもの適応行動のアセスメント

従来の発達検査は子どもの運動機能と認知発達を中心に発展してきた。しかし，知的能力障害のアセスメントにおいては知能能力とともに適応行動のアセスメントが重要であることが共有されている。適応行動とは個人的・社会的な充足を満たすのに必要な日常生活における行動と定義されている（Sparrow et al., 2005；辻井・村上監訳，2014）。適応行動が重視されているのは支援において知的能力以上に適応行動が支援計画に重要であるからである。現在，適応行動のアセスメントには日本版 Vineland Ⅱ 適応行動尺度が利用可能である。

日本版 Vineland Ⅱ 適応行動尺度は，「コミュニケーション領域」「日常生活スキル領域」「社会性領域」「運動スキル領域」「不適応行動領域」の5つの領域で構成され，0歳～92歳までの対象者が実施できる。検査の実施は半構造化面接にて

行い，評価対象者の日常をよく知っている成人から聴取する。聴取する適応行動の領域は年齢によって異なり，運動スキルは評価対象者が６歳まで実施する，読み書き領域は３歳以上，家事領域は１歳以上から実施可能となる。各項目の評価方法はその行動が習慣的にみられる場合は２点，その行動が時々見られたり，サポートを受けてできる場合は１点，その行動がめったに見られず不十分である場合は０点と評定する。評定のポイントは，できるかどうかという能力ではなく，実際にその行動を行っているかどうか（実行状況）という点に注意が必要であり，検査者の確認が必要になる。基本的には対象者の暦年齢に関する項目を中心に聞いていく。下限・上限の中止ルールがあり，上限では０が連続４項目続いたところ，下限においても２が連続４項目続いたところで中止する。ここまでは質問紙による発達検査と同じになるが，標準データに基づいた標準得点（総合得点とv得点）が算出でき，適応行動の発達水準と各領域間のバランスが把握できる点が大きな特徴である。なお適応行動の質問紙検査には，S-M 社会生活能力検査第３版と ASA 旭出式社会適応スキル検査があるが，スキルの獲得においては面接において実行状況を確認するのが望ましいといえる。

■ V 情緒・行動の問題および発達障害特性に関するアセスメントツール

　前節までは，子どもの各領域の発達の程度および適応行動の獲得状況を調べることが主眼であった。子どもの発達は，基本的には適応行動を獲得し，各能力を伸ばしていくプロセスを経ていく。しかし，時には環境因子の影響を受け，その影響が情緒的・行動上の問題として表面化することがある。この問題行動を子どもの SOS のサインと捉えるならば，すばやく不適応状態の全体像を把握し，悪循環を断ち切る働きかけを計画していかなければいけない。ここでは子どもの情緒・行動の問題およびそれらに関連の深い発達障害特性を把握するアセスメントツールを紹介したい。

1．ASEBA

　まず，情緒と行動の問題に関するアセスメントとして ASEBA（Achenbach System of Empirically Based Assessment）の CBCL（Child Behavior Checklist）の活用がある。アッヘンバッハ Achenbach, T. M. が実証研究をもとにして人の精神状態と行動を多角的に評価するチェックリストを開発し，現在最新版の日本語版の標準化研究が発表されている（船曳・村井，2017）。本章に関わる乳幼児期の

場合は CBCL/11/2-5 となっている。CBCL/11/2-5 の項目は「情緒的反応」「不安／抑うつ」「身体愁訴」「引きこもり」「睡眠の問題」「注意の問題」「攻撃的行動」「その他」に分類される。結果は T 得点において正常域（T ≦ 64）・境界域（65 ≦ T ≦ 69）・臨床域（T ≧ 70）が記載されたプロフィールを作成する。この心理尺度は，子どもの情緒と行動上の問題が気になったときに全体像を把握するのに役立つ。

　次に必要な視点は，その問題の背景に，子ども側にどんな苦手特性（発達障害特性）をどの程度抱えているのかについて客観的にとらえる必要がある。なぜなら，障害特性に対応した環境の配慮も多くあり，環境上の配慮などの工夫をすればその子の問題が軽減し，さらには学習や育ちが進み，生きやすくもなるためである。診断名は，スティグマなどマイナスなイメージもあるが，それ以上にその子が合理的配慮を含めた支援を受ける権利があるという重要な意味を持つということを心理職として忘れないでいることが重要である。

2．MSPA

　発達障害全般の特性を大まかに把握する検査は，先述した TASP の他に MSPA（Multi-dimensional Scale for PDD and ADHD）がある（船曳ら，2013）。発達障害特性の評価が診断のみで終わらず，効果的に支援の現場につながることを目的に開発された特性別要支援度のレーダーチャートである。項目は自閉症スペクトラム障害特性（コミュニケーション，社会的適応，共感性，こだわり，感覚，反復運動），注意欠如多動性障害特性（不注意，多動，衝動性），発達性協調運動障害特性（粗大運動，微細協調運動）の他，睡眠リズム，学習，言語発達の 14 項目から構成されている。評定基準は 9 段階となっている。1 特に該当なし，2 多少該当するがサポートの必要がない，3 集団で過ごすにはキーパーソンからのサポートが必要，4 集団で過ごすには関わる人皆からのサポートが必要，5 個人が快適に過ごせるような環境が優先される。それぞれの段階の中間点を含めた評定がある（例：3 に満たない場合は 2.5 など）。この検査の特徴は発達障害の特性を多次元的にレーダーチャート式に視覚的に示すことができる点にある。

3．M-CHAT

　発達障害の中でも自閉症スペクトラム障害の障害特性の把握は，子どもの個別支援上での配慮を考える上で重要である。3 歳未満の乳幼児期であれば日本語版M-CHAT（The Japanese version of the Modified Checklist for Autism in Toddlers）

が有用である。M-CHATは16〜30カ月の乳幼児に対して自閉症スペクトラムのスクリーニング目的で使用される親記入式の質問紙である。共同注意，模倣，対人的関心，遊びなどのノンバーバルな社会的行動に関する16項目を主要な構成項目があり，スクリーニングツールだけではなく，1歳半までの社会的行動の発達に関する発達検査とも考えることができる（神尾，2010）。

4．PARS-TR

3歳以上になるとPARS-TR（Parent-interview ASD Rating Scale — Text Revision）の利用が有用である。養育者を対象に半構造化面接を行い，子どもの発達経過のうち気になる行動（自閉症スペクトラム障害特性）について聞いて，0「なし」，1「多少目立つ」，2「目立つ」で評価していく。臨床的な活用法について安達（2016）は以下のように示している。PARS-TRは，スクリーニングだけではなく，症状を変動させうる環境条件も並行して聞くと個別支援に有用な情報となる。またPARS-TRの項目は，適応困難性の項目であり，受動型の自閉症スペクトラムの方を対象に聴取すると低得点になる傾向があることも知っておく必要がある。

5．感覚プロフィール

その他，不適応行動と感覚処理の問題については関連があることが知られており，感覚の特性について感覚プロフィール（萩原ら，2015）を用いて評価することができる。この尺度は発達障害の感覚処理の問題に関する評価を行うものであり，感覚の過敏性だけでなく，鈍感さや身体的なバランスなど多角的な視点から評価することができる。自閉症スペクトラムに関するアセスメントツールは他にも多く存在するが本章では乳幼児期に必要なアセスメントツールに限定して紹介した。

6．Conners3とADHD-RS

注意欠如多動性障害に特化したアセスメントツールに関しては，Conners 3，ADHD-RSなどが有用であるが6歳からの評定であり，乳幼児期に限定したものはほとんどみられない。幼児期であればTASPやMSPAの評定システムの中でアセスメントを行っていくことが望ましいであろう。Conners 3，ADHD-RSの特徴として以下のことがあげられる。Conners 3はADHD症状から実行機能・学習の問題・友人関係・反抗的態度など関連症状まで把握できることが大きな特徴である。

ADHD-RS は DSM に対応しており，かつ質問項目が少ないので素早く把握するのに有用なツールといえる。

■ VI　発達アセスメントを支援に活用するために

　発達検査を用いて子どもの発達をアセスメントするわけであるが改めてその目的を確認したい。それは現在の子どもの発達状況を把握し，子どもの可能性や潜在性（良さ）を見いだすためにあるのであって，子どものできなさを明らかにするものではないという点（木戸・山口，2003）である。

　発達検査の結果を見ていく視点として，「ここまでしかできていない」という基準年齢に比較した横の視点ではなく，「ここまではできている」「次の取り組む課題はこの項目になる」「こういう特性があるので環境上はこういう配慮が望ましい」「今この要因によって不適応状態になっているのでこの側面から環境調整をしていく」という個別支援計画につながる個の発達に合わせた縦の視点を常に忘れないでおきたい。

◆学習チェック表
□　主要な発達検査の特徴とその利用の仕方について説明できる。
□　主要な発達障害のアセスメントツールの特徴とその利用の仕方について説明できる。
□　発達検査の目的と適切な利用の仕方について説明できる。

より深めるための推薦図書
　　小林重雄・伊藤健次（2017）グッドイナフ人物画知能検査新版ハンドブック．三京房．
　　辻井正次監修・明翫光宜編集代表（2014）発達障害児者支援とアセスメントのガイドライン．金子書房．

　　文　　　献
安達潤（2016）発達障害のアセスメント2：自閉症スペクトラム障害のアセスメント　ASDのスクリーニング③（PARS）．臨床心理学 16, (1); 19-22.
船曳康子・村井俊哉（2017）ASEBA 行動チェックリスト（CBCL/11/2-5：保護者用および C-TRF：保育士用）標準値作成の試み．児童青年精神医学とその近接領域，58(5); 713-729.
船曳康子・廣瀬公人・川岸久也・大下顕・田村綾菜・福島美和・小川詩乃・伊藤祐康・吉川左紀子・村井俊哉（2013）発達障害の特性理解用レーダーチャート（MSPA）の作成，および信頼性の検討．児童青年精神医学とその近接領域，54 (1); 14-26.
畠垣智恵（2015）精神発達検査．臨床精神医学，44; 145-150.
伊藤大幸・浜田恵（2017）保育・指導要録のための評価シート TASP．スペクトラム出版社．

第9章 発達検査

神尾陽子（2010）いま発達障害をどうとらえるか．地域保健，41; 24-31.

木戸啓子・山口茂嘉（2003）乳幼児発達検査の変遷と保育への応用．岡山大学教育実践総合センター紀要，3; 57-65.

小林重雄・伊藤健次（2017）グッドイナフ人物画知能検査新版ハンドブック．三京房.

村上貴孝（2012）発達指数の評価．小児科診療，5; 739-745.

明翫光宜（2014）発達障害理解のための心理アセスメント．In：市川宏伸編著：発達障害の「本当の理解」とは―医学，心理，教育，当事者，それぞれの視点．金子書房，pp.30-37.

永田雅子（2014）その他の知能検査・発達検査．In：辻井正次監修・明翫光宜編集代表：発達障害児者支援とアセスメントのガイドライン．金子書房，pp.107-113.

中井靖（2012）新版K式発達検査2001を用いた自閉症児における言語能力と非言語能力のばらつきの評価．小児保健研究，71(6); 817-821.

椎原弘章（2001）序．小児内科，33; 1045-1048.

清水里美（2104）新版K式発達検査．In：辻井正次監修・明翫光宜編集代表：発達障害児者支援とアセスメントのガイドライン．金子書房，pp.87-90.

Sparrow. S. S, Cicchetti. D. V., & Balla. D. A.（2005）Vineland Adaptive Behavior Scales Second Edition: A revision of the Vinland Social Maturity Scale by Edger A. Doll. NCS Person.（辻井正次・村上隆監修：2014 日本版 Vineland II 適応行動尺度面接フォームマニュアル．日本文化科学社）.

浦尾亜希子（2016）発達障害のアセスメントに用いる発達検査・知能検査．小児保健研究, 75(6); 754-757.

第2部 代表的な心理検査の種類と内容

第10章

投映法

高橋依子

> **Keywords** 投映法，ロールシャッハ・テスト，描画テスト，TAT（絵画統覚検査／主題統覚検査），P-Fスタディ，SCT（文章完成法），臨床心理アセスメント，臨床心理検査バッテリー

I 投映法の意義

　心理的支援を行うためには，要支援者の主訴を聞き，症状や問題行動を捉え，病態水準を明らかにするだけでは不十分である。要支援者一人ひとりのパーソナリティを理解することで，適切な支援の方法が選択できる。そのために，臨床心理アセスメントが必要となる。アセスメントでは，面接，行動観察，生活記録，医学的検査と心理検査が情報源となる（高橋・高橋，1993）。対話による面接は臨床心理アセスメントの要ではあるが，それだけでは要支援者が自覚している訴えしか捉えられない。面接場面での非言語的表現の観察も大切であり，さらに，日常生活場面での観察のために，アウトリーチも必要である。また，生育歴を記した母子手帳や日記，手紙，描画など本人にまつわる記録類とともに，他職種の専門家からの文書も，本人を理解するために重要である。時には，医学的検査の検討も必要である。

　これらとともに，標準化された心理検査を行うことで，短時間に多くの客観的な情報が得られる。心理検査の種類は多いので，アセスメントの目的に合わせて選択しなければならない。要支援者の状態を明らかにするためには多くの質問紙法の中から選択することが可能であるが，質問紙法では不十分なことがある。要支援者が質問項目を理解できないような知的な問題があったり情緒的に不安定であると，正確には判定できないし，内省力に乏しかったり，内省できない状態であったりするときも同様である。また，作為的に反応したり，無意識のうちであっても社会的望ましさの方向に歪むこともある。さらに，質問紙法は本人が自覚している状態しか捉えられないため，深く内面に抱かれている問題を捉えること

ができない。

　さまざまな心理的問題は，本人が気づいている原因だけで生じるものではなく，力動的な立場で言われるような無意識とまではいかなくても，その時本人が気づいていない事柄によって，起こることが多い。そこで，本人の気づいていない状態も明らかにすることから，支援の方向が判明することも多い。そのために心理検査の中に，投映法と呼ばれるものがある。投映法は，フランク（Frank, 1939）やマレー（Murry, 1938）が「曖昧な刺激を構造化する（意味づける）時，人は内面にある私的な欲求，感情，態度などのパーソナリティを表す」と述べ，ロールシャッハ・テストやTATなどを投映法と呼んだことに始まる。投映法には，そのほか，言語連想検査，SCT（文章完成法），P-Fスタディ，描画テスト，ソンディテストなどがある。心理臨床場面で投映法を実施することにより，要支援者を多角的に捉え，より適切な支援の方法を選択できるのである。

　しかし，投映法の結果の分析は，答えられた内容を質的に検討することが多く，心理検査としての妥当性と信頼性に問題が残っており，そのために，1つの投映法で要支援者のパーソナリティを理解するのでなく，いくつかの心理検査を組み合わせて臨床心理検査バッテリーとして実施することで，妥当性を高めることができる。

II　ロールシャッハ・テスト

1．ロールシャッハ・テストとは

　ロールシャッハ・テストはヘルマン・ロールシャッハ（Rorschach, H., 1921）がインクのシミを元に作成した図1（実物ではない）のような10枚の絵が，何に見えるかを問うことで，見た内容だけでなく，見え方，見えた理由などを調べて，要支援者のパーソナリティを広く理解していこうとする心理検査である。ロールシャッハ・テストは創始者のロールシャッハが早世したこともあり，さまざまな学派に分かれて用いられている。しかしどの学派も，検査の対象者が答えた言葉を，記号に直して数えることで客観的に分析しようという側面と，答えた内容を質的に分析することで，対象者の心の内面を推測して個人個人の特性を捉えようとする面との両方から，対象者のパーソナリティを捉え，何らかの精神的な問題を抱えていれば，その解決のための支援の方法を選択しようとしている。

　実施法，記号の種類，記号のまとめ方，解釈法，解釈仮説など，学派によって少しずつ異なるため，同じ図版を用いながら，資料の蓄積すらできないところが

第2部　代表的な心理検査の種類と内容

図1　ロールシャッハ・テストの模擬図版（高橋・高橋，1993）

あった。それを統一しようとしてエクスナー（Exner, 1986）が現在ある学派の方法を実証性のある資料を基にまとめたのが包括システムである。わが国では，現在，多くの臨床家が包括システムによるロールシャッハ法を用いてはいるが，クロッパー法，クロッパーの体系を元に作成された片口法，名大法，阪大法などを用いている現場も多い。

　個々の学派の方法についてはそれぞれの参考書を元に習熟してほしいが，この節ではロールシャッハ・テストとして共通の部分を主に述べていく。

2．ロールシャッハ・テストの実施法

　ロールシャッハ・テストの実施に当たっては，10枚のロールシャッハ図版，記録用紙，筆記具，学派によってはストップウォッチか腕時計を用意する。記録用紙には，図版を小さく描いた領域図が必要である。

　実施段階は2つに分かれていて，最初は見えたものを自由に答えてもらう自由反応段階，次に，自由反応段階で答えられた対象について質問することで，反応を明瞭にして記号に置き換えられるようにする質問段階とがある。包括システムでは，心理療法の効果を見たりするために再テストを行うことを考えて，それ以上のことは行わないが，学派によっては，限界吟味段階として，見えていると推測できるが言葉で答えないものを聞いてみたり，好きな図版や嫌いな図版を尋ねたりすることもある。

　終了後は，それぞれの学派の定義に従って記号化する。さらに，その記号を公式に基づいてまとめの表を作成する。包括システムでは構造一覧表を作成する。他の学派でも，記号の数で棒グラフを描いたりして，解釈の準備をする。

　ロールシャッハ・テストの解釈は，記号を元にまとめた結果に基づく形式分析・量的分析と，答えられた言語表現を質的に検討する内容分析・質的分析を組み合

わせて行う。また，10枚の図版に順次答えられた結果であるため，その流れを分析していく系列分析・継起分析も行う。構造分析は記号を組み合わせて変数を算出し，その変数の組み合わせで，パーソナリティのさまざまな側面を捉えていく。組み合わせ方は学派によって異なる。内容分析もそれぞれの学派の背景にあるパーソナリティ理論によって異なる部分がある。系列分析は，対象者が検査場面で経験したことを追体験していくように，反応を順次読み込んでいく方法が多いが，包括システムでは，重要な反応・特異な反応があった場合にそれを中心に見ていく方法を採っている。

　構造分析と内容分析については，学派によって，どちらに重きを置くかは異なっているが，最終的にはどの学派も総合的な解釈を行っている。

　解釈の手順も学派によって異なる。包括システムでは，構造一覧表を元に，解釈をしていく順序が明示されていて，初学者でもその手順に従って解釈を進めていける。前述のように，数的な多寡と質的な検討を組み合わせて，要支援者の認知の側面，すなわち，外界からの刺激の捉え方，認知の歪みの有無，思考の仕方の特徴や思考の歪みや混乱の程度などを理解するとともに，感情の動揺の程度や感情表現の仕方，他者の捉え方と対人関係，自己知覚すなわち自尊心の程度，自己イメージなど，また，外界からのストレッサーを処理する能力や対処の方法などを明らかにしていく。

　ロールシャッハ・テストでは，何が見えたかだけではなく，見え方，見えた理由，見えたものをどのように表現するかなど，さまざまな観点についての仮説が多くあり，それらを統合することが重要である。それによって，要支援者のパーソナリティの特徴を理解し，症状や問題行動の原因や病態水準を明らかにできることから，鑑別や診断の推論のための資料が得られる。その結果から，支援にあたって，どのような心理療法がより適切であるかを選び，また心理療法の進展の度合いを見ることもできる。

■ III　描画テスト

1. 描画テストとは

　前記のロールシャッハ・テストは，要支援者のパーソナリティを全般的に捉えることができるため，心理臨床場面で用いられる頻度が高い。しかし，実施や解釈に時間がかかることや，言葉での応答となること，標準的な図版が必要なことなどから，いつでも容易に実施できるわけではない。そこで，実施が容易で短時

間で多くの情報を得られるものとして描画テストが用いられ，わが国では心理検査の中で最も良く使用されている。描画テストは，具体的な課題を用いることが多いために，日常生活の場面での要支援者の行動のパターンと，その基にあるパーソナリティ特性が捉えやすい。

　描画は一人ひとりによって描かれ方が異なるため，その人らしさが表れる。一番個性が出やすいのは自由画であるが，それでは他の資料との比較ができないため，心理検査としての妥当性に問題がある。そこで，臨床心理アセスメントのためには，課題を提示して描くように求める。課題によって，捉えやすいパーソナリティの側面が異なるため，種々の描画テストが考案されている。

　要支援者の何を最も知りたいかによって，描画テストの種類を選択する。それぞれのテストでは，用紙の大きさや用具が決められており，それに従うことで，解釈仮説を用いることができるし，過去の資料と比較でき，心理検査としての妥当性と信頼性が高まる。

2．描画テストの実施法

①描画テスト全般の実施法の留意点

　課題によって異なるが，一般になされている方法を述べる。描画テストは他の心理検査と比べて，実施法が容易なため，安易に考えられているところがあるが，実施法を丁寧に行うことで，要支援者自身が明確には気づいていない心の内面までも捉えることができる。

　まず，どの臨床心理検査もそうであるが，ラポールの形成と維持は基本である。心理療法開始の際と同様に，臨床心理アセスメントにおいても，ラポールが形成されてこそ，対象者が検査者に理解してもらおうという姿勢が強まる。同時に，心理検査として絵を描いてもらう目的を，対象者に分かる言い方で説明する。幼児には単に「お絵かきしよう」でも良いが，それ以外では，単なるお絵かきではなく，大切な心理検査であり，検査者が要支援者をより深く理解しようとしていることを伝えることが必要である。

　次いで描画についての教示を行う。どの課題の場合も，「これから絵を描いていただきます。上手下手は関係ないので気楽に描いてください。しかし，できるだけ丁寧に描いてください」と述べて，描画への構えを伝えた後に，課題の教示となる。

②各種の描画テストの実施法

わが国で最も用いられているのはバウムテスト・樹木画テストである。木の絵は，手の運動のように自然に描けることから，意識されない自己像が表れやすいと言われている。コッホ（Koch, 1948）のバウムテストは「実のなる木」という教示でなされる。近年翻訳された『バウムテスト［第3版］』では「果物の木」と訳されているが，わが国では，「実のなる木」という教示で実施されることが多い。A4サイズの画用紙を用い，軟らかい鉛筆を用いることとなっていて，4Bを指定しているマニュアルもある。「実のなる木」と指定しないで，単に「木を1本描いてください」という教示でなされる場合（Bolander, 1977）は，樹木画テストと呼ばれていて，A4のケント紙か画用紙，HBの鉛筆を用いる。どの方法でも消しゴムも使用する。

次によく用いられているのは，人物画やHTP（House-Tree-Person）テストである。人物画テストは，知的な水準を測定するためにグッドイナフ（Goodenough, 1929）によって創始されたが，本人のやや意識された自己像や対人知覚・対人関係も捉えることができる。

パーソナリティを多面的に理解したいときは，バック（Buck, 1948, 1966）のHTPテスト（3枚法）や，それをマッコーバー（Machover, 1949）の人物画テスト（2枚法）と組み合わせた高橋雅春（1967）のHTPPテスト（4枚法）が用いられる。実施に際してはA4のケント紙か画用紙，鉛筆はHBを3〜4本，消しゴムを1個用意する。そして，家，木，人を描かせ，HTPP（House-Tree-Person-Person）テストの場合は3枚目の描画後に描画像の性別を尋ね，4枚目には反対の性別の人の描画を求める。

描画中は温かく見守りながら，さりげなく行動を観察し，可能であれば描画の順序，鉛筆の止まったところ，何度も描き直しているところなど，気の付いたことをメモしておく。

描画後は，結果の解釈が容易になるように，絵について質問をする。しかし，ただ尋ねるのではなく，要支援者に語ってもらうようにして，検査者との対話を重視する（高橋, 2007）。

その他，家族の問題を知りたいときは，要支援者の家族成員の認知や関係を把握できる家族画を用いる。12色の色鉛筆とHBの鉛筆1本と消しゴムを用いて，八つ切りの画用紙に「『私の家族』という題で絵を描いてください」と教示する。図2は心因性視力障害の小学生の家族画である。症状は視力障害として表れ，面接では家族の問題は語られなかったが，家族画には明瞭に表現されている。この絵から母子関係の問題が明らかになり，母子並行面接により，症状が解消した事

第2部 代表的な心理検査の種類と内容

図2 描画テストの例（高橋・高橋，1993）

例である。また，何らかの行動をしている絵の方が，家族関係が把握しやすいというときは，「動的家族画」が選択される。また，統合的HTPでは，「家と木と人を入れて，1枚の絵を描いてください」という課題を与える。

③描画テストの解釈

　描画テストの結果からパーソナリティを理解していくときには，要支援者自身が気づいているパーソナリティの特徴だけでなく，本人が自覚しておらず言葉では表現されない内容も捉えていこうとするため，結果の分析・理解を解釈と呼ぶ。解釈にあたっては，精神的成熟度に伴う描画の発達的側面や，用紙の空間の用い方や，描かれたものの象徴的な解釈が基礎となる。

　描画は個々の部分の意味だけでなく，全体として意味を持つため，解釈にあたっては，まず全体的な評価を行う。次いで，どのように描かれているかという形式分析と，個々の部分の意味を理解していく内容分析を行う。どの課題の描画テストでも，解説書には系統だった解釈の仕方があるため，課題ごとに文献や事例を読み込んでいくことが大切である。例えばHTPPテストでは，全体的評価として，上手下手にとらわれず，味わうような気持ちで，要支援者が何を伝えようとしているかを考えていく。そして，精神的成熟度，パーソナリティの統合度，協力的か敵意が感じられるかなどを理解していく。

　形式分析では，絵がどのように描かれたかを明らかにしていく。描画像の位置，サイズ，筆圧，濃淡，ラインやストロークの性質などを検討していく。形式分析は個々の絵よりも課題に共通している特徴を検討することが分かりやすい。

　内容分析では，個々の課題で，検討すべきポイントがあり，まずは，一般的に描かれる部分について検討し，次第に，1人ひとりの描画での独特な特徴につい

第 10 章 投映法

図3 TAT の模擬図版（高橋・高橋，1993）

て検討していく。

　解釈にあたっては，描画の1つの特徴に対応するパーソナリティの特徴は1つだけではないので，1対1の対応をするのではなく，絵の複数の特徴を比較しながら統合的に解釈していくことが大切である。また，ロールシャッハ・テストなどとも同様であるが，問題点だけを取り上げるのではなく，健康な部分も捉えるように留意することが重要である。

　描画は総合的なものであり，奇妙に思える不適応な絵でも，どこかに肯定的な部分があり，その人の長所や心理療法を実施した場合の予後なども知ることができる。

IV　TAT

1．TAT とは

　TAT（Thematic Apperception Test）は絵画統覚検査または主題統覚検査と訳されているが，人の欲求について研究したモーガンとマレー（Morgan & Murry, 1935）らハーバード大学の臨床家によって作成された検査である。絵を見て物語を作ることで，人の心の中にある無意識の願望や葛藤，感情を，明らかにしていこうとする検査である。図3（実物ではない）のように人物や風景が描かれている図版が用いられる。1枚の白紙図版を含む31枚の図版があり，そこに描かれた絵を見て空想の物語を作っていく。人は，複雑な社会状況を解釈するときに，自分自身のことを語ると考えられており，空想の物語の中に，人は無意識のうち

に自身の願望空想を語っていくという研究の成果に基づいて創始された検査である。

検査実施にあたっては，31枚のうちから，年齢と性別によって選択される図版が決まっており，20枚が使用される。TATは児童から成人に使用できるが，それ以外に，動物を描いた幼児・児童用や高齢者が描かれている高齢者用がある。わが国でも数種の図版が作成されたが，現在では世界で使われているハーバード版がわが国でも使われている。

2．TATの実施法

全対象者に共通の図版と年齢（成人・児童）と性別（男・女）で選択された合計20枚の図版を用いる。この20枚を10枚ずつ別の日に行う。2日に分けにくい場合は，間に休憩を取って，続けて行っても良い。アセスメントの目的によっては，男性版を女性に実施するなど，適宜，変更しても良いとされている。近年ではマレーの方法による20枚は多すぎると考える臨床家もいて，臨床経験に基づいて31枚から10枚を選んで実施されることもある。ロールシャッハ・テストのように，順番に行っていくことによる解釈仮説がないため，このような方法も実施されているが，その場合は全体としての量的分析ができなくなり，なるべく20枚を実施した方が良いと思われる。20枚の図版と記録用紙，筆記具，ストップウォッチか腕時計だけで実施するが，最近では対象者の了解が得られた場合に録音することがある。

対象者に，「これから絵を見せますが，できるだけ空想を働かせて物語を作ってください。絵の中の人は，今，何をしているか，どうしてそうしているのか，何を考え，感じているのか，これからどうなっていくのかについて話してください」と教示し，過去，現在，未来の状態が含まれている物語ができるように指示する。時間に制限はないが，20枚全部では90分ほど必要である。要支援者が語る物語を，逐語的に書き取っていく。

終了後，解釈にあたっては，物語の主人公をどのような人物であると設定しているか，主題は何か，行動の原因，今後の展開などを読み込んでいくが，当初の欲求－圧力説に基づいた仮説のみでなく，パーソナリティ全般にわたって検討していく。マレーが行った欲求と圧力による分析では，欲求（達成・自立・支配・攻撃など）と外界からの圧力（尊敬・親和・養育・欠乏・失敗など；「圧力」は否定的な意味だけではなく，環境からの影響と広く考えられている）の関係を見ていく。それとともに，知的水準や対人関係など，広い範囲で読み込んでいく。そ

第 10 章 投映法

のためには，マレーのように主人公を中心に分析するだけでなく，登場する人物の相互関係を見たり，微少な部分への注目の仕方や視覚的誤認などの知覚形式を分析したりするとともに，標準化された他の資料と比較していくようにする。量的な分析・比較も試みられているが，語られた物語を分析していくため，内容を読み込んで理解していく方法が主流である。また，物語を介して臨床家と対象者が語り合う「かかわり分析」（山本，1992）もなされている。

現在では，TAT は欲求と圧力を調べるだけではなく，パーソナリティ全体を理解するために用いられているが，解釈のためには，物語を読み込み，他の資料と比較していくことになるため，心理士自身が多くの要支援者に実施するとともに，手引き書の事例に触れていくことが必要である。

■ V　P-F スタディ®

1. P-F スタディとは

人は日常生活の中で，多くの欲求不満を抱く。その時にどのような態度で臨むかは，1 人ひとり異なる。それを理解することは，要支援者のストレスの解消方法が分かり，行動の元にあるパーソナリティを捉えることができる。ローゼンツァイク（Rosenzweig, 1945）は人が感じるフラストレーションをどのように対処するかを測定することから，パーソナリティを理解しようとして P-F スタディ（Picture-Frustration Study）を開発した。P-F スタディは，日常生活で生じる欲求不満場面が描かれた 24 枚の図版からなり，図 4 のように，1 枚ずつに 2 名の登場人物が描かれ，片方の人物が，他方の人物に欲求不満を生じさせるようなことを話し，言われた方の人物がどのように答えるかを書いていくものである。一コマ漫画というかイラスト風に描かれ，言葉が吹き出しになっていて，答える方の吹き出しは空白になっており，そこに書き込んでいく。人物の顔は空白にしてあり，表情を自由に推測できるようになっている。24 枚の図版のうち 16 枚は，人為的・非人為的な障害によって直接に自我が阻害されて欲求不満を引き起こす自我阻害場面であり，誰か他の者から非難・詰問されて，超自我（良心）が阻害されて欲求不満となる 8 枚は超自我阻害場面と呼ばれている。

ローゼンツァイクは，心理検査（心理テスト）は標準化されているものであるが，P-F スタディは限られた欲求不満場面での個人の言葉の分析であり，個人の中の一貫性をもとに個性を理解していくため，標準を重視しないので，検査（テスト）とは呼ばなかった。また，P-F スタディは対象者のパーソナリティの意識

143

第2部　代表的な心理検査の種類と内容

図4　P-Fスタディの例（P-Fスタディ®成人用紙より転載）
（注：本検査の著作権は株式会社三京房に帰属します）

されない部分を捉えようとしている投映法ではあるが，具体的な場面での言語表現を求めるため，半投映法と考えていた。P-Fスタディは成人用（15歳以上），青年用（中学1年生から大学2年生），児童用（4歳から14歳）があり，年齢が重なるところは，どちらも使用可能である。

2．P-Fスタディの実施法

P-Fスタディは個別，集団のどちらの方法でも実施できる。ただし，小学3年生までは個別検査で実施する。教示としては，用紙の表紙に書いてあることを分かりやすく説明する。「右側の人が左側の人にしかられています。右側の人はどんな風に答えるでしょうか」と述べて，「あなただったら」と言ってはならない。時間制限はないが，一番最初に思いついたことをさっさと書いていくこと，もし書き直したいときは，鉛筆で線をひいて消すことについても説明していく。時間制限はないが，だいたい30分前後で書き終えることが多い。

終了後は，書かれた言葉を整理して解釈していく。欲求不満反応を2つの次元，すなわちアグレッションの方向と型で評点する。ローゼンツァイクはアグレッションを敵意とか攻撃というよりも「主張性」であると述べている。アグレッションの方向は，他責，自責，無責に分けられ，他責は，欲求不満の原因を他人や環境など自分の外部に帰属させる反応である。自責は欲求不満の原因を自分に帰属させる反応である。無責は，欲求不満の原因をどこにも求めないで済ませる反応である。アグレッションの型は，障害優位，自我防衛，要求固執に分けられ，障害

第 10 章　投映法

表 1　P-F スタディのスコアリング要素（Rosenzweig, 1978a，秦，2007 より）

アグレッション方向↓	アグレッション型		
	障害優位（O-D）(Obstacle-Dominance)	自我防衛（E-D）(Ego-Defense)(Etho-Defense)	要求固執（N-P）(Need-Persistence)
他責（E-A）(Extraggression)	他責逡巡（E'）(Extrapeditive)欲求不満の障害を強く指摘する	他罰（E）(Extrapunitve)周囲の人や物に対して責めたり敵意を向ける<u>E</u>：Eの変形で，自分に向けられた罪を攻撃的に否認する	他責固執（e）(Extrapersistive)欲求不満事態の解決を他の人がしてくれることを強く期待する
自責（I-A）(Intraggression)	自責逡巡（I'）(Intropeditive)欲求不満の障害がなかったとか，ある意味ではかえってよかったとみなしたり，時には自分が他の人に欲求不満を起こさせたのではないかと当惑する	自罰（I）(Intropunitive)自分自身に対して責めたり非難する<u>I</u>：Iの変形で，自分の責任は認めるものの，不可避の状況だったと，自分の過失を本質的に否認する	自責固執（i）(Intropersistive)通常は罪悪感によって，自分から問題解決のために償いを申し出る
無責（M-A）(Imaggression)	無責逡巡（M'）(Impeditive)欲求不満事態の障害がほとんどないかのように軽視する	無罰（M）(Impunitive)欲求不満に対する責任追及を全く回避して，欲求不満を不可避の事態とみなし，特に不満の原因になった人を許容する	無責固執（m）(Impersistive)時間の経過や通常予期される状況が問題を解決してくれることを期待する表現で，忍耐や順応が特徴である

優位は，欲求不満にとらわれて障害の存在を指摘することにとどまっている反応であり，自我防衛は，欲求不満を解決するために直接働きかけようとする反応であり，要求固執は，欲求不満の軽減や解消をしようとする反応である。この欲求不満の方向と型を組み合わせて，表 1 のような 9 個に反応を分類していく。ローゼンツァイク自身により，2 つの項目が加えられて 11 個になっている。分類した後，方向や型が対象者の答の中でどのような割合を示すか，個人内の特徴を明らかにしていく。また，いくつかの場面に関しては，一般的なスコアリングが記録用紙にも表記してあるので，それとの合致度を計算して GCR（Group Conformity Rating：集団順応度）を見ていく。

第 2 部　代表的な心理検査の種類と内容

評価していくためには，定義を理解するだけでなく，例文を読み込むことが大切である。

VI　SCT（文章完成法）

1．文章完成法とは

文章完成法（SCT；Sentence Completion Test）は，不完全な文章を完成させるという課題による心理検査である。19 世紀末より使われはじめ，20 世紀前半に発展した。その後も各国でアセスメントの目的に合わせて改良され，わが国では例えば少年鑑別所などの矯正領域で用いるために MJ 式（法務省式）文章完成法が開発されるなど，複数の方法があるが，最も良く使用されているのは，精研式 SCT（精神科学研究所式文章完成法）である。成人用は Part 1 と Part 2 からなり，「子供の頃，私は_____」「私の父_____」のような刺激文が書かれていて，合計で 60 の文章がある。成人用のほかに，小学生用と中学生用があり，それらは合計 50 の文章からなっている。

決められた数の不完全な文章を完成させるところから，標準化された心理検査としての要素と，面接による情報収集の両方の特性を持っている。文章は多様な分野に渡っているため，この検査によりパーソナリティの全般を捉えるとともに，パーソナリティの決定要因も捉えようとしている。結果は，パーソナリティの知的側面，情意的側面，指向的側面，力動的側面の 4 つの側面に分けて分析し評価していく。また，パーソナリティの決定要因として，身体的要因，家庭的要因，社会的要因を捉えていく。結果の分析は文章を理解していくことであり，対象者の回答は多岐に渡るため，測定には熟練を要する。手引き書にある具体例を読み込むだけでなく，研修会や講習会で多くの事例に触れていくことが必要である。

2．文章完成法（SCT）の実施法

精研式 SCT は Part 1 と Part 2 に分かれていて，所要時間は，それぞれ 25 分前後が平均的であるが，時間に制限のない検査なので，時間が来ても止める必要はない。文章の記述を求めるため，所要時間には個人差があり，全体で，短い場合は 30 分，長いと 90 分かかることもある。2 つに分かれているのは，長くなると疲れるので分けてあるだけである。用紙と鉛筆だけを用意し，途中で書き直す場合は，線を引いて消して書くように指示する。

教示としては，「不完全な文章を完成させる」こと，「時間に制限はないが，あ

第 10 章　投映法

まり深く考えずに，思いついたことを素早く書く」こと，「もし書けなかったら，残して，あとで書いても良い」ことを伝える。検査中，検査者は介入することなく，自由に書けるように見守る。この心理検査の場合には，時には対象者を一人にして静かに書かせても良い。

　終了後は書かれた文章を分析して評価を行う。パーソナリティの知的側面は，精神的分化（発達段階に応じて精神面が分化しているかどうか），見通し（時間的場面的な見通しが効くかどうか），評価の客観性（自己や環境を客観的に評価できるか）などについて評価していく。情意的側面は性格を類型論の立場から分類する。分裂気質（S），循環気質（Z），粘着気質（E）というクレッチマーの類型に，ヒステリー気質（H）と神経質（N）の 2 つを加えた 5 つに分類する。もし典型的な特徴としての分類が難しい場合は，例えば En（粘着気質が主であるが神経質の部分もある）というように，特性論の考え方を元に，量的に表すこともあるし，5 つの特徴以外を文章で叙述することもある。指向的側面は，人生観，価値観，生活態度，興味などで，どのような方向に向いているかを評価する。力動的側面は，内的状態が安定しているか不安定かや，葛藤，コンプレックスなどを評価する。次にパーソナリティの決定要因として，容姿や体力，健康などの身体的要因，家族の状態，生育歴，生活水準などの家庭的要因，友人や職場の同僚など他者との関係，職業や地位，それへの満足度や不満の程度などの社会的要因がどのように表現されているかを理解していく。解説書には，それぞれの側面と要因の定義とともに，それらがどの文章から捉えやすいかの表があり，具体例も書かれている。

　以上のように心理検査として評価していくだけでなく，書かれた文章を元に，面接の折の話題にしていくことも可能である。

◆学習チェック表
□　心理アセスメントにおける投映法の意義を理解した。
□　投映法の種類が分かり，代表的な投映法の概要を説明できる。
□　代表的な投映法の実施法と解釈法を理解した。

より深めるための推薦図書
　秦一士（2007）P-F スタディの理論と実際．北大路書房．
　片口安史（1974）新心理診断法．金子書房．
　槇田仁編著（1999）精研式文章完成法テスト（SCT）新・事例集．金子書房．
　鈴木睦夫（1997）TAT の世界―物語分析の実際．誠信書房．

147

高橋雅春・高橋依子・西尾博行（2007）ロールシャッハ・テスト解釈法．金剛出版．
高橋依子（2011）描画テスト．北大路書房．

文　献

Bolander, K.（1977）Assessing Personality through Tree Drawings. NY; Basic Books.（高橋依子訳（1999）樹木画によるパーソナリティの理解．ナカニシヤ出版．）

Buck, J. N.（1948）The H-T-P Technique: A qualitative and quantitative scoring manual. Journal of Clinical Psychology, Monograph Supplement, 5; 318-396.（加藤孝正・荻野恒一訳（1982）HTP 診断法．新曜社．）

Buck, J. N.（1966）The House-Tree-Person Technique (Revised Manual). CA; Western Psychological Services.

Exner, J.（1986）The Rorschach: A Comprehensive System 1: Basic foundations (2nd Edition). NY; Wiley & Sons.（高橋雅春・高橋依子・田中富士夫監訳（1991）現代ロールシャッハ体系（上）／秋谷たつ子・空井健三・小川俊樹監訳（1991）現代ロールシャッハ体系（下）．金剛出版．）

Exner, J.（2003）The Rorschach: A Comprehensive System Vol.1, Basic Foundations and Principles of Interpretation, 4th Edition. NJ; John Wiley.（中村紀子・野田昌道監訳（2009）ロールシャッハ・テスト―包括システムの基礎と解釈の原理．金剛出版．）

Frank, L. K.（1939）Projective methods for the study of personality. The Journal of Psychology, 8; 389-413

Goodenough, F. L.（1926）Measurement of Intelligence by Drawing. NY; World Book.

秦一士（2010）P-F スタディアセスメント要領．北大路書房．

Koch, K.（1949, 1957）Der Baumtest: Der Baumzeichenversuch als Psychodiagnostisches Hilfsmittel. Bern; Hans Huber.（岸本寛史・中島ナオミ・宮崎忠男訳（2010）バウムテスト［第3版］―心理的見立ての補助手段としてのバウム画研究．誠信書房．）

Koch, C.（1952）The Tree Test: The Tree-Drawing Test as an Aid in Psychodiagnosis. Bern; Hans Huber.（林勝造・国吉政一・一谷彊訳（1970）バウム・テスト―樹木画による人格診断法．日本文化科学社．）

Machover, K.（1949）Personality Projection in the Drawing of the Human Figure. (A Method of Personality Investigation.) IL; Charles C. Thomas.（深田尚彦訳（1974）人物画への性格投影．黎明書房．）

Morgan, C. D. & Murry. H. A.（1935）A method for investigating fantasies. Archives of Neurology and Psychiatry, 34; 289-306.

Murry, H. A.（1938）Explorations in Personality. NY; Oxford University Press.

Rorschach, H.（1921）Psychodiagnosis: A Diagnostic Test Based on Perception.（鈴木睦夫訳（1998）新・完訳 精神診断学．金子書房．）

Rosenzweig, S.（1945）The picture-association method and its application in a study of reactions to frustration. Journal of Personality, 14; 3-23.

高橋雅春（1967）描画テスト診断法．文教書院．

高橋雅春・高橋依子（1993）臨床心理学序説．ナカニシヤ出版．

高橋依子（2007）描画テストの PDI によるパーソナリティの理解― PDI から PDD へ．臨床描画研究，22; 85-99.

山本和郎（1992）心理検査 TAT かかわり分析―ゆたかな人間理解の方法―．東京大学出版．

第3部
心理的アセスメントの実際

第 11 章 検査バッテリー

第 11 章
検査バッテリー

森田美弥子

○━ *Keywords*　投映法，知能検査，投映水準の異なる検査，課題場面の違いを活かす，クライエントの問題意識

I　検査バッテリーの考え方

　心理検査を用いたアセスメントを行う際に，複数の異なった検査を組み合わせて実施することは少なくない。「検査バッテリーを組む」と表現される。そうすることで多面的で有益な情報が得られ，より深くクライエントを理解し，支援に役立てることができる。一方で，多くの検査を実施することはクライエントにとっても，また支援者にとっても負担は増えることになるため，慎重かつ的確に検査を選択する必要がある。

　心理アセスメントの方法には，心理検査，面接，観察と多様なものがあるが，ここでは心理検査を用いたアセスメント，特に複数の検査を組み合わせて実施する検査バッテリーに焦点を当てる。図1に心理検査を用いたアセスメントの流れを示した。これに沿って検査バッテリーの考え方や実施上の留意点について述べていくことにする。

1．何のために検査を実施するのか——アセスメントの目的

　田中（1989）は，心理アセスメントを行うにあたって，まず「何を知りたいのかを明確にしておかねばならない。知りたい事柄とは，アセスしなければ入手できない情報である。これを仮に出力情報と呼び」，次に「この出力情報に相応しいデータは何かを判断して，必要な資料（面接，観察，検査の結果）を収集する。これを入力情報と呼ぶ」とし，「入力情報を出力情報に変換処理するのがアセサーの役割」であると述べている。

　何を知りたいのか，心理検査実施目的の明確化はアセスメント計画の出発点で

151

第3部　心理的アセスメントの実際

アセスメント実施計画
　―目的の明確化
　―検査の選択

⇩

クライエントへの説明と同意
インフォームド・コンセント

⇩

心理検査の実施

⇩

結果の検討
　―量的分析
　―質的分析

⇩

所見レポートの作成

⇩

フィードバック
　―クライエントに対して
　―関係者に対して

図1　心理検査によるアセスメント実施の流れ

ある。支援の初期段階であれば，病態水準やパーソナリティなどまずはその人の全体像を把握すること，それにもとづき支援方針を策定することが，アセスメントの目的となる。ただし，単にルーティンであるからということで，通り一遍のことを尋ね，決まった検査を漫然と実施するだけでは，十分なことは得られない。また，関わりの経過の中では，変化を見たり，それをふまえて新たな方針を立てたりすることが目的となるだろうが，その際，よくわからないのでとりあえず心理検査でもやってみようなどと安易に考えてしまうことが時として生じるので気をつけたい。つまり，「知りたい」というのは支援者の興味関心や困惑のみに基づいているのではなく，クライエントの見立てや支援に役立つための情報として，あくまでもクライエントに還元されるものだということを忘れてはならない。それに応じて実施する検査が浮かび上がってくる。

2．どの検査を用いるか――アセスメントの方法

　心理検査を用いたアセスメントを行う時，何を知りたいかという目的と，どうやってそこに迫るのか，つまりどの検査を使用するのかという方法とは密接に関連してくる。大別すると，知的発達や精神機能の面を中心に見たいのか，それとも情緒や内的精神力動の面を詳しくとらえたいのか，という視点がある。前者であれば知能検査や発達検査，あるいは神経心理検査が必要になるかもしれない。後者であれば，投映法や質問紙法によるパーソナリティ検査が選択されることになるだろう。具体的にはクライエントの年齢や発達段階，問題となっている症状や状態像によって，詳しく知りたいことが絞られていく。あまり決めつけてはいけないが，ゆるやかな仮説を立てて，それを確かめるために適切な検査を選択する。

第11章 検査バッテリー

　知能検査や発達検査には適用年齢が定められているが，知的発達について遅れが予想される場合には，たとえばウェクスラー法でなくビネー法に切り替えたり，無理せずに低年齢用の検査を実施したり，柔軟な対応が必要である。投映法の場合でも，たとえばロールシャッハ法により詳細な特徴をとらえたいが，不安を強めてしまう可能性があったり，言語的なコミュニケーションが難しいと考えられたりした時などに描画法や質問紙法を実施してみることもあり得る。

　したがって，検査のレパートリーは広くもっておくとよい。すべての検査に精通することは不可能と言ってよいが，自分の職場で頻繁に使用する検査以外にも視野を広げておき，他機関で実施した検査の報告書がきちんと理解できる程度に研鑽を深めることが望まれる。

II　なぜ検査バッテリーか

　実際にはどのようなバッテリーが用いられているだろうか。検査の組み合わせ方についてもアセスメントの目的に応じて異なってくる。いくつか例をあげて考えてみよう。

1．全体像を多面的にとらえる

　投映法と知能検査という検査バッテリーは，精神科病院やクリニック，大学附属心理相談室などで比較的多くみられる。主に知的発達についてウェクスラー法またはビネー法で，また，パーソナリティや行動特性，自我機能のあり方をロールシャッハ法その他の投映法で見ていくことになる。支援の初期段階では，クライエントのパーソナリティ全体像をとらえ，行動特徴や精神機能の特徴を知ることで病態水準の見立てをし，面接で得られた情報も加味して，問題となっている症状や悩みの背景を検討し，支援方針を立てることが求められる。そういった包括的な人物理解に適している代表的な検査はロールシャッハ法とウェクスラー法であろう。いずれも，思考や認知，情緒や対人関係などについて量的指標を用いた分析とともに質的分析に耐え得る検査である。したがって，知能検査であっても回答の仕方や解き方の特徴から，そのクライエントの課題対処の仕方についてさらに詳細を把握することができる。ただし，実施すること自体が困難な場合もあるので判断を要する。

　投映法と知能検査を組み合わせることは，課題場面の違いという点からも有益な示唆が得られる。投映法は半構造化面接のように，一定の枠組みの中でかなり

153

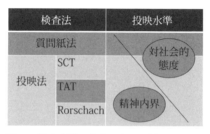

図2　投映水準に焦点を当てた検査間の関係
（馬場（1997）を参考に作成）

自由度の高い反応が求められる。それは人によっては不安や当惑を高めることもあり，また，時には興味と興奮を高めることもある。一方，知能検査は知識や知的能力を問われていると気づくため，緊張や抵抗感を生じさせることもあるが，求められていることがわかりやすい場面とも言える。異なった場面への対応のあり方から，たとえば具体的で明確な課題においては知的な高さを発揮できるのに情緒表出が苦手であったり，あるいは知的発達に遅れを持ちながらも対人希求や共感性にすぐれていたり，といった特徴をとらえることができるだろう。

2．クライエントの問題意識や気づきの程度をとらえる

パーソナリティ検査の中でも，ロールシャッハ法のように自分では明確に気づいていない行動特徴や無意識の部分も含めてとらえられる検査と，SCT（文章完成法）のように半ば気づいている前意識レベルの特徴をとらえる検査，というように投映水準の異なる検査を組み合わせることも，実践の中では比較的よく行われている。たとえば，ロールシャッハ法からは不安・緊張を抱えやすいことが見てとれるにもかかわらず，SCTでは明るく力強い自分を表現しているとすると，無理して強がっている，自分の弱さに目を向けたくない，あるいは気づけていない，などの可能性が読み取れる。ここからクライエントの自己意識や問題認識の適切さを知ることができるので，こうした所見をふまえて具体的な支援における働きかけの工夫につなげていくとよい。図2に投映水準に焦点を当てた検査間の関係を示した。

3．特定の側面にフォーカスする

当然のことながら個々の心理検査はオールマイティではない。それぞれの検査が何をアセスメントすることを目的としているのか，ということをふまえて用い

第 11 章 検査バッテリー

ることが肝要である。わかりやすい例をあげるなら，知的発達を知りたいという時に YG 性格検査を選択するということはまず有り得ない。それを目的とした検査ではないからである。YG 検査の実施・分析過程において知的発達に関する推測可能な手がかりは得られるかもしれない。それはそれで大切な情報として扱うが，YG 検査の結果所見としては中心的な内容ではない。

　質問紙法の場合は特に，それぞれの検査が何に焦点を当てているか明確な目的をもって質問項目が構成されており，それは強みでもある。YG 検査や TEG などのように性格傾向全般をとらえるものもあれば，臨床群と健常群の識別を目的とした臨床尺度からなる MMPI，抑うつに特化した尺度として SDS，CES-D，BDI など，不安尺度として MAS，STAI など，PTSD のスクリーニングとして IES-R，という具合に臨床的な症状の有無や度合いについて把握するためのものもある。

　精神機能面をとらえる検査においても，言語能力を詳細に見るための ITPA，視覚と運動の協応を見るためのフロスティッグ視知覚発達検査，自閉スペクトラム症のスクリーニングに用いられる ASQ，認知症スクリーニングのための HDS-R や MMSE，器質疾患の鑑別に有効なベンダー・ゲシュタルト・テストなど多様な検査が開発されている。

III　心理検査の実施にあたって

1．クライエントとの共同作業であること

　松本・黒崎（2014）は，精神科病院での検査導入について，「検査の依頼があり，初めてクライエントと顔を合わせたときに，クライエント自身の心理検査に対する認識を尋ねると同時に，おおまかな心理検査の流れを説明する」とし，それによってクライエントの中にある検査への抵抗や不安，あるいは過剰な理想化を知り，それらを話題として扱うことの意義を示唆している。

　個々の心理検査の実施について詳細は他の章で十分述べられているので，ここでは繰り返しになるかもしれないが，アセスメントはクライエントとの共同作業であることについて触れておきたい。心理検査の目的や内容について説明をし，実施した結果，さらに別の検査の導入が必要とされることもある。そうした場合にもまた，クライエントに伝え，話し合って次の段階に進む。つまり，アセスメントを行ってテスターが理解したことをクライエントにフィードバックして感想や意見を尋ねる，と同時にあらためて確認したいことや課題が見えてきたのであれば，アセスメント計画の修正と展開について共有していく。新たな検査バッテ

リーを組んでアセスメントを行う場合も，専門家としての判断とそれを伝え話し合う姿勢を忘れないようにしたい。

2．関係性という視点をもつこと

森田（2009）は，「心理検査はそれ本来の目的に加えて，関係の媒介としての役割を果たしている」と述べ，①検査状況におけるコミュニケーション，②検査実施に至る背景に存在する人間関係，③結果のフィードバックにおける協働的・治療的な意義，という3つの視点から心理検査にまつわって生じる関係性の意味を論じている。すなわち，検査の導入から実施，フィードバックに至る過程で，クライエントとテスターとの間でなされる関わりには治療的意味が展開されるということ，またクライエントのみならず，家族や学校・職場の関係者は検査結果に対する期待と不安をもち，そうした周囲の人たちとの関係性が影響してくるということを視野においておく必要がある。複数の検査を実施している場合はなおのこと，クライエントや関係者が各検査についてどのようなイメージや考えを抱いているかモニターしながら進めていくことが大切だと考えられる。

3．発達段階をふまえ手順を考慮すること

高橋・津川（2015）では，発達段階や領域によって主となる心理検査が異なってくることから，その視点で検査バッテリーの実際を述べている。子どもの場合，心身の発達途上であるため，発達検査や知能検査は欠かせず，そこに描画法などを加えるとよいこと，児童期以降は情緒面をとらえることや診断に役立つ情報を得ることを目的として，投映法や質問紙法などパーソナリティ検査の重要性が増してくること，青年期には自己理解を把握するための質問紙法を加えるのも有効であることなど，詳細に解説されている。

また，検査バッテリーの実施順序について，①不安や緊張をあまり生じない検査，目的がはっきりしている検査を先に，②刺激が明確に構成され，反応が容易な検査を先に，③あらかじめ検査結果があれば，その後の検査が実施しやすいものを先に，行うのを原則としつつ，クライエントの状態などに応じて行うのがよいとされている（高橋・津川，2015）。この原則に従うなら，投映法よりも，知能検査などの機能面にアプローチするものや質問紙法を，投映法の中でもロールシャッハ法よりSCTなどを先に行うのが望ましく，特に子どもの場合は妥当と考えられる。ただし，明確であることがかえって結果を予測して評価懸念が強まる場合もあり，青年期・成人期の場合はあえて非構成的なものを先に行うという立

第11章　検査バッテリー

場をとる臨床家もある。

IV　検査所見の解釈と報告に向けて

1．心理検査相互の関連に着目

　検査バッテリーを実施した後，結果を所見としてまとめる際には，個々の検査からわかったこと・言えることは何か，そこをまずおさえる。その上で，それらが共通の方向を示している場合は，その人の特徴としてかなり一貫した傾向であると判断できるだろう。しかし，時としてそれらは矛盾した結果を示していることがある。そのことは特に初心者にとっては戸惑いを感じ，結果が間違っているのではないかと自信を失ったり，結果の解釈を歪めてしまったりすることすらある。ここで重要なのは，むしろ検査によってクライエントのパフォーマンスが異なるのは何故かを考えることである。

　たとえば，ウェクスラー法やビネー法から得られたIQや発達水準に比してDAMから推定されるそれが低いという場合，描画には情緒的要因が影響しやすいので，パーソナリティ傾向や環境的な要因でストレスを抱えて，持っている能力を発揮しきれないことが考えられる。逆にDAMの方が大きく上回っているならば，周囲との良好な関係に支えられて適応的な行動が発達しているという可能性が考えられる。

　また，先に述べたように個々の検査の課題場面としての対処にもクライエントの特徴が見られることがある。ウェクスラー法ではかなり優秀な知的水準を示し，ロールシャッハ法では絵探しゲームのように楽しんで反応していたクライエントが，バウムテストに対しては「難しい。模写ならできるけど」と自己表出への抵抗感を訴えたことがある。同じ投映法でも刺激を受けてイメージを生成するものと，白紙の上に自ら創造していくものとではクライエントにとっての意味や負荷が違うのだと感じさせられるエピソードである。

2．実践に活かすために

　佐藤（2004）は，「テストバッテリーの基本は『異質のアプローチを組むこと』である。しかも実際の業務を考えると（クライエントの疲労などから），一定の時間枠のなかで有効なバッテリーを組むことが求められる」と述べ，ロールシャッハ法とベンダー・ゲシュタルト法と火焔描画法というバッテリーを採用し，各検査から抽出したサインを組み合わせて，クラスター分析により臨床群ごとの特徴

(基本的人格傾向,病理水準,予後等)をつかみデータベース化した。いわば,サイン・バッテリーともいうべき視点が導入されている。他に,臨床的有用性を意識した検査バッテリーとしては,髙橋(2016)のロールシャッハ法と風景構成法がある。そこでは「心理療法的バッテリー」と称され,継時的プロセスで見ていくこと,そこに反映されてくる治療的関わりの特徴をつかむことでセラピーに直結していくといった内容が論じられている。

　検査バッテリーを組むことの利点は,異なった方法でアプローチすることによって多面的な人間理解が可能になることである。それは情報を補うことになるだけではない。それぞれの心理検査がそのクライエントにとってどのような課題として受け止められているか,異なった特徴をもつ場面にどのように対処しているのかを見ていくことで,日常の行動パターンや関係のもち方を予測することができる。具体的な支援に結び付けることがアセスメントの重要な役割である。

◆学習チェック表
☐ 心理アセスメントにおける検査バッテリーの意義について理解をした。
☐ 検査バッテリーを実施する際に注意すべき点について理解をした。
☐ どのような検査バッテリーが実施されているかについて理解した。

より深めるための推薦図書
　松本真理子・森田美弥子編(2018)こころの専門家養成講座3　心理アセスメント―心理検査のミニマム・エッセンス.ナカニシヤ出版.
　岡堂哲雄編(2009)臨床心理学全書2　臨床心理査定学.誠信書房.
　八尋華那雄監修,高瀬由嗣・明翫光宣編(2013)臨床心理学の実践―アセスメント・支援・研究.金子書房.

文　　献
馬場禮子(1997)心理療法と心理検査.日本評論社.
松本千夏・黒崎和泉(2014)心理アセスメントにおけるテストバッテリーの組み方とフィードバックの工夫.In:髙橋靖恵:臨床のこころを学ぶ心理アセスメントの実際―クライエント理解と支援のために.金子書房,pp.150-174.
森田美弥子(2009)臨床心理アセスメントにおけるフィードバックと治療関係.In:竹内健児編:事例でわかる心理検査の伝え方・活かし方.金剛出版,pp.64-71.
佐藤忠司(2004)臨床心理査定アトラス.培風館.
髙橋昇(2016)ロールシャッハ法と「穴」のある風景構成法の統合的活用―投映法の心理療法的バッテリー.金子書房.
髙橋依子・津川律子編(2015)臨床心理検査バッテリーの実際.遠見書房.
田中富士夫(1989)心理アセスメントの基礎理論.In:安香宏・田中富士夫・福島章編:臨床心理学体系 第5巻.金子書房,pp.1-31.

第12章　包括的解釈と報告

田形修一

Keywords　包括的解釈，治療的アセスメント，報告書のまとめ方，結果のフィードバック，多職種連携，協働

I　行動観察・アセスメント面接・心理検査等の結果を統合させ，包括的解釈を行なう

　生物心理社会モデルは現在の臨床心理学の領域においても重要な参照モデルである。アセスメントにおいても，クライエントの状態像を把握するためには，1つの視点からだけでなく，生物学的側面・心理学的側面・社会的側面の3つの側面からの理解が必要である。クライエントの状態像をこれらの3側面から総合的に検討することで，適切な支援につなげることができるのである。そのためにも，後に述べる多職種協働が必須のものとなっている。

　小川（2013）は心理アセスメントの方法について「心理アセスメントには面接法，検査法，行動観察の3種類の方法があると考えることができる」と述べている。心理検査は，査定の方法の一つであるということも，強調しておきたい。行動観察，アセスメント面接，心理検査のそれぞれについては本書の第1部と第2部で解説されているので参照していただきたい。

　アセスメントとは，簡単に言ってしまえば，クライエントの人格・行動とその規定要因に関する情報を系統的に収集して，クライエントに対する介入方針を決定するための作業仮説を組み立てる過程である。この仮説検証の過程そのものが，後に続くサイコセラピーの過程そのものと言える（田形，2016）。後の節で触れるが，フィンFinnの治療的アセスメントの考え方にも示されるように，アセスメントと後に続く心理支援とは表裏をなす関係にある。

　面接や行動観察などから得られるクライエントの状態像，生育歴，家族歴などから，クライエントへの介入方針や支援計画が立たない場合，例えばさまざまな

第3部　心理的アセスメントの実際

病理性が考えられる場合には，心理検査の導入を検討することになる。

　心理検査を導入する場合は，そのことを本人にどのように伝えるのか，また，クライエント自身は検査を受けることをどのように受けとめているのかについて，十分に配慮されなくてはならない。一般的には，検査者とカウンセリングや心理療法を担当する心理士は別立てにするのが原則である。投映法などの個別検査においては被検者─検査者関係が検査結果に与える影響が大きく，その影響を避けるためでもある。臨床現場の都合で心理療法の担当者が検査者を兼ねることもある。その場合，その後の治療的関係の展開を妨げることもあるので，心理検査の実施を誰が行なうのかについても，心理検査を実施することの是非についても十分検討しておく必要がある。

　インテーク面接や観察だけでは，クライエントへの介入方針や治療計画が立たないとき，例えばさまざまな病理性が考えられるとき，あるいは精神病的な自我障害の有無や程度を知る必要があるときには，心理検査の実施を検討することになる。

　心理検査の依頼者は，医療現場では医師である場合が多いが，そのような場合であっても，心理検査を受けることをクライエント本人がどのように理解しているのかを検査者が知っておく必要がある。

　例えば，依頼者である医師は患者に対して，検査の目的，秘密の保持などについて十分な説明を行なう必要がある。依頼を受けた検査者も検査の実施に際してそれらの点について，クライエントの了解が得られているかどうかの確認をする必要がある。クライエントの了解が不充分な場合は，その点について検査者からも説明する必要がある。

　検査者は，クライエントが検査を受けるまでの経緯，検査を受けることをクライエント自身がどのように理解しているか，また心理検査を受けるということがクライエントにどのように体験されているのかなどについて，検査者自身が十分認識しておく必要がある。それらのことが検査結果に影響を与えるし，心理検査実施にあたってもインフォームド・コンセントが必要であるからである。

　検査の目的が明確にできず，検査を実施する意味がないと判断される場合には検査の実施は見合わせることも大切なことである。心理検査の実施は，クライエント自身の役に立つような臨床上の必要性が認められるときにのみ行われるべきである。

　通常の臨床現場では，心理士は検査依頼を受けると，検査者は査定目的のためにどの検査を採用するか，どの検査とどの検査を組み合わせるかなど，検査バッ

テリーの作成を行なうことになる。検査バッテリーの作成にあたっては，心理検査の依頼者（被検者本人の場合もある）と検査者の間で，検査についての理解を共有し，検査目的を明確にしておく必要がある。

例えばMMPI（ミネソタ多面人格目録）のような質問紙法の検査結果とロールシャッハ・テストのような投映法検査の結果が必ずしも一致しないことがある。この場合，それぞれの心理検査がパーソナリティの異なる面を査定している可能性があるからであって，査定情報の不一致自体もクライエント理解のための検討素材として取り上げていくことになる。このことは，面接や行動観察で得られた情報と，検査結果とのズレについても同様であって，そのズレがなぜ生じているのかについて検討することがクライエント理解，ひいてはその後の心理支援に繋がることになる。

検査者は検査バッテリーを組むにあたって，対象となる被検者の何について査定するのかを十分に把握していなくてはならないし，用いようとしている心理検査では何が査定できるのか理解できていなくてはらない。それぞれの心理検査にはそれぞれ長所短所があり，効用と限界があるからでもある。実施したい検査道具などの用意があるのかといった実際的な問題もある。検査バッテリーについては前章を参考にしていただきたい。

II 報告書を書くときの留意点

心理的アセスメントの最終段階として，アセスメント結果の文章化と伝達の問題がある。つまり，実施された心理検査から得られた各情報と心理検査以外の情報を含めて総合して報告書としてまとめていくことになる。

医療，福祉，教育，産業，司法それぞれの領域でさまざまであるが，報告書の様式として，加藤・吉村（2016）は次のようなものが参考になるとしている。

・基本情報（氏名・性別・生年月日・年齢・実施日）
・アセスメントの目的・理由（検査目的・依頼理由）
・アセスメント実施時の状況・様子（クライエントの理解・態度・体調）
・アセスメントの結果・所見（観察・検査結果・その意味するところ・問題点とその可能性・これから予測されること・対応の留意点など）
・要約（総合的な評価・目的に即して簡潔に）

第3部 心理的アセスメントの実際

　心理検査の報告書に含まれるべき内容は，依頼者の求めている情報がなにかという当初の査定目的を意識したものでなければならない。一般的なレポートに含まれる内容としては以下のような点が挙げられよう（田形，1991）。

①知的機能について，知的水準だけでなく，知能の質的な特徴や知的関心の方向や範囲，現実吟味の的確さ。
②対人関係の特徴について，被検者に特徴的な欲求，その欲求が満たされないときの対処方略や防衛機制，自己統御の仕方など。
③精神力動，病因など問題行動の発生要因。
④被検者の自己知覚・自己像（自分自身をどうみているか）。
⑤被検者の対人技能，欲求不満耐性，自我強度などの内的資質。
⑥適応水準や病態水準。
⑦精神医学的診断と照合されるような心理学的情報。
⑧治療的介入に有益と思われる情報。

　それぞれの情報から，各検査の効用と限界を踏まえた上で，ひとつのまとまりをもった情報として記述していくことが大切である。また専門用語を用いないで，読み手を意識した，わかりやすい記述を心がけたい。
　田形（1991）は，ロールシャッハ・テストについて，自動解釈文，いわゆるコンピュータ解釈と熟練臨床家の作成する解釈レポートとの比較を行なっている。その結果から，コンピュータの打ち出す自動解釈は，レポートの文章が項目羅列的で長く，ひとつのまとまったパーソナリティ像としてまとまらない，精神力動，病因などの問題行動の発生要因に触れていない，治療的介入に役立つ情報の記述がないなどの点で，限界があることを報告している。また，形式的側面については，自動診断システムの方が臨床家よりたくさんの判断ルールに基づいた偏らない解釈を行なっているように思うが，自動診断システムの打ち出すレポートの矛盾を克服する努力の他に，生活歴・病歴などの検査以外の情報や被検者の言語表現・年齢や性別など自動診断システムに入力していない情報を組み込み統合する必要性を指摘している。さまざまな情報をいかに統合していくのか，この総合化のプロセスこそが心理士にとって重要な点であろう。
　津川（2015）は，「所見は，検査を受けた対象者の心理学的特徴，潜在している能力，指摘できる課題などを，臨床情報も参考にしながら統合し，所見の最後に『まとめ』として盛り込む。そして，そこで終わらず，どのような心理支援が対

象者の役に立つのかに関して具体的な示唆を書けるように努力する」と，対象者の状況に即した具体的な所見とすることを強調している。

検査状況とクライエントの生活とを関連づけて考えるようになれると良い。そのためには臨床実践とそれに基づくスーパーヴィジョンなどを通しての訓練が不可欠である。

III 報告書のあり方（フィードバック面接を含む）……改めて心理支援につなげることの重要性

心理的アセスメントの最後の段階として，結果の文章化と伝達の問題がある。検査者は，実施された心理検査から得られた各情報を，面接や観察等の心理検査以外の情報も含めて総合し，報告書，レポートとしてまとめることになる。

報告書を作成するに際して，最初に報告書は誰が読むのか，どのように用いられるのかという点がしっかりと把握される必要があることを指摘しておきたい。このことは，インテーク面接の段階で，フィードバックは誰に行なうのか，クライエント本人だけなのか，同席する人がいるのか，紹介元にはどうするのか，学校臨床であればスクールカウンセラー，あるいは担任教師にもするのか，家族へのフィードバックが必要なのか，クライエントとの十分な確認が大事である。この確認の過程の在りようがその後の支援の過程に影響を与えることにもなる。

糸井（2015）も指摘するように，一部の医療機関ではクライエント本人へのフィードバックを心理検査担当者ではなく医師が行なうこともある。糸井は心理検査を「クライエントの自己理解を支援する道具」として意味づけることを提案している。フィンのいう，アセスメントにおける治療モデルを重視すべきとの主張とも通じるところがある。この点については，田澤（2007）が，情報収集モデルと治療モデルを対比的に6つの点から論じたフィン（1997）の要約を示しているので参考になる。少し長いが以下に引用しておく。

1) **査定のゴール**：情報収集モデルでは，①現存する特性次元とカテゴリーを用いてクライエントを正確に記述すること，②クライエントの見立てに役立てること，③専門家同士のコミュニケーションを促進することが目標である。それに対して治療モデルでは，①クライエントが，自己と他者に対する新しい考え方や感じ方を学ぶこと，②クライエントがこうした新しい理解を模索して，日常生活の諸問題に繋いでいくために役立てることが目標である。
2) **査定のプロセス**：情報収集モデルの流れは，①データ収集，②検査データの演繹

的, 一方通行的解釈, というものである。それに対して治療モデルは, ①クライエントと共感的なつながりを発展させること, ②個に即した査定のゴールを明確にするために, クライエントと共同制作的に話し合うこと, ③査定のプロセス全体を通じて, クライエントと一緒に情報を分かち合って探求すること, というものである。

3）検査の定義：情報査定モデルにおける検査とは, 法則定立的に比較することができ, 査定場面外の行動を予測することができる, そうしたクライエントの行動の標準化されたサンプルを収集するものである。それに対して治療モデルにおける検査とは, ①日常の問題状況への特徴的な反応の仕方について, クライエントと対話する機会であり, ②クライエントの主観的体験に査定者がアクセスすることを可能とする, 共感のための道具である。

4）重視する点：情報収集モデルで重視するのは, ①検査のスコア, ②査定後になされる見立て, である。それに対して治療モデルは, ①クライエントと査定者のあいだに生起するプロセス, ②クライエントの主観的体験, ③査定者の主観的体験, である。

5）査定者の役割：情報収集モデルにおける査定者は, ①客観的観察者, ②人というよりも数をこなすことで上達する半熟練技術者, である。それに対して治療モデルは, ①関与的観察者, ②検査, パーソナリティ, それから精神病理に精通した高度の技術と, 高度の対人的技量を身につけた専門家, である。

6）誤った査定：もしも査定が誤ってしまったときには, 情報収集モデルでは, ①バイアスがかかるか, さもなければ不正確な情報が収集され, ②査定後に, 間違った見立てに基づく決定がなされる。それに対して治療モデルでは, クライエントが①査定者から尊重されていない, 理解されていない, 傾聴されていないという気持ちになり, ②新たな理解を獲得することができなかったり, 査定によっては変化しなかったり, ③気持ちを踏みにじられたと感じて, 査定の前よりも無力になってしまう。

　田澤が指摘するように, フィンは治療モデルを重視し, フィードバック面接を, ブリーフセラピーとして行なう。ここで情報収集モデルと治療モデルは補完的に捕らえられており情報収集モデルが放棄されていないことには注意が必要である。

　糸井（2015）は, 臨床経験3年目の臨床心理士と10年目の臨床心理士のフィードバックを比較している。フィードバックの留意点として, 次の11点を挙げて, それぞれについて示唆に富む解説を加えている。

①心理検査結果を主要な問題と関連づけて解釈しフィードバックする。
②生活への影響力が弱い特徴については簡潔に説明する。
③問題の要因となっているクライエントの特徴は具体的, 定的に把握し指摘する。

第 12 章　包括的解釈と報告

④クライエントの否定的な特徴は臨床的に意味がある場合のみ伝える。
⑤問題を克服する資源となるクライエントの特徴を把握し指摘する。
⑥クライエントにとって価値のある特徴を把握し指摘する。
⑦クライエントの特徴を「短所」と「長所」に分けない。
⑧具体的な問題解決の方法と見通しを示す。
⑨自己肯定感が増し希望が持てるようにフィードバックする。
⑩解釈は押しつけない。
⑪心理検査中のリアリティのある体験をベースにフィードバックする。

　津川（2015）は，フィードバックのコツを，①あれもこれも山のようにフィードバックしない，②対象者の状態に合わせて，相手が内的に受け取れる内容を，順番を考えて，理解できる表現で説明すること，③協働作業であること，④健康な側面も伝えること，⑤心理支援の一環であることを意識して返すこと，の５点にまとめており，フィンの主張に通底するものがある。特に，健康な側面をフィードバックすることを挙げ，サンドイッチ方式で報告書を書くことをすすめている。
　糸井は，「心理検査とフィードバックは，つよい影響力を持つことから，他の医学的検査と同等に扱うのではなく，心理療法の中に位置づけて，心理検査の特徴に熟知した臨床心理士によって行なわれるべき」との見解を示している。松澤（2015）は，「アセスメントを含め，心理的援助の最終的な目標がクライエントの生活を支えることであることを考えると，フィードバックにおいても，その結果をクライエントの日常生活を関連づけて伝えるほうが効果的であろう」と生活を支える視点を強調している。フィンや津川の主張にも通じる点が多い。
　心理アセスメント結果のフィードバックにあたって，第一に考慮されなくてはならないのは，クライエントの自己理解と病態理解を促し，治療意欲を高めることに役立つものでなくてはならないということに尽きる。フィードバックするのが心理士であれば，フィードバックは治療の流れの中で行なわれることになるだろうし，そのためには，アセスメント結果を一方的に伝えればよいということではなく，結果の説明は相手にとって，わかりやすく，受け入れられるように行なわれる必要がある。質問紙法の場合は，一般的には，被検者の意識化された自己イメージが検査結果に出てくるということもあるから，意識的な水準で話し合うことが可能で，クライエントには受け入れられやすいだろう。投映法の場合は，クライエントの意識していないものを扱うことになる場合もあるので，時に混乱

させる場合もある。検査結果のすべてをありのままに誠実に返そうとすることが，必ずしも適切であるとは限らない。ともすれば，とにかくフィードバックしなくてはいけないと，クライエントがどう受け取っているのか，相手の反応を見ながらではなくて，一方的に，あなたはああだ，こうだとやってしまっているケースもあるように思われる。同じことを言っているつもりでも，例えば，クライエントが使った言葉を使って説明するなど，相手の立場に立ったフィードバックをすることを心がけるなど配慮と工夫が必要である。

　結果のフィードバックについて，クライエント本人へのフィードバックの他にも検討すべき点がある。主治医をはじめとする治療スタッフへのフィードバックや家族へのフィードバックについてである。

　検査依頼者が主治医の場合は，その結果がクライエント本人にどのように伝えられるのかという点について見通しが必要であろう。検査を実施した目的に応じて，どのようにクライエントの役に立つようにフィードバックされるのが良いかは，それぞれの臨床現場の現実に応じて，依頼者と検査者間の日頃のコミュニケーションをよくしておくなどの工夫が必要である。

　家族を対象にフィードバックする場合は，特にクライエントが子どもの場合，親へのフィードバックの場に子ども本人を同席させるのか，別に行なうのかなどについても，検査の導入にあたって結果のフィードバックをどのように行うのかについて丁寧に話し合っておく必要がある。例えば，学校側との話し合いに結果を使いたいという場合，どのように使われるのかについて，場合によれば学校側（担任やスクールカウンセラーなど）との連携も検討する必要がある。もちろんその場合は，親や子ども本人からも了承を得る手続きは必須である。

　クライエント本人以外に結果をどう伝えるかは，そのことがクライエント本人にどのように影響するのかについて十分に検討しておく必要がある。

■ IV　チームの中でアセスメント結果を活かす（多職種連携）

　公認心理師法第 42 条第 1 項に「公認心理師は，その業務を行うに当たっては，その担当する者に対して，保健医療，福祉，教育等が密接な連携の下で統合的かつ的確に提供されるよう，これらを提供する者その他の関係者等との連携を保たなければならない」と定められている。公認心理師カリキュラム等検討会（2017）の報告書によれば，公認心理師のカリキュラムの到達目標に，「多職種連携・地域連携」が挙げられており，「医療機関において『チーム医療』を体験する」ことが

第12章 包括的解釈と報告

求められている。多職種協働を前提としたチームでの取り組みの中で,公認心理師に期待される役割は大きい。

例えば,保健医療の現場では,医師,看護師,精神保健福祉士など多職種の参加を得て開催される病棟カンファレンスがあり,患者の日常,入退院などについてチームでの情報共有が図られている。公認心理師からは心理的アセスメント結果についても報告,共有されることになる。医師だけでなく,病棟スタッフなどへも検査結果について説明し,他の専門職から見えているクライエント像を聞いたり,話し合うことでクライエント理解がより立体的になる。

医療チームでの心理アセスメント結果がどのように活かされるのかは,それぞれの臨床現場で,日ごろ,他のスタッフとどのような連携や協力体制が取れているのかといったことと大きく関係してくることだと思われる。その意味でも,通常の専門業務以外にも,多職種とのコミュニケーションは大切なものである。

保健医療領域に限らず,例えば教育領域では,2017年にはスクールカウンセラーが学校教育法施行規則に規定され,「チーム学校」の中で,教職員の他にスクールソーシャルワーカーとの,そして地域との連携を踏まえた貢献が期待されている。

公認心理師の職責に含まれる事項の一つとして,「多職種連携および地域連携」が挙げられている。多職種連携(IPW:Interprofessional Work)とは,健康,医療,福祉に関係する仕事に就く人たちが,それぞれの専門職がその技術と役割を基に,共通の目標をもって連携(協働)することである。複数の専門職間の連携(協働)が質の高い実践に繋がるからであり,そのためにも大学・大学院での多職種連携教育(IPE:Interprofessional education)への取り組みは必要である。IPEとは他の職種の役割や専門性,また自身の職業の専門性や責任を理解するための教育のことである。公認心理師の多職種連携は保健医療の分野に止まらず幅広いものとなっている。医療系学部のある大学などで取り組まれているところであるが,まだまだ十分とはいえないのが現状である。公認心理師養成において今後取り組まれるべき課題の一つと思われる。

◆学習チェック表
☐ 行動観察,面接,心理検査の情報をどうまとめるか理解した。
☐ アセスメント報告書の書き方について理解した。
☐ フィードバック面接の基本について理解した。
☐ アセスメントが心理支援にどう繋がっているのか理解した。
☐ チームの中でアセスメントの活用について理解した。

より深めるための推薦図書

加藤志ほ子・吉村聡（2016）ロールシャッハテストの所見の書き方―臨床の要請に答えるために．岩崎学術出版社．

近藤直司（2012）医療・保健・福祉・心理専門職のためのアセスメント技術を高めるハンドブック―ケースレポートの方法からケース検討会議の技術まで．明石出版．

松本真理子・森田美弥子編（2018）心理アセスメント―心理検査のミニマム・エッセンス．ナカニシヤ出版．

日本心理研修センター監修（2018）公認心理師現任者講習会テキスト［2018年版］．金剛出版．

下山晴彦・中嶋義文編（2016）公認心理師必携　精神医療・臨床心理の知識と技法．医学書院．

津川律子（2009）精神科臨床における心理アセスメント入門．金剛出版．

文　　献（推薦図書も含む）

Finn, S. E. (1996) Manual for Using the MMPI-2 as a Therapeutic Intervention. University of Minesota Press.（田澤安弘・酒木保訳（2007）MMPIで学ぶ心理査定フィードバック面接マニュアル．金剛出版．）

Finn, S. E., & Tonsager, M. E.(1997)Information-gathering and therapeutic models of assessment: Complementary paradigms. Psychological Assessment, 9(4); 374-385.

糸井岳史（2015）医療場面における検査結果のフィードバック．In：高橋依子・津川律子編：臨床心理検査バッテリーの実際．遠見書房，pp.219-225．

公認心理師カリキュラム等検討会（2017）報告書．http://www.mhlw.go.jp/file/05-Shingikai-12201000-Shakaiengokyokushougaihokenfukushibu-Kikakuka/0000169346.pdf（2018年4月30日取得）

松澤広和（2015）心理アセスメントが目指すもの．In：平島奈津子編：治療に活かす心理アセスメント．日本評論社，pp.8-11．

森田美弥子（2017）心理アセスメント．In：野島一彦編：公認心理師入門．日本評論社，pp.60-63．

小川俊樹（2013）心理療法とアセスメント（1）成人の場合．In：大場昇・小野けい子編：臨床心理面接特論．放送大学教育振興会，pp

田形修一（1991）村上・村上によるロールシャッハ自動解釈レポートの検討．ロールシャッハ研究，33; 19-28．

田形修一（2016）心理学的人間理解を学ぶ．In：野島一彦編：公認心理師入門．日本評論社，pp.57-61．

津川律子（2015）検査結果のフィードバックに関する考え方．In：高橋依子・津川律子編：臨床心理検査バッテリーの実際．遠見書房，pp.199-209．

津川律子（2017）心理アセスメントに関する理論と実践．In：野島一彦編：公認心理師入門．日本評論社，pp.130-133．

第13章　各分野における心理的アセスメントの実際

各分野における心理的アセスメントの実際
（架空事例）

福田由利・渡邉　直・佐藤由佳利・吉村雅世・松浦真澄

> Keywords　ウェクスラー式知能検査，心理教育，地域生活支援，当事者性，見える化，非暴力の具体策の共有，スクールカウンセラー，協働，心理検査，疾病性，事例性，連携，職業性ストレスモデル（NIOSH），生物心理社会モデル

I　保健医療分野における心理的アセスメント（福田由利）

1．保健医療分野における心理的アセスメントの視点

　保健医療分野は，精神科，身体科，小児医療，リハビリテーション医療，高齢者医療，そして地域における支援まで，多岐に渡るが，この節では精神科病院における事例をお伝えする。

　精神疾患が発症する要因としては，持って生まれた素因，生育歴，家族歴，生活環境などが複合的に絡んでいる。状態や治療の経過に応じて，外来・入院での治療，環境調整や社会資源の活用，リハビリプログラムや心理的援助の導入などが行われるが，心理的アセスメントを行うことで，"今，この方に望まれる支援は何か"について考える糸口を提供できる。

　心理的アセスメントの手段は主なものとして，心理検査，行動観察，面接があるが，これらは独立している手段ではなく，面接には観察も含まれ，心理検査の最中は観察や対話も行われる。また，本人との関わりを重ねることで，家族・関係者と対話することで，そして，関係職種と情報・意見交換を行うことで，新たな視点が得られて理解が深まる。

　的確なアセスメントがあってこそ，適切で有効な支援の提供が可能となるのであり，アセスメントはすべての支援の基礎となると考える。

2．事例：Aさん，20代男性，統合失調症

①医療保護入院へ

　父親は幼少期に病気で他界している。同胞はなく，母親と二人暮らしであった。

169

第3部 心理的アセスメントの実際

成績は中の下で，友人は多くはないが数人と親しくしていた。母親はＡさんの大学進学を望んでいたが，受験に失敗し，専門学校に進学しものの，徐々に休みがちとなり中退となった。その後は，アルバイトをしても長続きせず，家でゲームをして過ごすようになった。昼夜逆転し，部屋から出てこなくなった。その頃より，時々独り言や突然の大声が聞こえるようになった。1年経過した頃より，「近所の人が車のエンジン音で嫌がらせをしてくる」「盗聴器がしかけられている」「専門学校の先生の声が話しかけてくる」と話しはじめ，外に向かって「うるさい！」と叫びながら窓から物を投げるなどの迷惑行為が続いた。このため，近隣の住民が警察に通報した。母親は警察から保健所に相談するようアドバイスを受けて保健所に連絡した。保健所の精神保健福祉相談員と保健師が数カ月間，自宅を訪問して受診を促し，ようやく精神科病院の受診に至った。

医師（精神保健指定医）の診察の結果，統合失調症であり早急の入院が必要であると判断された。しかし，本人は入院を強く拒んだため，母親の同意を得て，医療保護入院となった。医師，病棟看護師とともに病棟に向かうが興奮状態となり，一般の病室では医療，保護を図ることが困難と判断され，隔離での薬物治療が行われた。

2週間が経過して急性期症状は改善し，一般病室へ移動となった。診察では，「声（幻聴）は聞こえない。時々，自分にいたずらをする人がいる。けど，気にしないようにしている。頭がボーッとする。食事の時間が楽しみ」と語るようになった。

入院2カ月後に任意入院に切り替えられ，外来通院に向けて，本人の特性を踏まえた退院後の生活，就労の可能性などについて検討するために，主治医は，心理士に知能検査を依頼した。心理士はＡさんに，「心理検査を使って，得意なこと，苦手なことを確認して，これからの生活にどう活かせるとよいか一緒に考えましょう」と説明し，ウェクスラー式知能検査WAIS-IIIを実施した。検査時の様子と検査結果は以下のとおりである。

・受検態度は協力的で，真剣に取り組む。語り方，作業の進め方はゆっくりであった。検査終了後に，検査の感想を聞くと「疲れた。難しかった」と述べる。今後どのような生活をしたいか聞くと，しばらく考えてから，「一人暮らしをしたい」「バイトをしたい」と語る。今困っていることについては，「母親にいろいろ言われると，頭が痛くなる」と語る。作業療法（以下，OT）については，「緊張するけど，スタッフや他の患者さんと話せるようになった」と述べる。

170

第13章 各分野における心理的アセスメントの実際

- 全検査IQは80。知的水準は「平均の下」レベルである。
- 基本的な知識や社会的ルールは身についている。しかし，的確な言葉で説明すること，抽象的な事柄を理解することが不得手である。
- 注意を向けられる範囲が狭く，作業を手際よくスピーディーに進めることは苦手であるが，丁寧に正確にこなすことは可能である。
- 聴覚的情報に関しては，多くの情報を把握すること，記憶に留めておくことが難しい。
- 本人に対応する際の留意点としては，情報はゆっくりと簡潔に伝えるようにすること，本人が考えをまとめて言葉にするまで，時間を要するが慌てさせずに待つことが望まれる。

②今後の退院支援に向けて

退院に向けて本人を交えてのカンファレンスを開催するために，主治医，病棟看護師，作業療法士，薬剤師，精神保健福祉士，心理士によるミーティングが行われた。

主治医からは「幻聴は改善し，被害関係妄想は消褪までには至らないが，行動化は見られない。一方で，病識が乏しく，自閉的な思考など残遺症状が目立つ」，病棟看護師からは「母親は毎週，面会に来ているが，"先生の言うことを聞いてちゃんと治しなさい"とせかすように話しかけている。Aさんは俯いて聞いている」，薬剤師からは「"退院したら薬はやめてもいいかな"，と話すこともあり，退院後の服薬継続が心配である」，作業療法士からは「他患から話しかけられると，にこやかに応対しているが，本人から話しかけることは少ない。プラモデルの製作は時間がかかるが仕上がりがきれいで，一目置かれている」との報告があった。

心理士からは，上記心理検査結果を報告し，「口調はとつとつとしていて言葉数は少ないが，相手の話を理解して，率直に自分の思いや考えを言葉にできている。また，母親とは受身的な関わりになりがちであるが，人と関わりたい気持ちを持っている。真面目で素直な性格傾向が窺われ，一生懸命に取り組もうとする姿勢，作業の丁寧さは，強みとして活かしていきたい。今後，心理教育[注1]やSST[注2]などに参加し，同じ病気を持つ仲間同士で語り合いながら，病気との付き合い方を学び，状況にふさわしい対処行動を習得していけるとよいだろう」と伝えた。加えて，家族教室（家族を対象とした心理教育）に参加した際の母親の様子について「"病気は治らないのか。働けるようになるのか"と涙ながらに語り，不安や心細さが強いようであった。また，"私の育て方が悪かったのか"と罪悪感を

抱いていたので，"育て方や家庭の環境が原因で発症する病気ではない"と伝えた。母親も調子を崩し，精神科クリニックで薬を処方してもらっているとのことであった」と報告した。

主治医は以上の発言を受けて，「自宅へ退院できれば良いが，母親が一人で対応するには身体的にも精神的にも余裕がなく負担が大きい。本人はこれまで母親に生活面でも精神面でも依存してきたが，"一人暮らしをしたい"との希望があることがわかった。ゆくゆくは自立も考えて，まずは準備として，グループホーム（共同生活援助）への入所を勧めたい」との意見が出された。精神保健福祉士は，「Ａさんは就労も希望しており，グループホーム入所の際は日中活動が必要になることも考えると，プラモデル製作が得意とのことなので就労継続支援Ｂ型事業所で手先の器用さを生かす仕事が見つかるとよいのでは。自信や意欲の向上にもつながる」との提案があった。

以上の情報や意見をもとに話し合い，今後，本人を交えてのカンファレンスの開催と，地域生活支援を促進するために保健師との連携を進めることを確認した。

その後，本人を交えてカンファレンスが行われた。Ａさんは初めて知るグループホームやＢ型事業所の提案には戸惑いを見せるが，精神保健福祉士が見学を提案すると，「見てみたい」と了承された。

3．保健医療領域で働く心理士として

とりわけ精神科病院に入院する患者は症状が重いことが多く，医師による薬物療法が優先され，看護師による心身のケアが前面となる。そして，厳しい症状が治まったあとは残遺症状が残存し，リハビリテーションや社会復帰援助，社会資源を活用したサポートが必要となる。多職種でお互いの役割を理解し，全体的な観点から援助のプロセスを把握して見立てることにより，支援が多層的・立体的になると考える。また，治療や支援は，アセスメントを検証する形で行われていくので，患者の病状が思った以上に好転しない場合，逆に好転した場合などさまざまな場面で方向性を確かめながら進めていくことになる。そういった意味でど

注1）心理教育：病気に対する正しい知識や情報を得て，病気や障がいの結果もたらされる諸問題，諸困難に対する対処方法を検討しながら習得していくプログラム。当事者自身が再発予防のスキルを身につけることを目的とする。

注2）生活技能訓練療法（SST；Social Skills Training）：統合失調症患者の社会復帰・自立をめざすリハビリテーションプログラムとしてエビデンスが得られている。主にコミュニケーションスキルや問題解決スキルの向上を目的とし，個人の目標に合わせてロールプレイ，モデリング，ホームワークを用いて学習していく。

の時期においてもアセスメントは必要で適宜確認，修正しながら進めていくことになる。

　アセスメントというと，能力評価や症状評価に視点が向きがちであるが，本人が病気や障害とどのように向き合っているか，提供されるさまざまな支援についてどのように感じて活用できているか，といった本人の受け止め方の視点も忘れてはならない。心理士として本人や家族，他の専門職とともに語り合い，何が一番必要かを常に考えて情報を共有し，患者が自らの健康的な力を発揮して歩いていけるようなサポートを行っていきたい。

II　福祉分野（渡邉　直）

　福祉行政の分野としては，高齢分野，障害分野，児童分野などがあるが，ここでは，筆者が関わる児童福祉分野の児童虐待（架空）事例における心理的アセスメントの実際について俯瞰してみたい。

1．母による身体的・心理的虐待事例

①一時保護に至るまで

　母が本児（小6女児）を痕が残る程に頬を平手で叩く，首を絞める（本児が咳き込むと止める），「生きる資格がない」「死ね」と言う，妹（小5）と差別待遇しているのではないかとして，近隣→学校→市町村→児童相談所（以下，児相）へと通告となる。通告情報に基づき，児相が学校で本児の顔面に手痕を発見。初期調査において「母にやられた」「帰りたくない」と児相は本児から確認。子どもの安全に重大な問題があるという疑いがあるとし，何があってこのような状態となるのかの調査の意味を含めた職権による一時保護とした。保護理由は機関の判断として子どもの安全を確保するためであり，「子どもが『帰りたくない』」と言っていることをメインとはしていない。父が「妹と喧嘩してケガしたと言いなさい」と本児に言い含めていたことも確認できた。

②父母との面接（1）

　翌日，父母が児相に来所。以下，「　」は児相の問いかけ，〈　〉は家族の答え。
「そもそも何があったか教えてください」
〈子どもが宿題や家事役割などやるべきことをしていない。問い詰めると黙りこんで何も言わなくなる。妹はできるのに本児は何遍言ってもできない。いけな

ことをしたら叩くことは愛情だと思っていた〉

「どんな子に育ってほしいのですか」

〈何でもはっきり言える子，言われなくてもちゃんとできる子に育ってほしい〉

「どんな家族にしたいのですか」

〈みんなで楽しく笑いが絶えない明るい家族にしたい。それには家族全員が揃っていないといけない。反省したし，もうしないと子どもに約束する。すぐに会わせてもらって謝りたい。だから一刻も早く子どもを返してほしい〉

「気持ちはわかりました。反省とか目にみえないものではなく，また，××しませんといった don't 表記の誓約とかではなく，今回のようなことが繰り返されないために，同じような状況になったとしても，誰の協力を得て，何をどうしていくことで叩くことや傷つく言葉を言ってしまうことに歯止めをかけられるのか。その具体的なプランを教えてほしい。このまま起きていたことが放置されたままだと逆に子どもは言いたいことを言えなくなったり，自分で何をしていったらいいか考えられなくなると児相は判断している」

〈本児が一時保護されてしまったことを，母方祖母，会社の上司，学校の先生，ママ友に伝え相談した。児相とよく話しあってきた方がいいと言われた。それらの人たちのことは本児もよく知っている。次回の面接の時には，児相に来てくれる人もいると思う〉

③子どもとの面接

　3日後の父母との面接の間に，子どもとはマイ・スリー・ハウス[注3]に取り組み，起きていたことなどを子どもがどうとらえているか（やだな，いいこと，こうなったらいいな）整理をした（図1参照）。子どもには次回の面接の時にマイ・スリー・ハウスを父母に見せてもいいことの了解を得る。その他，子どもとの心理検査の結果は以下のとおりであった。

1）TSCC-A（子ども用トラウマ症状チェックリスト）：不安が臨床域，抑うつが準臨床域。
2）HTPP 描画検査：線が消え入りそうなほど薄く線と線の間に空白が見られ，自信のなさや自己抑制などが示されている。

注3）マイ・スリー・ハウス：子どもがソーシャルワークに参画できるように，「心配」「いいこと」「これから」についての"会話"を見える化したもの

第13章 各分野における心理的アセスメントの実際

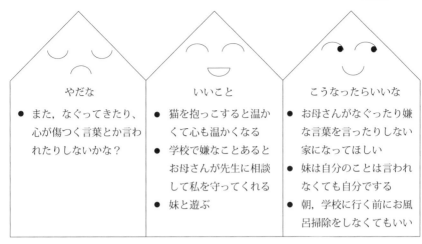

図1　一時保護の翌日に子どもと取り組んだマイ・スリー・ハウス

3）DSM-5版UCLA外傷後ストレス障害インデックス：カットオフを下回っており現状としてPTSD症状は認められない値。

4）WISC-IV知能検査：全検査IQ118，言語理解131，知覚推理109，ワーキングメモリー126，処理速度81，知的には普通域にある。能力にはバラつきがあり，言葉での表現理解力や聴覚的な短期記憶力は優秀である一方，作業スピードは境界域に近い結果となっている。これは間違いのないように慎重に作業を行った結果であり，本児の丁寧さや慎重さと評価した。

④父母との面接（2）
　一時保護3日後に父母と2回目の面接。父母に本児自らが描いたマイ・スリー・ハウスを見てもらう。
　〈憎くてするのではなく愛情を持って叱っていたつもりであったが，子どもがどうとらえるのかが大事なんだと感じた〉
　「本児が言われたことをしていない時に今回のことが繰り返されないように，どうやって，歯止めをかけるのか」
　〈母が叩きそうになる前兆を感じ取ったら5数えて深呼吸などをして落ち着き本児から離れる，お話しするのは後にしようという，協力者に電話する，なるべく本児と母が2人だけにならないようにし，叱り役は父とする〉
　「そのプランがうまくまわっていることはどうしたら児相は確認できるか」

175

〈母が書く学校の先生との間で行う連絡ノートのようなものを本児とやり取りしてもらう。それで，何かあれば，学校に知ってもらうようにする。今回の協力者には児相から電話して確認もらってもいい〉

「今，父母が考えている本児に示そうとしているプランを紙芝居のような言葉と絵としてまとめてほしい。それをもって子どもの意見をあらかじめ聞いて，修正意見を反映して，大丈夫そうであれば，児相の会議で了承を得る。その後，面会で父母からそのプランを言葉と絵で説明してほしい。危害再発防止プランを明確にしていきましょう」

2．面接の際に大事にすること

①家族面接に際して

　家族を「変える」のではなく，家族と「協働」し子どもの安全をつくること。家族の「できる」をつないで，地域における子どものセーフティを構築する"支援"。これを言うのは簡単である。しかし，初動からブレずに実行しようとすると，具体的にはどうしたらいいか分からなくなり，一般的な対応として『注意喚起』『指導』『抑止』『誓約』といった初期設定値の対応に回帰しやすくなる。つまり"支援"ということばに引きずられたり，専門的助言をしなければならないととらえるためか，当事者が望んでもいないサービスを出し抜いて提供したり，求められてもいない的外れな具体的な助言（アドバイス）をしてしまうこととなる。子どもの安全・安心に係ることは，既製品的な対応の助言で何とかなっていくことは少なく，むしろ，一方的な助言は，当事者にとっては命令的なものとしてとらえられ，無用な反発・対峙状況を招きやすくなってしまうこともある。それよりも，問題が起きた時と同じ状況下（4W1H＝When 時間・頻度，Where 場所，Who 人，What 何が，How どのように）であっても家族自らが子どもへの福祉侵害を回避した実例など，本人の思考の枠組みから改善する力を導き，家族の強みを強化することで，危機的な状況を回避する仕組みを作っていくことの方が当事者の危害を繰り返さないモチベーション喚起にもなり，効果的であることが多い。それには援助者の問いかけ（そのスキル≒質問する力）が重要となる。××しちゃダメですから約束を守ってくださいと『命令』するのではなく質問すること。決めつけ，ダメだしだけではなく，たくさんの例外といいことの話を聞く。家族だから"できる"情報を収集・整理・統合し，Not Knowing の姿勢[注4]で教えてもらう。これらの話しであれば，権限発動下（一時保護）のもとだけでなくてもできることもある。稼動可能な安全プランの立案により，詳細詰めは，児相への通

第 13 章　各分野における心理的アセスメントの実際

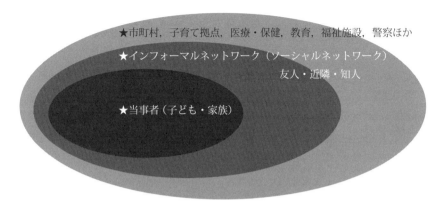

※公的機関よりも地域のソーシャルネットの方が昼夜緊急時支援の実働となる

図2　セーフティ・プランの有効性

所など，子どもが帰宅してからできることがあるなら，早い段階で一時保護を解除のうえで，必要な支援を継続していく方法も可能となってくる。

　この事例のように一度分離保護した子どもは地域に帰さないわけではない。家庭復帰に向けた努力を最大限行う。そこに向けてしていくことのエッセンスが，以上のような，今後何をしていくかの見通しを示し，当事者の持つ強みを活かす，隣人・知人の参画をも促し，当事者が主体的・能動的にしていくことの具体策を考えられるようにファシリテートしていくことなどであると思われる（図2参照）。

②子どもに関わる専門家へのコーディネート——援助者自身の人と接する際の姿勢
　一方で，子どもが所属している地域の機関において，ケアの視点を含みながらの子どもへの声かけが周りの大人から日常的になされるようになると，子どもの見捨てられ感はだいぶ薄まり，子どもの「どうせ〜」「やっぱり〜」発言が減少すると思われる。子どもの行動・言動出現の背景に目を向ける視点である。子どもに直接接する職員（地域の大人）が，子どもの行動（言動）のダメだしだけをするのではなく，意識して，子どもの成功体験を醸成する文化をつくるのである。

　児童虐待を受けたと思われる子ども達と関わっていると，さまざまな"気になる行動（言動）"に遭遇することがある。羅列してみると，他児に対して年齢不相

注4）家族のことは家族が一番よく知っている。援助者は家族でないので家族のことについて知らないことが多い。だから，何も知らない援助者は，当該家族の専門家である家族に家族のことを教えてもらう。その姿勢を大事にするということ。

非暴力があたり前な"文化"としての定着へ向けて
〜社会全体の体罰や不適切養育を容認する育児文化を修正する〜
誰でも気づける非暴力コミュニケーションに向けての折り句

児相長が考案した非暴力コミュニケーションの具体策
子どもが「してほしいことをしない」「してほしくないことをした」とき
あなたはどの色のどの行動（言動）の切り札を切りますか？

▼コミュニケーションを円滑にする
　ほっこりあたたかなオレンジカード

- ほ　め（褒）める
- ま　（待）つ
- れ　ん（練）習、反復、繰り返し
- か　（代）わりにする行動を提示
- が　（か）ん（環）境づくり
　　　いつもちかづいておだやかにしずかな環境
- や　く（約）束する
- き　き（気）持ちに理解を示す
- を　（落）ち着く

▼伝わりにくいコミュニケーション
　ちょっと青ざめるブルーカード

- ひ　てい（否定）型
- ど　な（怒鳴）る
- い　やみをいう
- お　ど（脅）す
- と　う（問う）聞く考えさせる
- ぎ　もん（疑問）型
- ば　つ（罰）を与える
- なし　（なじ）る（人格否定）

✧ 子どもの行動（言動）を「してほしいことをする」方向に切り替えていく時に
　オレンジカードとブルーカードのどちらの方が
　子どもとの関係性がいいまま行動（言動）を社会的に OK な方向に切り替えて行って
　もらえそうですか？

✧ ブルーカードは無意識的に切れるカードです（自己保存反応）

✧ オレンジカードは、手持ちの切り札として、既にお手持ちのカードと思います。
　しかし、ヒトには感情があるので、意識しないとオレンジカードは、
　切れるものではありません（種の保存反応）

✧ あなたがブルーカードを切る傾向にあるならば、
　オレンジカードが切れるようになる「気づきスイッチ（装置）」として
　「機中八策」を活用してください

図3　非暴力があたり前な"文化"としての定着へ向けて

第 13 章 各分野における心理的アセスメントの実際

応の暴言を言ったり暴力を振るったり，気持ちの切り替えができず次の活動に移れなかったり，感情を抑えることが困難ですぐに癇癪をおこしたり，集中力が低くすぐ気が散ったり，無警戒で過剰な親しみを示す〔脱抑制性社交（旧脱抑制型）的〕反面，警戒心が強過ぎるなどの矛盾した態度を示す〔反応性愛着障害（旧抑制型）的〕など，集団適応上の問題となるような行動（言動）が多々見受けられることがある。

　これらの行動（言動）は，子どもが乳幼児期から曝されてきた言葉文化や生活様式等からの影響（逆境体験）による症状として呈しているのではないかと思われるところがある。問題行動（言動）が見られた際は，行動（言動）そのものに注目して「××してはダメ」と注意をするだけではなく，問題行動を起こした子どもの内面を共感的な姿勢でもって子どもと一緒に明らかにし，同じような 4W1H 状況で同じようなパターンに陥らないよう例外を探し"してほしい"代替行動を明確化するプロセスを辿る対応をする。そして，約束した社会的に OK な代替行動ができたら認め，強化して，望ましい行動の再出現率を高める。子どもの成功体験を醸成する中で"してほしい行動"を増やし強化できる雰囲気が地域にできたら，子どもの体験としては"どんなことがあっても見捨てられず護り抜かれる"保証につながると思われる。確実になされるようになれば，子どもの"自分はこれでいいんだ"という効力・肯定感，安全・安心感が増すコミュニケーションのサイクルへと転換となるであろう。これが可能となるような環境づくりをコーディネートするべく公認心理師が協働するのである。

　図3は，ペアレント・トレーニングなどの専門性とは異にする，誰でも簡単に暴力的なコミュニケーションか否かに気づける折句（頭文字つづり）である。このようなものを活用することで，生活の中のコミュニケーションを非暴力に置き換えていきやすくなる。これは不適切養育を知らず知らずにしている親にプログラム的に教えていくこともできるが，それだけではなく，援助者ひとり一人が自分に内包（インストール）し日常使いができるようになると，支援に向かう際の姿勢としてはなお望ましいと思われる。

　　　文　　　献

菱川愛・渡邉直・鈴木浩之編著（2017）子ども虐待対応におけるサインズ・オブ・セーフティ・アプローチ実践ガイド—子どもの安全（セーフティ）を家族とつくる道すじ．明石書店．
毎日新聞（2018 年 1 月 29 日）朝刊　教育の窓「子どもとのスムーズ対話術　児相所長考案『機中八策』」．
渡邉直（2019）非暴力コミュニケーションパッケージ「機中八策」―頭文字で覚える非暴力コミュニケーションの具体策．発達，157; 47-51．

III　教育分野（佐藤由佳利）

1．教育分野におけるアセスメントの特徴

　教育分野のアセスメントでは，まず第1に，対象となる子どもの年齢を考慮しなくてはならない。小学校3年生と中学校3年生と高校3年生では，全く違う。発達段階に応じた行動特性や年齢相応の対人関係等について熟知しておく必要がある。第2に，子どもは言語表現能力が乏しいことが多い。そのため，言葉で表現されるものだけではなく，行動観察や，周囲の人からの情報収集も重要なアセスメントの手掛かりとなる。小学校のスクールカウンセラー（以下SCと略）等が，教室での子どもの様子を見て，助言を求められることが多い所以である。第3に，子どもの症状や問題行動には，環境要因も大きい。その子がどのような環境に置かれているのかを知るのは大事なことである。発達障害と被虐待児の区別が臨床的には見分けづらいと言われていたり，性的逸脱行動をする女子生徒が性虐待の犠牲者であることもある。どのような環境が，子どものどのような行動とつながりやすいのかについても知っておく必要がある。第4に，大人の場合，ほとんどの心理検査が心理の専門家によって取られているのに比べて，子どもの心理検査，特に発達検査や知能検査は，教育現場でも行われている。ほとんどの一般教諭が知能検査を取る研修を受けている県もあれば，SCがWISC（ウェクスラー知能検査）を取ることを禁じられている県もある。公認心理師は業務独占の職ではないし，心理検査には専門的知識が必要なものの，公認心理師でなくては取れないというものでもない。同じWISCでも，心理職と特別支援教諭では，検査目的や依頼者へのフィードバック内容が違う。それぞれの特徴を考慮しつつ，棲み分けが必要であろう。さらに子どもの場合，心理検査を頻繁に行う可能性がある。それも鑑みて，今後の受検に影響が出ないような伝え方が必要である。第5に，SCをしていると，他機関での心理検査結果を保護者が持参してくることがある。また医療機関で診断を受けてくることがある。そのような結果を，子どもの学校生活における情報収集と統合させて，公認心理師としてのアセスメントをし直し，コンサルテーションへとつなげることも大事な役割である。

　アセスメントは，クライエントを理解し，今後の方針を立て，それを関係者と共有して支援体制を構築するために必須のものである。以前は，アセスメントと言えば，心理検査のことを指していた。しかし花村（2018）が述べるように現在，アセスメントとは「面接，行動観察，心理検査，家族や関係者からの聞き取

第13章　各分野における心理的アセスメントの実際

りなどを組み合わせ，その方を立体的に見たて，何がこの方に一番必要な支援なのかを考えていく作業」であると考えられる。

2. 事　　例

ここでは，学校における架空事例をあげ，SCがチームの一員として関わった例を記す。

X中学では，SCは週1回8時間の勤務体制である。夏休み明けの9月，教頭より，2年生のA子の事でケース会議を開くので，一緒に入ってほしいと言われた。ケース会議には，教頭，学年主任，担任のY先生，養護教諭が出席していた。Y先生によると，元々，A子は目立たず，おとなしい性格で，特に何も心配するようなこともなかった。ところが3日前にA子の母から連絡があり，部屋に遺書があったという。A子に「これはどうしたの」と聞いたが，返事をしないで，部屋に閉じこもってしまったという。学校には毎日，登校してきていたが，「遺書」が発見された日から，休んでいる。Y先生は，家庭訪問をするべきだと思うが，家庭訪問をしても何をどう聞いていいのか分からず，戸惑っていた。学年主任は，昨年度の担任でもあった。A子について，成績も良く，真面目で課題なども忘れることはない。積極的に質問をすることはないが，よく理解していることが授業中にもうかがえると述べた。養護教諭は，以前より，腹痛を訴えて保健室に来ることが多く，身体的な問題というより，少し休みたかったり，優しくしてほしいような雰囲気を感じていたと述べた。なお，この件はすでに教育委員会には管理職を通じて報告をしているとのことだった。

会議の席で，意見を求められ，SCは，母が動揺していることからA子だけではなく，家族支援も視野に入れた役割分担をすることを提案した。遺書は，「死にたい。もう嫌だ」とだけ，便せんに書いてあり，机の上のノートにはさんであった。家族は，両親と妹がいたが，半年前に離婚し，今は母，本人，妹で暮らしている。離婚前より母はパートをしていたが，離婚後は仕事を増やし，夜遅く帰ってくるようになったという。

ここ数日で，特に変わった様子には気づかなかったと担任は言う。いじめや，友人関係のトラブルなども，他の生徒に聞いてみたいのだが，今のところ風邪で休んでいることになっているので，それも聞きづらいという。教頭から，年に1度，いじめの調査を6月にしているので，それを前倒しして行おうという提案がなされた。お母さんとは，電話だけで，直接は会えていないということだったので，来校してもらうように促すこととした。その時に，SCも同席させてもらうよ

うにすることとなった。

　SC は，何をどう聞いていいのか分からないという担任を励まし，「学校全体としてA子さんを支えていきたいので，詳しい話を聞かせてほしい」と伝えること，専門職としてSC がいるが，同席させてもらっていいかどうかを聞いてみることの2点を具体的に示した。Y 先生は安心した様子で，「やってみます」と力強く言った。

　担任の熱心さが伝わったようで，A子の母は，すぐに来校した。SC は，まず母が把握している事実を時系列に聞くと同時に，最近，家族関係に変化があったことについても聞き取った。そうしたところ，A子の両親間にはDV（ドメスティック・バイオレンス）があり，それが離婚の直接的原因であったことが語られた。A子は，自分の成績が良ければ，父親が機嫌が良いと考え，一生懸命，勉強し，暴力を受けていた母親を慰め，支えてきたという。こうしたA子を不憫にも思い，母親は離婚を決意した。ところが，いざ離婚してみると，むしろA子は浮かない顔になり，勉強にも身が入らなくなってという。母は，A子にとってよかれと思って行動してきたのに，どうしてこんなことになったのか，遺書を書いた理由を言わないのは，自分を信頼していないからではないかと落涙した。SC は，A子は元々，母を支えようという気持ちが強く，遺書を書いた理由を母に言わなかったのは，母への信頼の有無というより，母に心配をかけたくなかったからではないかと告げた。母は，「あの子なら，そういえば，そうかもしれない」と，少し安堵の表情を浮かべた。

　A子には母からSC とのカウンセリングを勧めてもらうことにし，まずはA子が来やすい保健室に放課後，来てもらうよう，体制を整えた。そうしたところA子は，母親面接の翌日から登校するようになり，学校内でカウンセリングを行うことができた。A子は，「お父さんが暴力を振るう時は恐かったけど，私には優しいし，それに私のことを分かってくれることが多かった。でもお母さんに申し訳ないような気がして，お父さんが好きとも言えなかった」と言った。「お母さんが，お父さんに耐えられないのは理解できるし，離婚は仕方がなかったと思う。お母さんは以前から離婚したかったのだと思うけど，私と妹のことを考えて，ここまでがんばってきてくれたのも分かる」「元々，文章で自分の気持ちを現すことが好きで，今回の『もう嫌だ。死にたい』もその一つだった。そういう気持ちになることは以前から度々ある。なんだか自分がすごく不幸な気がして，その原因はお父さんやお母さんにあると，腹が立つことがある。その一方で，もっといい子でいたら，お父さんが怒ったりすることもなかったんじゃないか，離婚の原因は

自分なんじゃないかと思うこともある。考えていると，なんだか分からなくなって，『もう嫌だ，死にたい』と書くと，すっきりした」と話した。また「これだけ自分の気持ちを話せたのは初めて。なかなか友達にも悩みを話せず，表面的な付き合いになってしまう」とも言った。SCは，母子が双方，一生懸命，お互いのことも思いやり，がんばって生きていこうとしながらも，お互いの気持ちをうまく伝えることができずにいたのだと感じ，母子一緒の面接も考慮に入れながら継続面接を提案した。SCは，A子が大人への信頼を回復する必要があること，対人関係での悩みを抱えていることを先生たちに伝え，今後もチームとして支えていくこと自体が，A子の力になるであろうと話し合った。

3. チームとしての学校

医療分野では，以前から多職種連携の重要性が言われてきた。一方教育現場では「担任王国」などと言われ，教員が責任をもってクラスの子どもたちをみていくことが当たり前とされてきた。しかし，近年，子どもたちの問題は複雑かつ多様化し，教員だけでは対応しきれなくなってきた。そのため中央教育審議会は2015年「チームとしての学校の在り方と今後の改善方策について（答申）」を出し，その中でスクールカウンセラーやスクールソーシャルワーカー等は専門職として位置づけられ，チームの一員として関わっていくことが示された。

SCは専門職として，学校全体に関わり，先生たちのコンサルテーションを行ったり，事例のようにケース会議に出席したり，学びの支援委員会に出席して意見を述べたりする。教育の立場から見た子どもの様子や見立てを教員から教えてもらうと同時に，心理職ならではの見解を，立場が違う教員に伝えることで子ども理解を深めると同時に，子どもや保護者に安心して接してもらえるように心理的にも支えていく必要がある。

文　　献
中央教育審議会（2016）チームとしての学校の在り方と今後の改善方策について（答申）．http://www.mext.go.jp/b_menu/shingi/chukyo/chukyo0/toushin/__icsFiles/afieldfile/2016/02/05/1365657_00.pdf（2018年5月15日取得）
学校メンタルヘルス学会編著（2017）学校メンタルヘルスハンドブック．大修館書店．
花村温子（2018）保健医療分野における公認心理師の具体的な業務．In：野島一彦・繁桝算男監修，野島一彦編：公認心理師の基礎と実践①公認心理師の職責．遠見書房，pp.61-73．
伊藤亜矢子編（2018）特集　学校のアセスメント．子どもの心と学校臨床，18号．
村瀬嘉代子監修，東京学校臨床心理研究会編（2013）学校が求めるスクールカウンセラー──アセスメントとコンサルテーションを中心に．遠見書房．

第3部　心理的アセスメントの実際

■ IV　司法・犯罪分野（吉村雅世）

1．非行臨床におけるアセスメント──少年鑑別所における「鑑別」

ここでは，少年鑑別所の収容審判鑑別（以下，鑑別とする）の事例を紹介する。

鑑別は，家庭裁判所での少年審判の資料となるものであり，鑑別の役割は，心理学，教育学，社会学，医学等の専門知識に基づいて，少年が非行に至った事情を明らかにし，非行からの立ち直りに必要な教育や指導の方針と，その実施に最も適する処分についての意見（鑑別判定）を示すことである。

鑑別においては，心理技官が面接と心理検査を，観護教官が行動観察を，医師が身体検査・健康診断（必要があれは精神医学的検査・診察）を担当し，それぞれが集めた資料や家庭裁判所調査官等から得た外部資料を判定会議で検討し，鑑別判定を決定して鑑別結果通知書を作成するという多職種連携のシステムが確立されている。

2．事　　例

共通点のある2人の事例を紹介するので，比較対照しながら鑑別判定について考えていただきたい。

A君とB君はともに17歳。非行名は道路交通法違反で，①複数の共犯者と共に暴走行為を行ったもの，②その際に自動二輪車を無免許で運転したものである。

①鑑別面接から得た情報

1）家族関係，生育歴，問題行動歴，非行歴，本件非行

A君は，実父，実母，実妹との4人家族。家庭に経済的な問題や非行・犯罪に関わる問題はない。

活発な子どもであったが，小学校高学年から勉強についていけなくなり，中学入学後，遅刻，授業中の悪ふざけ，教室を抜け出す，校外で遊ぶなどの問題行動が始まっている。中2時から夜遊びが始まるが，家庭で厳しく指導された記憶はない。非行は，中1時から万引き，中2時から原動機付き自転車（以下「原付」と略す）の無免許運転，中3時から自動二輪車（以下「バイク」と略す）の無免許運転とエスカレートし，年長の不良仲間と暴走行為にも参加している。中3時の窃盗（コンビニからの大量万引き）により保護観察となり，現在も保護観察中である。

184

第13章 各分野における心理的アセスメントの実際

　高校受験に失敗し，進学せずに解体の仕事に就いたが続かず，仕事を転々とし，現在は無職である。16歳時に原付の免許を取得したが，交通違反と交通事故で保護観察（交通）に付されている。この審判の2カ月後に本件を起こしている。
　A君は，交通事故で壊れた原付の代わりに不良仲間からバイクを購入し，無免許で乗り回しており，無免許運転が常習化していた。暴走行為にも頻繁に参加しており，追いかけてくる警察官をからかうことが面白いと述べている。交通事故以外の非行はすべて仲間と行っており，暴走行為についても，仲間との集団暴走の楽しさを嬉々として語っている。本件後数カ月経ってから逮捕されたために，なんで今さら逮捕されるのかという不満と，恋人に会えないことへの寂しさをさかんに訴えていた。
　B君は，両親が幼少時に離婚し，実母と生別。実父は非行歴がある。小1時から同居した実父の恋人に，実姉と共に虐待を受け，小3時に児童養護施設に入所した。実父はこの恋人とは別れたが，その後別の女性と同棲している。実姉は施設から家庭に戻らず自立している。B君は小6時に家庭に戻ったが，父の同棲相手に馴染めず，居心地の悪さを感じながら過ごしてきている。現在は，実父がアパートを2室借りて，1室に父と同棲相手，別の1室にB君が暮らしている。実父は建設業を自営しており，B君も実父の会社で働いている。
　中学校ではサッカー部で活躍したが，怪我をしてサッカー部を辞めてから不登校になり，また，家庭での居心地の悪さから，中2時に家出をして2カ月ほど姉のところで生活していたこともあるなど，生活が乱れた時期があった。友だちは少ない方だが，数少ない友だちから不良仲間とつながりができ，中2時から原付の無免許運転を始めている。中3時にはバイク盗や暴走行為を行うようになり，バイク盗により保護観察に付されている。
　高校受験はせず，中卒後，実父の建設会社で働き始め，現在まで仕事は続いており，保護観察も1年で良好解除となっている。以後も，仕事中心の生活を送っていたが，バイクへの関心は強く，免許を取得していないのに実父に隠れてバイクを購入し，無免許で乗り回しているうちに，仲間から暴走行為に誘われ，参加したのが本件である。B君は，パトカーに追われても，運転には自信があるので，捕まらないと思っていたと述べ，また，本件直前に職場の同僚とトラブルがあり，そのことで実父に叱られて面白くない気分だったとも述べていた。逮捕後に実父がバイクを売却しているが，B君はバイクに未練があり，「バイクが好きなので，免許を取って堂々と乗りたい」と述べている。
　2）保護観察について

A君は保護観察中であったが，担当保護司を訪ねる約束を忘れたり，指導を聞き流したりしていた，交通保護観察の指導内容は理解できなかったと述べている。保護観察中に暴走行為に参加することについての問題意識も感じていなかったようである。

B君は，保護観察中は担当保護司のところに毎月きちんと通っていたので良好解除になったが，保護観察が解除になったことで気が緩み，無免許でバイクを購入したと述べている。

3) 今後の生活設計等

A君は，これからは恋人とだけ遊び，不良仲間と夜遊びせず，きちんと仕事をするので，再非行はしないと述べていた。

B君も，中卒後は不良仲間と遊ばなくなっていたので，これからはきっぱり縁を切り，仕事に集中すると述べている。また，実父も少年鑑別所に入所したことがあるが，今は建設会社を自営しているので，将来は実父のように自分の会社を持ちたいと述べていた。

②心理検査結果

A君は，日記等での漢字使用が少なく，集団式知能検査結果も低めだったので（IQ［偏差知能指数］＝ 73，SS［知能偏差値］＝ 32），個別知能検査を実施したところ，知的障害と診断されるほどではないが，知的能力が劣っていることが判明した（全検査IQ ＝ 75）。B君については，IQ ＝ 109，SS ＝ 56 であり，知能面での問題はない。

鑑別においては，集団方式で実施する心理検査として，法務省で独自に開発した法務省式の心理検査を使用している。性格検査（法務省式人格目録（MJPI），法務省式文章完成法（MJSCT））では，A君は，明るく調子が軽い性格で，人付き合いを好み，周囲に流されやすいこと，B君は，繊細で感じやすく，ひがみっぽい性格であるが，負けず嫌いであることが示されている。法務省式態度検査（MJAT）では，A君は，家庭や友人に対する肯定的・親和的な態度が強いこと，B君は，家庭にも友人にもあまり価値を認めていないことが示されている。法務省式運転態度検査（MJDAT）では，2人とも，自分の運転技術を過信し，交通法規を軽視していること，無免許運転の問題も軽視していることが示されている。また，A君は暴走行為に親和的である。

③行動観察

第13章　各分野における心理的アセスメントの実際

　A君は，髪は茶髪で不良っぽい雰囲気である。愛想は良いが，友だち口調で馴れ馴れしく話し，注意を受けてもすぐに元の口調に戻る。部屋の整理整頓が不十分で注意を受けることが多い。課題への取り組みはのんびりしたペースで，雑に仕上げたものを提出している。運動には毎回参加し，楽しそうに身体を動かしている。面会は，実母と実妹が来ているが，実父は来ていない。面会場面では実母の甘さが目立っている。

　B君は，髪は短めでやや茶色に染めている，礼儀正しい態度で，質問にはしっかり答える，所内のきまりを守って生活し，課題にも熱心に取り組んでいる。運動には毎回参加し，スポーツは得意である。面会は，実父と実父の同棲相手が来ている，ていねいな言葉づかいで対応し，実父の説諭を素直に聞いていた。

④意図的行動観察──鑑別のための各種課題への取り組み

　A君は，日記，課題作文はひらがなが多く，記載量も少ない。日記には恋人のことをしばしば記載している。貼り絵は恋人の名前を絵柄にしているが，すぐに飽きてしまい，集中して取り組めない。貼り方も雑で隙間が多い。絵画課題の描き方も大雑把で，絵も稚拙である。自画像は自室のベッドに寝転んでゲームをしている様子，家族画は，恋人とデートをした帰りに家族にお土産を渡しているところを描いている。

　B君は，日記や課題作文に，将来は自分の会社を持ちたいという夢を記載している。また家族についての作文には，虐待を受けた時のつらい体験を記載している。貼り絵は幕末の志士を絵柄に選び，熱心に取り組み，貼り方もていねいで細かい。絵画課題では，自画像は仕事をしている様子，家族画は，実父，姉と外食をしている様子を描いている。実父の同棲相手は描いていない。

⑤判定会議──見立てと鑑別判定

　A君は，知的能力の問題を背景に，学業不振から問題行動が始まり，両親の養育態度の甘さにより問題行動に歯止めがかからず，不良交友も広がり，頻繁に暴走行為を行うなど，非行性が進んでいる。A君の非行は，①無職で怠惰な生活を送る中で不良仲間との刺激的な非行に面白味を感じていること，②学校や職場で認められる機会がなかったために，派手な暴走行為によって注目を集め，バイクの運転技術や警察官を翻弄する大胆さによって仲間から認められることに関心が向いていることにより，拍車が掛かっている。課題に地道に取り組めない様子も観察されており，職場適応は難しく怠惰な生活が続くと予想される。保護観察の

187

指導を軽んじており，指導の意味も理解できていない。これらのことから，少年院に収容保護し，①暴走行為や危険な運転による交通事故の反社会性について学ばせ，②職業生活に必要な堅実な生活態度を身に付けさせ，③非行ではなく健全な活動で能力を発揮し認められることの喜びを体験させるための矯正教育を行う必要があると判断し，少年院送致の鑑別判定とした。

　B君は，虐待により安心感が得られない家庭環境に育ち，施設から家庭に戻り中学校生活が軌道に乗ったところで挫折したことから，非行が始まっている。B君の非行のピークは中学時代であり，不登校や家出など生活も乱れ，保護観察に付されているが，中卒後，職業生活に落ち着けたことにより，非行は収束している。B君にとって実父が，非行を卒業し仕事で自己実現していく良き見本となっていることが，仕事での頑張りや非行からの立ち直りに好影響を及ぼしたと考えられる。しかし，家庭での傷付き体験により，繊細で感じやすくひがみっぽい性格が形成されており，職場での対人トラブルなどによる不平不満を溜めこみやすく，不快な感情を発散させようとしてバイクを無免許で乗り回し，暴走行為に参加したものである。非行のピークは過ぎており，仕事中心の生活を送っていることから，再度の保護観察により非行を抑止することが可能と判断し，保護観察の判定とした。ただし，バイクの運転への関心が強く，不満等をバイクの運転で発散しようとする構えがあることから，免許を取得できるようになるまでバイクから遠ざかることを約束させるとともに，実父に対しても，B君と過ごす時間を増やし，B君の気持ちを把握するよう助言する必要がある。また，実父と同棲相手には遠慮がある様子もうかがえるので，担当保護司との間で，B君が弱気な面を見せ愚痴をこぼせるような，安心できる関係を築くことが望まれる。

3．おわりに

　鑑別を担当することになった少年との初回の鑑別面接において「僕のやった事件だったら，審判で少年院送致になると思いますか？　家に帰れる（保護観察等の在宅処分になる）と思いますか？」と聞かれることがしばしばある。そんな時には，少年審判は，非行への罰を決めるものではなく，再非行を防止するための教育や指導について決めるものなので，同じような事件を起こしていても，それまでの生活ぶりや過去に行ってきた非行の積み重ねなどによっても処分が違ってくることを，ていねいに説明している。また，どのような教育や指導が適当かを考えるための資料として，面接や心理検査を受けたり，作文を書いたり絵を描いたりする鑑別を，少年鑑別所で受けているのだということも，併せて説明してい

第13章　各分野における心理的アセスメントの実際

る。

　実際，少年審判においては，「非行事実」と「要保護性」が審判の対象とされており，要保護性は，少年の性格や環境に照らして，再非行の危険性や，保護処分による矯正可能性があるかといったことがその内容であるとされている。したがって，鑑別は，この要保護性についての裁判官の判断に資するものでなければならない。一見，非行事実が似通っていても，要保護性は少年毎に異なるということ，そして，少年個々の要保護性を明らかにしていくアセスメントのプロセスがどのようなものであるかを，A君とB君の事例を通して，具体的に理解していただければ幸いである。

V　産業・労働分野（松浦真澄）

　産業・労働分野における心理支援は，心理職が所属する機関や役割などによって多岐にわたるが，この節では心理職が社内心理相談室の非常勤カウンセラーとして関わった相談事例を提示する。ただし，一口に企業内健康管理部門といっても，その実情は企業によってさまざまである。また，職場のメンタルヘルス活動は，多職種が連携して進められる。そのため，本事例ではクライエント個人の情報だけでなく，社内関係者の概要や心理相談室の位置づけについても掲載している。このような職場環境も含めてクライエントを理解する視点は，医療機関などで労働者の心理支援をおこなう場合にも有用であろう。

1．事例概要

　社員A：30代前半・男性。中堅製造業X社に勤務する技術職（主任）。工学系の大学院を修了後に現在の企業に入社。真面目で仕事熱心，几帳面で丁寧な仕事と人当たりの良さから，周囲からの評価も高い。フルタイム勤務の妻，1歳5カ月になる長男との3人住まい。既往歴は特になし。

2．社内関係者の概要と心理相談室の位置づけ

　上司B：40代前半・男性。Aの上司。社内でも有望視されている優秀な技術者であり，その快活な性格から管理職としても活躍している。

　保健師C：30代後半・女性。健康管理室に勤務する保健師（週4日勤務）。健康診断の管理や社員からの健康全般に関する相談のほか，産業医がおこなう業務の支援を中心に従事している。

第3部　心理的アセスメントの実際

産業医D：50代後半・男性。県内にある総合病院に勤務する内科医。X社には毎週1回訪問し，産業医として従事している。

カウンセラー（心理職）：週1回4時間の勤務（非常勤）。社内の産業保健スタッフの一員として，社員からの自発的な相談のほか管理職や人事労務スタッフとの打ち合わせに従事している。心理相談室は健康管理室内の一角に設置されており，保健師Cが予約の管理などをおこなっている。

3．来談の経緯

半年前からAは新しいプロジェクトのリーダーを担当することになり，意欲的に取り組んでいた。しかし，スタッフの何名かの業務パフォーマンスが思わしくなく，さらには3カ月前に優秀なスタッフが退職したことからプロジェクトは難航。このような状況でAの時間外労働は増加。業務に関する焦燥感や気分の落ち込み，入眠困難，途中覚醒などの症状がみられるようになった。上司Bは他の大規模プロジェクトに追われており，またA自身も「大丈夫です」と話していたことから，適切にAを支援することがないまま経過していた。

1カ月前，プロジェクトの進捗報告会議にて計画の遅れを強く指摘されたこと，製造部門との交渉が難航したことから心理的負荷が増大し，症状が増悪。業務に集中できない状態が続いた。心配した上司Bが，個別にAと面談をおこない，心理相談室の利用を提案した。Aが同意したため，上司Bはその場で保健師Cに連絡をし，心理相談室の予約を取り付けた。

4．相談の経過

①初回面接

Aはやや小柄で痩せた体格。物静かで礼儀正しい印象。表情が乏しく，疲れた様子がうかがわれた。上述の通りの経過を語り，「職場に迷惑をかけている。しっかり仕事をしなればと頑張ってきたが，どうにもならない。申し訳ない」と話した。カウンセラーは，Aの職場や業務の状況（時間外労働，業務のプレッシャー，周囲からの支援など）について確認をしながら，気分・意欲の状態，睡眠，食欲など抑うつ症状に関する質問をおこなった。また，会話の流れに合わせながら飲酒・喫煙，運動習慣，食事，通勤時間や帰宅時刻，休日の様子など生活習慣等について確認をした。その話題の中で，家事育児の分担などから十分な休養が困難な状態にあることも語られた。Aの妻は本年4月から育児休業明けで職場復帰をしており，Aともども育児と仕事との両立に困難を抱えていた。Aも帰宅後に家

第13章 各分野における心理的アセスメントの実際

事をおこない，学生時代から続けていた週末のフットサルへの参加を中断するなど，気分転換の機会を得られずにいた。このような状況で，夫婦の口論も増えており，Aにとって「気持ちの休まることがない」状況であった。

②初回面接におけるアセスメント

　初回面談からのアセスメントを以下のように生物心理社会モデルから整理することができる。

　　生物：不眠，食欲不振，中程度の不安・抑うつを伴う適応障害が疑われる。
　　心理：抑うつ気分，自責，焦燥，不安，緊張，真面目で責任感が高い，自殺念慮（−）。
　　社会：技術職としての適正，仕事のプレッシャー，長時間労働，上司からの支援不足，育児と仕事とのバランスに困難あり。

　このように，「『真面目で仕事熱心で能力も高い』Aが，『役割の変化による心理的ストレス』『仕事のプレッシャーや長時間労働による心身の疲労』の他，『育児等家庭生活のバランスの困難』が重なり，『上司から適切なサポートが得られない状況』『気分転換として機能していた習慣が中断している』ことなどから不調が生じている。これらは医療による治療（生物学的な視点），カウンセリングの利用（心理学的な視点），上司からの適切な支援と家庭生活の調整（社会学的な視点）により肯定的な変化が得られることが期待できる」と仮説を立てることができた。

　なお，カウンセラーは事前に保健師Cと相談し，Aに健康診断による異常所見はみられないこと，これまでに長時間労働による産業医面談を受けたことがあり産業医もAの状況を認識していることを確認している。

③クライエントへのフィードバックと関係者との連携

　カウンセラーは困難な職場環境でのAの奮闘ぶりに驚きを示しながら強く労いの言葉を伝えた。そして現在の不調は「業務上の想定外の負荷や生活状況の大変さ，さまざまな変化が重なったことによる自然な反応」であり「適切な対応によって回復が見込めると考えられる」ことを伝えた。そして「職場の健康管理の観点からは，A個人の問題よりも，職場全体の課題として捉えるほうが現実的」とも考えられること，「組織としての適切な対処を進める」ことの重要性を丁寧に伝えた。

　さらに今後の方針について，保健師，産業医，上司Bらと協働・連携して支援することの説明と医療機関の受診に関する提案をし，同意を得た。そのうえで上

191

司Bへの情報開示について話し合い，「気分の落ち込みや焦燥感」などの精神症状とその背景に「人員不足など業務上の負荷が大きく影響していると考えられる」ことのほか，「医療的な支援だけでなく，職場としての具体的な支援をおこなう必要があると考えられる」と伝えることとするなど，開示する内容や伝え方について具体的に確認を行った。その後，保健師Cと相談をして，翌日に訪問予定である産業医Dとの面談予約を手配。さらに保健師Cの調整で上司Bも立ち会うこととなった。カウンセラーは面談後に上記のアセスメント内容を中心に，産業医への報告事項を簡潔にまとめた。

④業務外の生活状況への対応

　家事育児を積極的に分担し，妻の苦労を気遣うAを称賛し，「核家族家庭において，時折ぶつかり合いながらも育児と仕事の両立に一生懸命に取り組む夫婦」として労った。そして，育児に関して近県に住む双方の親族からの支援を得ることについて検討してみることがAから発案された。

⑤面接経過：その後の対応

　Aは産業医Cの紹介状により精神科クリニックを受診し，服薬治療を開始した。主治医とは産業医Dを窓口として，書面による情報共有を適時おこなった。カウンセリングでは，上司Bとの合同面接をおこない，Aへの支援について話し合いをおこなった。人員不足については上司Bの働きかけと産業医の意見もあり，急ぎ補充がなされることとなった。一方，家庭では双方の実母が月に数回ずつ，育児の支援に訪問することとなった。解決の見通しがついたことからAの不安・焦燥感は大幅に改善，数カ月のうちに抑うつ状態も軽快し，業務に集中することができるようになった。その後，プロジェクトを無事に完了させることができた。

5．解説と補足

　産業保健活動におけるカウンセリングは多くの場合，治療ではなく職場適応支援が主な目的となることから，疾病性（illness）と事例性（caseness；困っている・問題となっていること）を区別することが重要である（森崎，2000）。現在の現実的問題に焦点を当て，受診の必要性や自殺の危険性（リスクアセスメント）のほか，職場内外での問題状況の把握をおこないながら，クライエントの心理学的特徴を多角的に捉えて援助戦略につなげる（津川，2009）。その際，NIOSH（National Institute for Occupational Safety and Health；アメリカ国立労働安全衛

第13章 各分野における心理的アセスメントの実際

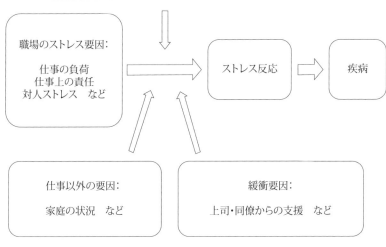

図1　職業性ストレスモデル（NIOSH）（Hurrell, McLaney, 1988）

生研究所）の職業性ストレスモデル（図1）と照らし合わせることは有効であろう。その他，アルコール乱用，発達障害，高次脳機能障害，若年性認知症などの視点も忘れてはならない。また，本人へのフィードバックは，具体的な問題解決の方法と見通しを示すと同時に，クライエントの自己肯定感が増し希望が持てるような工夫が重要である（糸井, 2015）。

産業保健活動におけるカウンセリングでは，今回のように面接法や関係者からの情報に基づいてアセスメントを進めることが通例であるが，精神科医による診療がおこなわれる企業内診療所などでは，心理検査が実施されることも多い。その他，クライエントのリソースを読み取って面接を効果的に進めるために活用した例（足立, 2006）なども報告されている。アセスメントの方法やあり方についても，職場の実情に応じて実践できるよう研鑽が常に必要である。

　　文　　献

足立智明（2006）病理枠からリソース枠へ，そして解決枠へ（SCTの読み方の一例）．In：氏原寛ら編：心理査定実践ハンドブック．創元社，pp.204-207.
Hurrell, J.J. Jr., McLaney, M.A. (1988) Exposure to job stress — A new psychometric instrument. Scandinavian Journal of Work, Environment & Health, 14; 27-28.

第3部 心理的アセスメントの実際

糸井岳史（2015）医療現場における心理検査結果のフィードバック．In：高橋依子・津川律子編：臨床心理検査バッテリーの実際．遠見書房，pp.210-225.

近藤直司（2015）医療・保健・福祉・心理専門職のためのアセスメント技術を高めるハンドブック【第2版】．明石書店．

三浦由美子・磯崎富士雄・斉藤壮士（2018）産業・組織カウンセリング実践の手引き．遠見書房．

森崎美奈子（2000）企業内カウンセリング．In：氏原寛ら編：臨床心理学③コミュニティ心理学とコンサルテーション・リエゾン．培風館，pp.206-215.

津川律子（2009）精神科臨床における心理アセスメント入門．金剛出版．

◆学習チェック表
□　各分野におけるアセスメントの特徴について理解した。
□　各分野における組織内の連携について理解した。
□　各分野における組織外の連携について理解した。
□　アセスメントのフィードバックのあり方と関係者との連携について理解した。

第14章

心理的アセスメントの展開

大山泰宏

🔑 *Keywords* 　心理測定，心の要素，個人差，特性，骨相学，行動や態度の測定，テスト法，テストバッテリー，投映法，精神力動，知らないものに対する尊厳

I　心理的アセスメントのパラドクス

　心理的アセスメントは，人が人を知っていこうとする営みの一つである。人に対して何らかの情報を得て，それを通してその人となりを理解する一連の過程である。諸々のテストメソッドを使って対象者を描き出すこともあれば，観察によることもあれば，面接を通してなされることもあるであろう。心理的アセスメントを行なうのは，言うまでもなく公認心理師の職能においては，対象者の心のありようを知り，心理学的支援を効率的かつ円滑に行なっていくためのものである。

　心理的アセスメントは，心理職において，心理面接や地域援助と並ぶ重要な職能であるが，少し立ち止まって考えてみると，いくつかの不思議な点に私たちはぶつかってしまう。そのことについて，まず述べてみよう。

1．心理療法と心理的アセスメントの前提の矛盾

　1つめは，心理療法と心理的アセスメントとは，異なるパラダイムの上に成り立っているということである。心理的アセスメントは，客観的で安定性があることが求められる。すなわち，その心理的アセスメントで得られた情報というものが，誰にでも通用性があるということが，いわゆる科学的基礎として大切にされる。別の言い方をすれば，まさにその心理的アセスメントを行なった者の個別的な主観から独立して，心理職あるいは協働関係にある他職種とのあいだで，揺らぎのない共通の意味をもつことが重視されるのである。

　しかしこの前提は，心理療法が前提とするところとは真反対である。心理療法では，対象者に心理職・セラピストが関わることによって，対象者が変容してい

くことを前提とし，またそれを目指す。対象者がそれまでとは異なる関係性の中に置かれ，あるいはそれまで孤独で行なわれていたことを関係性に開くことによって，対象者が変化することを大切にする。そこではセラピストという主観としての関わりが，とても重要なものとなっている。

これに対して心理的アセスメントでは，原則として，対象者に関わる心理職が対象者に変化を与えてはならない。誰がやっても同じであることが，客観性を保証するからである。また，心理療法であれば，そのセラピストが関わることで，他の人との関わりではみられないような動きや展開が対象者に生まれてくることは，セラピストの専門性や腕の見せ所ということになる。しかし心理的アセスメントでは，そのテスターが関わったときにしか出ないスコアが得られたりパフォーマンスが示されたりしたとしたら，それは客観性に問題ありということになってしまうであろう。このように，心理職という一つの職能の中に，まったく相反するパラダイムが存在しているのである。

２．人を知るための特殊な方法

心理的アセスメントについて立ち止まって考えると不思議になってくる第２の点は，そこで行なわれているような相手を「知る」方法は，きわめて特殊なものであるということである。私たちは自分がこれから深い関わりをもちたい意中の人をより知りたいときに，あるいは家族でお互いの理解を深めたいときに，何らかのメソッドを使ったりテストをしたりして，アセスメントを行なうであろうか。おそらくそんなことはするまい。日常的な人間関係において相手を知るということは，関係を展開していくうえで気づいたり感じたりしたことから，その人を理解していくことであろう。そして何よりも，その「気づき」の中には，自分が驚いたり，はっと気がついたりするという，自分が変容していくということを含んでいるはずである。すなわち，相手を一方的に何かの方法を使って知るのではなく，相手との相互の関わりの中で，その人を理解できたり理解できなかったりといった揺れの中から，だんだんと理解が醸成されていくのである。

これに対して心理的アセスメントとは，アセスメントを行う側が相手を知ることで変化していくということは基本的にはない。もちろん，アセスメントの経験を重ねることで技能が熟練していくという変化はあるだろうし，アセスメントを行なううえで，こちらの認識を大きく変えてくれるようなケースに出会うことはある。しかしながら，日常の人間関係では，「その人を知ることで自分が大きく変わった」ということは，まさに他者を知ることの醍醐味でもっとも貴重なことで

第14章 心理的アセスメントの展開

あるのに対して，心理的アセスメントにおいて「このケースのアセスメントを行なったことで，自分が大きく変わった」ということは，むしろ副次的な位置におかれるであろうし，あるいはそうした発言をアセスメントを行なう者が繰り返していたとしたら，むしろ頼りなく信頼できないとさえ思われるかもしれない。

このように心理的アセスメントには，対象者を「知る」という関わりにおいて，それを行なう者が，気がついたり認識が変化したりということで「知る」のでもなく，また「知る」に至った情報は，それを行なった者でなくても知り得るものであると同時に，誰もが利用可能なものであるという前提の中でなされる特殊な営みである。

ここまで述べてきたように，心理的アセスメントは，通常の人間関係における「知る」ということからすると，かなり特殊な営みである。そしてこの特殊さにこそ，まさに心理職としての専門性・職能が存在している。そのことについて私たちは自覚的であるべきであろう。というのも，専門性や職能を高めるためには，単にその専門的技能を身につければ足るというものではないからである。その専門性や職能を成り立たせている前提や発想法，原理についてもよく知っておいてこそ，私たちは，自分たちの支援を対象者の日常に，本当の意味でつなげることができるであろう。本章では，こうした「特殊な」心理的アセスメントを可能にしている仕組みや発想について，改めて問い直してみたい。

II 心理測定を可能にする前提

心理的アセスメントは，きわめて複雑で総合的な営みである。アセスメントのために用いられる情報は，何らかの心理テストを用いて得られるものであったり，観察によるものであったり，聴取によるものであったりと多様であり，それらの多面的で多層的な情報を総合して心理的アセスメントが行なわれる。

観察や聴取によって得られた情報をもとにする場合，対象者の心理の理解は，心理学的な思考，すなわち心理学的な概念を使用した心理学的なロジックにしたがって行なわれるのであるが，これは，心理的アセスメントばかりでなく心理療法においてもつねに行なわれていることである。その意味では，観察や聴取を通しての理解は，心理職の多くの営みに共通性が高いものである。

これに対して，心理的アセスメントにこそ特徴的にみられる固有な要素は，心理測定（psychometric）である。心理測定は，その名のとおり心を測ることであるが，測定（measurement）が，心の記述や状態判断に用いられることが可能に

197

第3部　心理的アセスメントの実際

なるためには，いくつかの前提条件がある。測定では，測定される対象に「物差し」があてがわれ，その基準にしたがって対象は数値で表現され，その数値によって対象は，順序づけされたり並べられたりして相互に比較されるが，目に見える具体的な「物」を測定するのと異なって，心（精神）を測定するためには，いくつかの工夫が必要なのである。

1．要素への分解とメカニズムの想定

　精神機能は，非常に複雑で統合的なものであり，かつ個別的なものである。しかし物差しは，一つの指標に従ってしか測定できない。そこで，測定が可能になるためには，精神機能は単純な要素に分解される。すなわち精神という機能は，一つひとつの単純な要素の組み合わせから成っていると発想される。今では心理学においては当たり前の発想である。しかし歴史的にみれば，心（精神）というものを分解して部品の寄せ集めのように考えるというのは，精神や魂を神から与えられたものとして考えたり，あるいは神とつながる崇高性ということから考えたりするキリスト教の世界観からすると，相当に冒涜的で冒険的なものであった。精神を要素に分ける考え方は，思想史的な背景としては，アングロサクソン系の思想的潮流と関わっている。ジョン・ロック John Locke が，人の心は生まれたときは白紙（タブララサ）で，経験によって一つひとつの精神機能が生まれてくると考えていたように，そして 20 世紀には「特性」（trait）という要素の組み合わせによって，人となりを考える特性論がイギリスとアメリカで発展したように，人間の心を要素に分ける考え方は，その思想的な潮流のもとにあるのである。

　精神を要素に分けるということは，同時に，そうして分けられた要素がどのように精神を構成しているのかという仕組みへの興味も生み出す。現在では「心のメカニズム」という言葉が違和感なく用いられるように，心は部品によって組み立てられたものとして構想されるのである。そして，現在でも精神疾患が disorder と呼称されることが多くなってきたことの中にも，その発想は生きている。すなわち，illness というその人の「あり方」の問題ではなくあたかも機械が故障（disorder）して正常に機能しなくなったという見方がされているのである。

　また，ここで重要なのは，そうしたメカニズムは万人に共通のものであるという考え方である。これは，後に言及する精神力動的な考え方では，心理メカニズムを個人個人で異なるとものと考えることと対照的である。精神機能の要素とその組み合わせとしてのメカニズムを想定する場合は，基本的なメカニズムは個人差を離れて普遍的なものであり，個人差は，その要素の状態から考えられるもの

第14章 心理的アセスメントの展開

である。このことは心を「身体」のようなものだと見なすことであると言ってもよい。現在の医学では身体の構造と機能は万人に共通であり，個人差はその構成要素の差の集積として考えられているが，これと同じ発想である。

2．個人差への着目

精神の測定を可能にし生み出した2番目の発想（むしろ動機といったほうがよいかもしれないが）は，個人差への興味である。心理測定は，個人差心理学の展開とともに発展していった。個人差心理学は，個々人の特性を知り個人の能力開発のために，あるいは，個人差を知ることでそれを人材として適切な社会的資源として利用すること（たとえば，職業斡旋，兵役での人材配置など）と関連しつつ展開していった。個人差を知るためには，個人を相互に比較できるような共通の尺度が必要である。一人ひとりの個人を万人に共通の尺度で測定するということが求められるのである。

個人差心理学において，測定を用いた元祖とでも言える人物は，ドイツ生まれのフランツ・ガル Gall, F. J. である。ガルの骨相学（phrenology）は，ヨーロッパ大陸ではいったん流行したものの，人間の精神を頭蓋骨の形状（脳）に還元しようとした唯物論的な指向性がゆえに，あるいは精神機能を切り刻むという指向性がゆえに，キリスト教教会勢力からは非難され，また，フランスのアカデミズムからはその偽科学的な説明体系を批判されたが，アメリカにおいては通俗化した一種の心理学として流行した。そして，それぞれの人の頭蓋骨の形状から，その人の能力を判断して，何が得意なのか，どんな悪い能力を制御していくべきなのかという教育や自己開発と結びつくことになった。頭蓋骨の形状から個人の能力を結びつけるという考え自体はその後否定されたが，個人の能力を要素に分解して測定し，それを教育や職業斡旋，進路指導に結びつけていくということが，アメリカで発達していくきっかけとなった。カウンセラーという職業も，もともとは，骨相学により個人差を判断し人々に自己開発のアドバイスを与えるところから出てきている（Sokal, 2001）。

個人差に関する心理学は，とくにアメリカで大きく発展する。1905年にフランスのビネー Binet, A. が開発した知能テストは米国にも移入され，その後ターマン Terman, L. M. がビネーの知能検査を改変・発展させた検査を開発した。第一次世界大戦では，人材の適所配置が求められ，将校としてリーダーになるべき人物なのか一兵卒であるべき人物なのかを振り分けるために，個人差の測定が行なわれた。1917年に開発された Yerkes' army intelligence Alpha and Beta tests

は，175万人もの兵士が受検し，その結果は人事簿に記載され兵士の個人差・能力を示す基礎データとされた。

3．心的要素の可視化

心理測定を可能にする3つめの前提（工夫）について，次に述べたい。物差しを当てて心の構成要素を測るといっても，心は「物」のように目に見えるわけではない。いかに心を可視化するかということが問われることになる。

先述したガルの構想は，精神機能を可視化しようとする試みの一つでもある。イギリスのゴルトン Galton, F. も，身体的な特徴が精神機能と対応していると考えていた。ゴルトンは，心理測定や統計学の発展に大きな影響を与え，知能測定の試みを行ない，またそれに関連して優生学を提唱した人物であるが，人間の能力は筋力や頭蓋骨の大きさなどと相関していると考えていたのである。

ガルの構想にしても，ゴルトンの試みにしても，それは失敗に終わったが，この発想はその後も，頭や顔の特徴を計測することで人種の精神能力の優劣を判断しようとする人体計測学や，相貌に精神的特質が表れているとする相貌学などに展開していくことになる（今でも映画に出てくる悪役やならず者の相貌の特徴には，その残存がみられる）。

心理学において，精神機能をどのように可視化するかという試みは，精神機能を観察可能な行動や態度と対応づけ，行動や態度を測定することで精神機能を測定しようという方向に移っていく。すなわち，行動や態度を心の様相の指標としたのである。

その一つの方法は，個人差心理学の特性論にみられる。特性論とは，個人差心理学・パーソナリティ心理学において，まさに個人のパーソナリティを，性格特性という要素の組み合わせとして考える理論である。性格特性という心の様相自体は観察不可能であるが，個人内で一貫し個人間で多様性のある，反復される行動や態度のパターンから類推され抽出されるものである。社会心理学で発展した行動や態度の測定方法（態度や行動に関する質問紙法，尺度法）を応用することで，個人が繰り返し行なう行動や態度を測定し，それを個人の「特性」という心理的要素に対応づけたのである。

精神を可視化するもう一つの方法は，テスト法である。ビネーの知能検査の方法に端を発し，課題解決場面という，特定の限定された状況を設定し，そこでの行動や態度，パフォーマンスを精神機能の指標として可視化しようという考え方である。テスト法においては，設定場面が人工的で限定的であるので，自然的状

況での観察と異なって，行動を生起させる要因（刺激）が明確であり，それがゆえに個人の行動や態度の差は，個人の心理的要素の差に起因するものとして考えられるのである。

　このように心理測定は，個人差を知ろうという欲望を前提とし，心が単純な要素からなっているという発想がそれを支え，心の一つひとつの要素を可視的な行動や態度と結びつけるという方法によって可能となっているのである。

III　心理測定の前提に反する前提の必要性

1．総合的判断ができるという専門性

　心理的アセスメントは，心理測定をその基本的な要素としており，また歴史的にみれば心理測定と関連して発展してきたのであるが，心理職としての職能や専門性を考えると，心理測定の前提から急に離れてしまう。このことについて次に述べたい。

　心理測定は，対象者の心の一側面しか測ることはできない。血圧や血糖値というものが，その人の全てでもなければ，健康や疾患のすべてを包括的に表現しているわけでもないのと同じことである。対象者の心を包括的に記述したり判断したりするために，テストバッテリーが組まれることが多いが，そこで使用される心理検査は，一つひとつ異なる発想と原理からなるものである。また，そこに観察や聴取も加えてアセスメントを行なおうとすると，多数の質的な情報も加えて，総合的かつ直感的に判断しなければならなくなる。当然そこには，アセスメントを行なう者の人間観や主観というものが入り込むことは避け得ない。一つひとつの心理測定から得られる情報には客観性や信頼性，妥当性があるのは確かであろうが，だからといってそれらを組み合わせて行なわれるアセスメントが，自動的に客観的になるわけでもなければ，信頼性や妥当性が確保されるわけでもない。

　ここが心理士が技師とは異なる重要な点である。医療領域における技師は，客観的で信頼性・妥当性のあるデータを得ることが，その技能においてもっとも大切であり，それらを総合的に判断するのは，どちらかというと医師の職能である。しかし心理士の場合は，測定データを正しく得ることが求められると同時に，どのようなテストバッテリーが簡潔明瞭にアセスメントにつながるのかを判断しなければならず，そしてそれらの組み合わせから総合的に読み取り，対象者を総合的に記述していくことができるかが，まさに職能や専門性の根幹にかかわるのである。

2．投映法の再考

　そのように，多次元的なデータを総合して対象者を個別に描き出すということが専門性として必要であるのならば，そこで行なっていることは，心理測定尺度を用いた心理的アセスメントを使用しているとしても，投映法において心理職がなしていることと，たいして変わらなくなる。客観的な心理測定こそが心理アセスメントの基本だとする立場からは，投映法はすこぶる評判が悪い。たとえば心理測定法を生み出し発展させた御本家の英国では，ロールシャッハ・テストは，その妥当性や信頼性に疑いありということから，心理的アセスメントの方法としてはほとんど用いられなくなっており，対象者が「インクの染み」への自分の反応を知ることで自己理解を深めていく媒介のような位置づけになってしまっている。

　そこまで極端でなくとも，投映法に関しては，あいまいであり主観的であるという評価は一般的なものである。投映法は，米国での発展においては客観性や信頼性・妥当性を担保しようとして努力されたが，もともとは力動的心理療法の発想の中での，対象者理解の一方法として生まれたものである。ロールシャッハ・テスト，ソンディテスト，バウムテストなどが生まれた場所が，力動的心理療法が誕生し発展した場所とぴたりと一致するのは偶然ではない。それらは同じ精神的風土と潮流から生まれたからである。ロールシャッハ・テストの誕生には，フロイトの精神分析やユングの分析心理学が大きな影響を与えている。

　投映法のもともとの目的は，対象者の「深層心理」や「無意識」を知ることではかった。パーソナリティのアセスメントの方法として，ロールシャッハ・テストやTATなどを投映法（projective method）という言葉を生み出すことで包括整理したフランク Frank, L. K. は次のように述べている。「パーソナリティとは，個人が生活上の状況を組織しパターン化し，それらに効果的に応答するもの，すなわち“自分の生活空間（life space）を構造化する”ものである。まさにその時点に至るまでに発展してきた人格の過程を投映法によって，呼び起こすことができるのである」と（Frank, 1939; p.403）。投映法の「場」に個人を置くことで，個人が状況を意味づけ経験を体制化していくあり方が映し出されると考えられているのである。

　ロールシャッハ・テストのもともとの発想や目的も，対象者の知覚と運動とのダイナミズムを知ること，すわな，外界の知覚とそれに対する反応や働きかけの関係をみることで，それを介在する精神のあり方を知ろうというものであった。あ

第14章 心理的アセスメントの展開

るいは，支離滅裂で了解不能とされていた，統合失調症者の思考のあり方を，言語を媒介にするのではなく別の方法で理解しようとするためのものであった。フロイトが自由連想という方法や失策行為や忘却を手がかりにして，意識化されておらず語られることのない精神のダイナミズム（すなわち無意識）を知ろうとしたことと同じ発想である。

投映法で行なわれる心理的アセスメントは，総合的で統合的である。確かに数量的な指標が工夫されているが，一つひとつの指標をブロックのように組み立てていけば，自動的に対象者の心が描きだされるというものではない。精神力動論がそうであるように，投映法においても「心のメカニズム」が万人に共通であるという前提にたっているわけではない。どのような心のメカニズムを構成しているのかということが個人個人で異なっており，その個人に固有の心のメカニズムを理解していくということが，精神力動論の発想であり投映法の発想でもある。

力動的心理療法における対象者の理解は，対象者が語ることを部品のように組み立ててなされるものではない。一つひとつの言葉や語りが加わるたびに，それは対象者に関する理解の新たな文脈を生み出し，再解釈の過程の中に置かれていくのである。投映法においてもこれは同じである。投映法で得られた一つひとつのデータは，既存の文脈に当てはめられていくのではなく，それらを組み合わせることで理解の文脈が新たに生成されていくのである。

要素を機械的に組み立てるのではなく，要素により新たな文脈が生成されていくため，データの意味づけや指標の評価の仕方（たとえばロールシャッハであればコーディングなど）が異なってくることも当然ありえる。力動的心理療法において，対象者の言葉や語りの解釈や意味づけは，その他の言葉や語りとの関連から解釈され，同じ言葉が必ずしも同じ意味内容とはならないのと，同じことである。

IV 心理的アセスメントの展望

1．心理的アセスメントでのトレーニング

ここまでみてきたように，投映法において要素から新たな文脈が生成されていくこと，その人に固有の心的メカニズムを知っていくことは，テストバッテリーを組むことにおいて心理職が行なっていることと，実は異なることではない。テストバッテリーにおいて，複数の心理検査の結果を機械的に組み立てれば，その人の心理が描けるというものではない。たとえ2人の対象者において，ある検査

第3部　心理的アセスメントの実際

結果のスコアが同じであったとしても，他の検査結果のスコアが異なっていれば，その結果の意味づけや解釈，そこから推測される心的メカニズムが異なってくることは，言うまでもないであろう。心理測定として客観的であるテストも，テストバッテリーでの「読み」においては，主観的かつ直感的な判断が必要になってくるのであり，そこから仮説される対象者の心のメカニズムとは，まさに，その人に固有のものなのである。

客観的かつ的確な心理的アセスメントができるためには，データの読み方や総合的な解釈の仕方にトレーニングが必要である。その意味では，たとえ心理測定としてのテストを用いるアセスメントをもっぱらにするとしても，投映法の訓練は不可欠であると筆者は主張したい。投映法を解釈し所見を書くということが，複数のデータから新たな文脈を読み取っていく基礎的な力量が養われると思われるからである。

これに加え，アセスメントでは自分の主観性を常に括弧に括って，得られたデータの側から浮かび上がってくる新たな文脈を聴きとっていく，謙虚で開かれた態度が必要であろう。そして何よりも，人間観や心に対する深い理解も必要になってくる。その意味では，たとえ心理職として心理的アセスメントを行なうにしても，そこには心の力動的な理解が必要であり，心理療法のトレーニングも必要であろう。

2．知らないものへの尊厳

バウムテストを，パーソナリティ検査へと発展させたコッホ Koch, K. は，一枚のバウムを解釈するということに関して，次のように書いている。

　「当初はわからない部分をそのまま持ち続けどう理解したらいいかという問いを，何日も，何週も，何カ月も，何年も，見え方の成熟過程がある地点に達するまで，問い続けていると，秘密に関わる何かが自然と姿をあらわしてくる。それもしばしば稲妻に打たれたかのように忽然と湧き出てくるが，要点を押さえていれば，成果を拾い集め仕分けすることが可能となる」（岸本寛史訳『バウムテスト〔第3版〕』，23頁）。

この引用部分の前にコッホは，バウムから読み取っていく指標は，バウムに静かに向かい合っていく中で，バウムの絵それ自身の本質から自然に生じるものであるべきであると述べている。そしてそのようにして感知された構造や識別の手がかりこそが，「稲妻に打たれたかのように忽然と湧き出てくる」秘密を拾い集め形にすることの要となると言うのである。

第14章 心理的アセスメントの展開

　ここにはまさに，心理的アセスメントの，いやもっといえば，私たちが対象者を理解するうえでの非常に大切な態度と精神が示唆されているであろう。対象にこちら側の理解の枠組みを当てはめるのではなく，対象それぞれに固有のあり方を感知していくという態度は言うまでもない。バウムからその秘密を語りかけてくるまで，何日も何年も待ち続ける姿勢である。実際にアセスメントを行なううえで，このように時間をかけるわけにはいかないので，あくまでも，そうした精神や態度として考えてもらいたい。この辛抱強さは何によって支えられているのであろうか。それはおそらく，対象に対する尊厳であろう。対象には，こちらが知り得ていない何かがある。そもそも対象を知っていくという行為は，まだ知り得ていないという無知が前提となる。そして，さらに新しいことを知り続けていくということは，まだまだ知っていないことがたくさんあるということを前提としている。まだ姿を現していないこと，まだ私たちが知らないことは，相手が「隠している」からではない。ただ，私たちは「知らない」のである。

　筆者は心理検査で得られた結果は，地図のようなものだと説明することが多い（大山，2015）。地図は，実際よりも単純化して描かれている。もし，実際を細大漏らさず描きだしているとすると，それは複雑すぎてかえって役に立たないだろう。ある観点から抽出したもののみを記載しているからこそ，複雑な対象と向かい合っていくときの道標となるのである。また，地図を見たからといって，その場所のことは何でも分かったと思う人もいなければ，地図を見たからもうその場所には行かないでいいと思う人もいないだろう。地図を頼りにしながら，実際を旅していくとき，地図にはなかった意外なものに出会ったときのほうが，驚きや感動も大きく，またそれが旅の醍醐味であろう。

　心理的アセスメントもこれと同じである。それは対象者を知り尽くすことではない。対象者と出会い，こちらが知っていなかったことに出会ったり，驚いたりするための，手がかりである。知らないことに出会う旅の入り口である。

　人が人を知るということは，知らないものに対する尊厳があってこそ，初めて正しく機能するということを，心理的アセスメントでは心に留めておきたい。

◆学習チェック表
☐　心理療法と心理アセスメントの発想の違いと共通点について理解した。
☐　心理測定を可能にする前提について理解した。
☐　テストバッテリーを組み解釈するうえでの力動的な見方の必要性を理解した。
☐　心理的アセスメントを行ううえでの対象者に対する態度について理解した。

より深めるための推薦図書

伊藤良子編（2009）臨床心理学：全体的存在として人間を理解する．ミネルヴァ書房．

大山泰宏（2015）改訂新版　人格心理学．放送大学教育振興会

津川律子（2018）面接技術としての心理アセスメント―臨床実践の根幹として．金剛出版．

文　献

Cushman, P. (1992) Psychotherapy to 1992: A historically situated interpretation. In: Freedheim, D. K. (ed.): History of Psychotherapy — A Century of Change. APA Books.

Ellenberger, H. F. (1970) The Discovery of the Unconscious: The History and Evolution of Dynamic Psychiatry. Basic Books.（木村敏・中井久夫監訳（1980）無意識の発見―力動精神医学発達史．弘文堂．）

Frank, L. K. (1939) Projective methods for the study of personality. The Journal of Psychology, 8; 389-414.

岸本寛史（2005）『バウムテスト第3版』におけるコッホの精神．In：山中康裕・皆藤章・角野善宏編：バウムの心理臨床．創元社．

Koch, K. (1948) Der Baumtest: Der Baumzeichenversuch als Psychodiagnostisches Hilfsmittel. Bern; Hans Huber.（岸本寛史・中島ナオミ・宮崎忠男訳（2010）バウムテスト［第3版］―心理的見立ての補助手段としてのバウム画研究．誠信書房．）

大山泰宏（2006）臨床心理学の歴史の臨床性．河合俊雄・岩宮恵子編：新・臨床心理学入門．日本評論社，pp.14-22.

大山泰宏（2015）人格を映し出す―心理査定．In：改訂新版　人格心理学．放送大学教育振興会，pp.41-57.

Sokal, M. M. (2001) Practical Phrenology as Psychological Counseling in the 19th-century United States. In: Green, C. D. et al. (ed.) The Transformation of Psychology: Influences of 19th-century Philosophy, Technology, and Natural Science. APA Books.

索　引

A-Z

ADHD-RS　121, 131, 132

ASEBA（Achenbach System of Empirically Based Assessment）121, 129, 132

BDI-II（ベック抑うつ質問票）83, 85, 86

C. A. S. 不安測定検査（Cattel Anxiety Scale）83, 88, 90, 97

CHC 理論　109, 114, 115, 118, 119

CMI 健康調査表　73, 74, 83, 92

Conners 3　121, 131

DAM（人物画知能検査；Draw-A-Man Test）73, 121, 127, 157

DN-CAS（認知評価システム；Das & Naglieri's Cognitive Assessment System）73, 109, 113, 114

DSM-5　25, 30-33, 42, 44-46, 49, 56, 93, 96, 97, 175

DSM-IV　25, 30, 31, 33, 86

GHQ 精神健康調査票（General Health Questionnaire）83, 91, 97

ICD-10　25, 30-34, 46

ICF　25, 31, 34-39, 45-50, 57

K-ABC　73, 74, 109, 114, 127

KIDS　121, 124

K式発達検査　73, 121, 126, 133

M-CHAT（The Modified Checklist for Autism in Toddlers）130

MAS（顕在性不安検査；Manifest Anxiety Scale）73, 83, 88, 89, 97, 155

MMPI（Minnesota Multiphasic Personality Inventory）73, 74, 89, 97, 99-101, 105, 107, 108, 155, 161, 168

MPI（モーズレイ性格検査；Maudsley Personality Inventory）104, 105, 108

MSPA（Multi-dimensional Scale for PDD and ADHD）73, 121, 130-132

NEO-PI-R（Revised NEO Personality Inventor）99, 101, 102, 105

P-F スタディ　73, 74, 134, 135, 143-145, 147, 148

POMS 2（Profile of Mood States 2nd Edition）83, 87

SCT（文章完成法）56, 73, 74, 134, 135, 146, 147, 154, 156, 186, 193

SDS（自己評価式抑うつ尺度；Self-rating Depression Scale）83

STAI 状態・特性不安検査（STAI；State-Trait Anxiety Inventory）73, 74, 83, 88, 97, 98, 155

TASP（保育・指導要録のための発達評価シート；Transition Assessment Sheet for Preschoolers）121

TAT（絵画統覚検査，主題統覚検査）73, 134, 135, 141-143, 147, 148, 202

TEG（東大式エゴグラム；Tokyo University Egogram）73, 74, 99, 103, 104, 155

Vineland 適応行動尺度　121, 128, 133

WAIS（Wechsler Adult Intelligence Scale）73, 74, 75, 109-113, 118, 170（→ウェクスラー式知能検査も参照）

WHO QOL　26, 83, 91, 98

WISC（Wechsler Intelligence Scale for Children）73, 74, 109-113, 118-120, 175, 180（→ウェクスラー式知能検査も参照）

WPPSI（Wechsler Preschool and Primary Scale of Intelligence）73, 109-113, 118（→ウェクスラー式知能検査も参照）

YG 性格検査　99, 102, 103, 105, 107, 155

あ行

アカウンタビリティ　21, 24

意識障害　25, 39, 40, 42, 43, 45, 46

インテーク面接　16, 58, 160, 163
インフォームド・コンセント　21, 22, 33, 160
ウェクスラー式知能検査　110, 111, 113-119, 169, 170
内田クレペリン精神検査　72, 73, 99, 105-107
うつ症状　83-87, 190
エゴグラム　73, 99, 103, 104
エビデンスベイスト・アプローチ　11, 23
遠城寺式乳幼児分析的発達検査法　121, 123

か行
絵画統覚検査→TAT
家族歴　58, 62, 63, 68, 159, 169
課題場面の違いを活かす　151
環境因子　36, 38, 47, 48, 50, 53-55, 129
感情障害尺度　83, 96
関与しながらの観察　12, 24, 58, 63, 65, 68
機能分析　58, 66, 68, 69
気分　27, 64, 65, 83, 84, 87, 91, 96, 97, 103, 185, 190-192
共感　17, 24, 52, 130, 154, 164, 179
協働　14, 16, 23, 24, 28, 29, 46, 156, 159, 165, 167, 169, 176, 179, 191
クライエントの問題意識　151, 154
経験的採点法　99
継続的観察　47, 52-54
傾聴　17, 24, 164
結果のフィードバック　78, 156, 159, 165, 166, 168, 194
検査バッテリー→テストバッテリー
行動観察　11-14, 17, 18, 24, 47-56, 78, 84, 134, 159, 161, 167, 169, 180, 184, 186, 187
心の要素　195
個人因子　38, 47, 48
個人差　70, 79, 107, 146, 195, 198-201
骨相学　195, 199

さ行
作業検査法　70, 72, 99, 105
自然的観察　47, 53, 54, 56
実験的観察　47, 54-56
疾病性　169, 192
質問紙法　70-72, 80, 83, 91, 93, 94, 96, 98,

99, 101, 102, 107, 134, 152, 153, 155, 156, 161, 165, 200
司法面接　58, 67-69
主題統覚検査→TAT
受容　17, 24
受理面接　16
焦点化観察　47, 52-54
初回面接　16, 24, 58, 61, 67, 69, 190, 191
職業性ストレスモデル　169, 193
知らないものに対する尊厳　195, 205
事例性　169, 192
人格検査　73, 83, 90, 99
神経心理学検査　70, 72, 83, 94
心理教育　26, 169, 171, 172
心理測定　195, 197, 199-202, 204, 205
心理面接　14, 15, 58, 59, 63, 65, 67-69, 168, 195
診療報酬点数　70, 74, 79
スクールカウンセラー　13, 59, 163, 166, 167, 169, 180, 183
生育歴　12, 38, 58, 62, 63, 68, 121, 134, 147, 159, 169, 184
精神力動　65, 152, 162, 195, 198, 203
生物心理社会モデル　11, 13, 14, 25-29, 45, 159, 169, 191
操作的診断　25, 29, 30, 33, 34, 42, 45, 46

た行
多重関係　22, 23
多職種連携　159, 166, 167, 183, 184
田中ビネー　73, 109, 110, 127
地域生活支援　169, 172
知能検査　70, 71, 73, 75, 109-111, 113-119, 126, 127, 132, 133, 151-154, 156, 169, 170, 175, 180, 186, 199, 200
著作権　72, 79, 144
治療的アセスメント　159
津守・稲毛式発達検査　121-123
テストバッテリー　72, 78-80, 134, 135, 151, 153, 155-158, 160, 161, 168, 194, 195, 201, 203-205, 209
テスト法　195, 200
投映水準の異なる検査　151, 154
投映法　56, 70, 72, 134, 135, 144, 147, 151-153, 156-158, 160, 161, 165, 195, 202-204

索引

当事者性 169
特性 47, 48, 53-55, 73, 83, 88, 90, 98, 99, 101-105, 107, 110, 114, 117, 121, 124, 125, 127-132, 135, 138, 146, 147, 153, 163, 170, 180, 195, 198-200
特性5因子モデル 99, 101, 105
特性論 99, 101, 104, 105, 147, 198, 200
トリアージ 19, 20

な行・は行
認知症 43, 70, 72, 73, 92-94, 97, 155, 193
迫害不安 58, 65
発達教育 121
発達検査 70, 72, 73, 121-129, 131-133, 152, 153, 155, 156, 180
発達障害 20, 52, 53, 61, 73, 110, 120-125, 127, 129-133, 180, 193
発達のアセスメント 121, 127
非暴力の具体策の共有 169
秘密保持 21
描画テスト 73, 94, 134, 135, 137, 138, 140, 148
標準化 71, 90, 99, 102, 105, 108, 122-124, 126, 127, 129, 134, 143, 146, 164
病的不安 87, 88
文章完成法→SCT
ベンダー・ゲシュタルト・テスト 83, 95, 98, 155
防衛機制 20, 58, 65, 66, 162
包括的解釈 78, 159
報告書のまとめ方 159

ま行
見える化 169, 174
三宅式記銘力検査 73, 83, 95
モーズレイ性格検査→MPI
問題歴 58, 62, 63, 68

や・ら・わ行
抑うつ不安 58, 65, 66
ラポール 16, 68, 138
リファー 16
臨床心理アセスメント 80, 96, 134, 138, 158
臨床心理検査 70, 71, 79, 80, 134, 135, 138, 158, 168, 194
臨床面接 11, 13-15, 17, 24, 84
連携 14, 16, 24-26, 29, 34, 35, 39, 68, 159, 166, 167, 169, 172, 183, 184, 189, 191
ロールシャッハ・テスト 134-137, 141, 142, 148, 161, 162, 202

付　録

■付録1：公認心理師法概要

一　目的

公認心理師の資格を定めて，その業務の適正を図り，もって国民の心の健康の保持増進に寄与することを目的とする。

二　定義

「公認心理師」とは，公認心理師登録簿への登録を受け，公認心理師の名称を用いて，保健医療，福祉，教育その他の分野において，心理学に関する専門的知識及び技術をもって，次に掲げる行為を行うことを業とする者をいう。

① 心理に関する支援を要する者の心理状態の観察，その結果の分析

② 心理に関する支援を要する者に対する，その心理に関する相談及び助言，指導その他の援助

③ 心理に関する支援を要する者の関係者に対する相談及び助言，指導その他の援助

④ 心の健康に関する知識の普及を図るための教育及び情報の提供

三　試験

公認心理師として必要な知識及び技能について，主務大臣が公認心理師試験を実施する。受験資格は，以下の者に付与する。

① 大学において主務大臣指定の心理学等に関する科目を修め，かつ，大学院において主務大臣指定の心理学等の科目を修めてその課程を修了した者等

② 大学で主務大臣指定の心理学等に関する科目を修め，卒業後一定期間の実務経験を積んだ者等

③ 主務大臣が①及び②に掲げる者と同等以上の知識及び技能を有すると認めた者

四　義務

1　信用失墜行為の禁止

2　秘密保持義務（違反者には罰則）

3　公認心理師は，業務を行うに当たっては，医師，教員その他の関係者との連携を保たねばならず，心理に関する支援を要する者に当該支援に係る主治医があるときは，その指示を受けなければならない。

五　名称使用制限

公認心理師でない者は，公認心理師の名称又は心理師という文字を用いた名称を使用してはならない。（違反者には罰則）

六　主務大臣

文部科学大臣及び厚生労働大臣

七　施行期日

一部の規定を除き，公布の日から起算して2年を超えない範囲内において政令で定める日から施行する。

八　経過措置

既存の心理職資格者等に係る受験資格等について，所要の経過措置を設ける。

付 録

付録2：大学及び大学院における必要な科目

○大学における必要な科目
A．心理学基礎科目
①公認心理師の職責
②心理学概論
③臨床心理学概論
④心理学研究法
⑤心理学統計法
⑥心理学実験
B．心理学発展科目
(基礎心理学)
⑦知覚・認知心理学
⑧学習・言語心理学
⑨感情・人格心理学
⑩神経・生理心理学
⑪社会・集団・家族心理学
⑫発達心理学
⑬障害者・障害児心理学
⑭心理的アセスメント
⑮心理学的支援法
(実践心理学)
⑯健康・医療心理学
⑰福祉心理学
⑱教育・学校心理学
⑲司法・犯罪心理学
⑳産業・組織心理学
(心理学関連科目)
㉑人体の構造と機能及び疾病
㉒精神疾患とその治療
㉓関係行政論
C．実習演習科目
㉔心理演習
㉕心理実習（80時間以上）

○大学院における必要な科目
A．心理実践科目
①保健医療分野に関する理論と支援の展開
②福祉分野に関する理論と支援の展開
③教育分野に関する理論と支援の展開
④司法・犯罪分野に関する理論と支援の展開
⑤産業・労働分野に関する理論と支援の展開
⑥心理的アセスメントに関する理論と実践
⑦心理支援に関する理論と実践

⑧家族関係・集団・地域社会における心理支援に関する理論と実践
⑨心の健康教育に関する理論と実践
B．実習科目
⑩心理実践実習（450時間以上）
※「A．心理学基礎科目」，「B．心理学発展科目」，「基礎心理学」，「実践心理学」，「心理学関連科目」の分類方法については，上記とは異なる分類の仕方もありうる。

○大学における必要な科目に含まれる事項
A．心理学基礎科目
①「公認心理師の職責」に含まれる事項
　1．公認心理師の役割
　2．公認心理師の法的義務及び倫理
　3．心理に関する支援を要する者等の安全の確保
　4．情報の適切な取扱い
　5．保健医療，福祉，教育その他の分野における公認心理師の具体的な業務
　6．自己課題発見・解決能力
　7．生涯学習への準備
　8．多職種連携及び地域連携
②「心理学概論」に含まれる事項
　1．心理学の成り立ち
　2．人の心の基本的な仕組み及び働き
③「臨床心理学概論」に含まれる事項
　1．臨床心理学の成り立ち
　2．臨床心理学の代表的な理論
④「心理学研究法」に含まれる事項
　1．心理学における実証的研究法（量的研究及び質的研究）
　2．データを用いた実証的な思考方法
　3．研究における倫理
⑤「心理学統計法」に含まれる事項
　1．心理学で用いられる統計手法
　2．統計に関する基礎的な知識
⑥「心理学実験」に含まれる事項
　1．実験の計画立案
　2．統計に関する基礎的な知識
B．心理学発展科目
(基礎心理学)
⑦「知覚・認知心理学」に含まれる事項

212

1. 人の感覚・知覚等の機序及びその障害
2. 人の認知・思考等の機序及びその障害
⑧「学習・言語心理学」に含まれる事項
1. 人の行動が変化する過程
2. 言語の習得における機序
⑨「感情・人格心理学」に含まれる事項
1. 感情に関する理論及び感情喚起の機序
2. 感情が行動に及ぼす影響
3. 人格の概念及び形成過程
4. 人格の類型，特性等
⑩「神経・生理心理学」に含まれる事項
1. 脳神経系の構造及び機能
2. 記憶，感情等の生理学的反応の機序
3. 高次脳機能障害の概要
⑪「社会・集団・家族心理学」に含まれる事項
1. 対人関係並びに集団における人の意識及び行動についての心の過程
2. 人の態度及び行動
3. 家族，集団及び文化が個人に及ぼす影響
⑫「発達心理学」に含まれる事項
1. 認知機能の発達及び感情・社会性の発達
2. 自己と他者の関係の在り方と心理的発達
3. 誕生から死に至るまでの生涯における心身の発達
4. 発達障害等非定型発達についての基礎的な知識及び考え方
5. 高齢者の心理
⑬「障害者（児）心理学」に含まれる事項
1. 身体障害，知的障害及び精神障害の概要
2. 障害者（児）の心理社会的課題及び必要な支援
⑭「心理的アセスメント」に含まれる事項
1. 心理的アセスメントの目的及び倫理
2. 心理的アセスメントの観点及び展開
3. 心理的アセスメントの方法（観察，面接及び心理検査）
4. 適切な記録及び報告
⑮「心理学的支援法」に含まれる事項
1. 代表的な心理療法並びにカウンセリングの歴史，概念，意義，適応及び限界
2. 訪問による支援や地域支援の意義
3. 良好な人間関係を築くためのコミュニケーションの方法
4. プライバシーへの配慮
5. 心理に関する支援を要する者の関係者に対する支援
6. 心の健康教育
（実践心理学）

⑯「健康・医療心理学」に含まれる事項
1. ストレスと心身の疾病との関係
2. 医療現場における心理社会的課題及び必要な支援
3. 保健活動が行われている現場における心理社会的課題及び必要な支援
4. 災害時等に必要な心理に関する支援
⑰「福祉心理学」に含まれる事項
1. 福祉現場において生じる問題及びその背景
2. 福祉現場における心理社会的課題及び必要な支援
3. 虐待についての基本的知識
⑱「教育・学校心理学」に含まれる事項
1. 教育現場において生じる問題及びその背景
2. 教育現場における心理社会的課題及び必要な支援
⑲「司法・犯罪心理学」に含まれる事項
1. 犯罪・非行，犯罪被害及び家事事件についての基本的知識
2. 司法・犯罪分野における問題に対して必要な心理に関する支援
⑳「産業・組織心理学」に含まれる事項
1. 職場における問題（キャリア形成に関することを含む。）に対して必要な心理に関する支援
2. 組織における人の行動
（心理学関連科目）
㉑「人体の構造と機能及び疾病」に含まれる事項
1. 心身機能と身体構造及びさまざまな疾病や障害
2. がん，難病等の心理に関する支援が必要な主な疾病
㉒「精神疾患とその治療」に含まれる事項
1. 精神疾患総論（代表的な精神疾患についての成因，症状，診断法，治療法，経過，本人や家族への支援を含む。）
2. 向精神薬をはじめとする薬剤による心身の変化
3. 医療機関との連携
㉓「関係行政論」に含まれる事項
1. 保健医療分野に関係する法律，制度
2. 福祉分野に関係する法律，制度
3. 教育分野に関係する法律，制度
4. 司法・犯罪分野に関係する法律，制度
5. 産業・労働分野に関係する法律，制度
㉔「心理演習」に含まれる事項
（略）
㉕「心理実習」に含まれる事項
（略）

213

執筆者一覧

遠藤　裕乃（えんどうひろの：兵庫教育大学大学院学校教育研究科）

大山　泰宏（おおやまやすひろ：放送大学）

小山　充道（こやまみつと：北海道千歳リハビリテーション大学健康科学部）

酒井　佳永（さかいよしえ：跡見学園女子大学心理学部臨床心理学科）

佐藤由佳利（さとうゆかり：北海道教育大学大学院教育学研究科学校臨床心理専攻）

大六　一志（だいろくひとし：放送大学客員教授／筑波大学元教授）

田形　修一（たがたしゅういち：広島国際大学大学院心理科学研究科実践臨床心理学
　　専攻）

高橋　依子（たかはしよりこ：大阪樟蔭女子大学名誉教授）

武山　雅志（たけやままさし：石川県立看護大学看護学部看護学科）

津川　律子（つがわりつこ：日本大学文理学部心理学科）

遠矢　浩一（とおやこういち：九州大学大学院人間環境学研究院）

福田　由利（ふくだゆり：医療法人社団八葉会大石記念病院，野口クリニック）

松浦　真澄（まつうらますみ：東京理科大学教養教育研究院）

明翫　光宜（みょうがんみつのり：中京大学心理学部心理学科 ）

森田美弥子（もりたみやこ：中部大学人文学部心理学科）

吉村　雅世（よしむらまさよ：東京少年鑑別所）

渡邉　　直（わたなべただし：千葉県柏児童相談所）

監修　野島一彦（のじまかずひこ：九州大学名誉教授・跡見学園女子大学）
　　　繁桝算男（しげますかずお：東京大学名誉教授・慶應義塾大学）

編者略歴

津川律子（つがわ・りつこ）
日本大学文理学部心理学科教授，日本大学大学院文学研究科心理学専攻臨床心理学コース専攻主任，日本大学文理学部心理臨床センター長。公認心理師，臨床心理士，精神保健福祉士。日本臨床心理士会会長，日本公認心理師協会副会長。心理的アセスメント関係の学会では，包括システムによる日本ロールシャッハ学会副会長，日本心理臨床学会理事。
主な著書：心理的アセスメント関係では，『面接技術としての心理アセスメント』（金剛出版，2018），『臨床心理検査バッテリーの実際』（遠見書房，2015），『投映法研究の基礎講座』（遠見書房，2012），『シナリオで学ぶ医療現場の臨床心理検査』（誠信書房，2010），『精神科臨床における心理アセスメント入門』（金剛出版，2009）など。

遠藤裕乃（えんどう・ひろの）
兵庫教育大学大学院人間発達教育専攻臨床心理学コース教授。公認心理師，臨床心理士。心理的アセスメント関係の学会では，包括システムによる日本ロールシャッハ学会常任理事。
主な著書：心理面接関係では，『ころんで学ぶ心理療法―初心者のための逆転移入門』（日本評論社，2003），『その心理臨床，大丈夫？―心理臨床実践のポイント』（日本評論社，2018）など。

公認心理師の基礎と実践⑭［第14巻］
心理的アセスメント

2019年4月5日　第1刷
2023年9月1日　第8刷

監修者　野島一彦・繁桝算男
編　者　津川律子・遠藤裕乃
発行人　山内俊介
発行所　遠見書房
製作協力　ちとせプレス（http://chitosepress.com）

〒181-0001 東京都三鷹市井の頭 2-28-16
TEL 0422-26-6711　FAX 050-3488-3894
tomi@tomishobo.com　http://tomishobo.com
遠見書房の書店　https://tomishobo.stores.jp/

印刷・製本　太平印刷社・井上製本所

ISBN978-4-86616-064-1 C3011
©Nojima, K., Shigemasu, K., & Tomishobo, Inc.　2019
Printed in Japan

※心と社会の学術出版　遠見書房の本※

遠見書房

公認心理師の基礎と実践 全23巻

全巻刊行！完結！

監修（九州大学名誉教授）**野島一彦**・（東京大学名誉教授）**繁桝算男**

最良の実践家・研究者による公認心理師カリキュラムに沿った全23巻のテキスト・シリーズ！ 各2200円〜3080円

❶公認心理師の職責 ◇ 野島一彦（跡見学園女子大）／❷心理学概論 ◇ 繁桝算男（慶応義塾大）／❸臨床心理学概論 ◇ 野島一彦ほか／❹心理学研究法 ◇ 村井潤一郎（文京学院大）ほか／❺心理学統計法 ◇ 繁桝算男ほか／❻心理学実験 ◇ 山口真美（中央大）ほか／❼知覚・認知心理学 ◇ 箱田裕司（京都女子大）／❽学習・言語心理学 ◇ 楠見 孝／❾感情・人格心理学 ◇ 杉浦義典（広島大）／❿神経・生理心理学 ◇ 梅田 聡（慶応義塾大）／⓫社会・集団・家族心理学 ◇ 竹村和久（早稲田大）／⓬発達心理学 ◇ 本郷一夫（東北大）／⓭障害者・障害児心理学 ◇ 柘植雅義（筑波大）ほか／⓮心理的アセスメント ◇ 津川律子（日本大）ほか／⓯心理学的支援法 ◇ 大山泰宏（放送大）／⓰健康・医療心理学 ◇ 丹野義彦（東京大）／⓱福祉心理学 ◇ 中島健一（愛知学院大）／⓲教育・学校心理学 ◇ 石隈利紀（東京成徳大）／⓳司法・犯罪心理学 ◇ 岡本吉生（日本女子大）／⓴産業・組織心理学 ◇ 新田泰生（神奈川大）／㉑人体の構造と機能及び疾病 ◇ 斎藤清二（立命館大）／㉒精神疾患とその治療 ◇ 加藤隆弘・神庭重信（九州大）ほか／㉓関係行政論 ◇ 元永拓郎（帝京大）［名前は筆頭編者］

臨床心理検査バッテリーの実際　改訂版
高橋依子・津川律子編著

乳幼児期から高齢期まで発達に沿った適切なテストバッテリーの考え方・組み方を多彩な事例を挙げて解説。質問紙，投映法など多種多様な心理検査を網羅しフィードバックの考え方と実際も詳述。好評につき大改訂。3,300円，A5並

学校で使えるアセスメント入門
スクールカウンセリング・特別支援に活かす臨床・支援のヒント
（聖学院大学教授）伊藤亜矢子編

ブックレット：子どもの心と学校臨床（5）児童生徒本人から学級，学校，家族，地域までさまざまな次元と方法で理解ができるアセスメントの知見と技術が満載の1冊。1,760円，A5並

事例検討会で学ぶ
ケース・フォーミュレーション
新たな心理支援の発展に向けて
（東京大学名誉教授）下山晴彦編

下山晴彦，林直樹，伊藤絵美，田中ひな子による自験例に，岡野憲一郎がコメンテーターの事例検討会。臨床の肝をじっくり解き明かす。3,080円，A5並

〈フリーアクセス〉〈特集＆連載〉心理学・心理療法・心理支援に携わる全ての人のための総合情報オンライン・マガジン「シンリンラボ」。https://shinrinlab.com/

価格は税込みです